**21세기 지식 정보화 시대
대한민국의 IT 인재로 만드는 비결!**

Digital Information Ability Test

워드프로세서

한글 NEO(2016)

발 행 일 : 2022년 11월 01일(1판 1쇄)
개 정 일 : 2024년 04월 01일(1판 4쇄)
I S B N : 978-89-8455-099-5(13000)
정   가 : 16,000원

집   필 : KIE 기획연구실
진   행 : 김동주
본문디자인 : 앤미디어

발 행 처 : (주)아카데미소프트
발 행 인 : 유성천
주   소 : 경기도 파주시 정문로 588번길 24
홈페이지 : www.aso.co.kr / www.asotup.co.kr

CONTENTS

※ 부록 : 시험직전 모의고사 3회분 수록

PART 01

DIAT
시험 안내 및
자료 사용 방법

시험안내 01

DIAT 시험 안내

☑ 디지털정보활용능력(DIAT) 시험 과목 및 합격 기준
☑ 디지털정보활용능력(DIAT) 검정 기준

1. 디지털정보활용능력(DIAT / Digital Information Ability Test)

- 컴퓨터와 인터넷을 이용한 정보가 넘쳐나고 사물과 사물 간에도 컴퓨터와 인터넷이 연결된 디지털정보 시대에 기본적인 정보통신기술, 정보처리기술의 활용분야에 대해 학습이나 사무업무를 수행할 수 있도록 종합적으로 묶어 효과적으로 구성한 자격종목
- 총6개 과목으로 구성(작업식 5개 과목, 객관식 1개 과목)되어 1개 과목만으로도 자격취득이 가능하며 합격점수에 따라 초·중·고급자격이 부여
- 과목별로 시험을 응시하며 시험 당일 한 회차에 최대 3개 과목까지 응시 가능

2. 필요성

- 사무업무에 즉시 활용 가능한 작업식 위주의 실기시험
- 정보통신·OA·멀티미디어·인터넷 등 분야별 등급화를 통한 실무능력 인증

3. 자격 종류

- 자격구분 : 공인민간자격
- 공인번호 : 과학기술정보통신부 제2020-2호
- 등록번호 : 2008-0265

4. 시험 과목

검정과목	사용프로그램	검정방법	문항수	시험시간	배점
프리젠테이션	- MS 파워포인트 2016 - 한컴오피스 한쇼 NEO	작업식	4문항	40분	200점
스프레드시트	- MS 엑셀 2016 - 한컴오피스 한셀 NEO		5문항	40분	200점
워드프로세서	- 한컴오피스 한글 NEO		2문항	40분	200점
멀티미디어제작	- 포토샵/곰믹스프로 - 이지포토/곰믹스프로		3문항	40분	200점
인터넷정보검색	- 인터넷		8문항	40분	100점
정보통신상식	- CBT 프로그램	객관식	40문항	40분	100점

합격기준

- 고급 : 해당과제의 80% ~ 100% 해결능력
- 중급 : 해당과제의 60% ~ 79% 해결능력
- 초급 : 해당과제의 40% ~ 59% 해결능력

※ 검정 수수료 및 시험 일정은 www.ihd.or.kr 홈페이지 하단의 [자격안내]에서 확인할 수 있습니다.

5. DIAT 워드프로세서 검정 기준

과목	대분류	중분류	소분류	문제수
워드프로세서		스타일	1-1. 새 스타일 작성 1-2. 스타일 편집	2
		표	2-1. 표 작성/여백 2-2. 셀 나누기/합치기	
			2-3. 셀 배경/테두리 2-4. 블록 계산	
		차트	3-1. 차트 종류 3-2. 차트 속성	
			3-3. 차트 제목/범례	
		그림	4-1. 그림 삽입 4-2. 본문과의 배치	
			4-3. 그림 크기 수정	
		그리기	5-1. 개체 그리기 5-2. 개체 묶기/풀기	
			5-3. 본문과의 배치 5-4. 개체 색 채우기	
		기타	6-1. 용지 설정 6-2. 글상자 작성/속성	
			6-3. 글꼴/속성변경(밑줄, 진하게, 기울임 등)	
			6-4. 한자/영문 변환 6-5. 들여쓰기/내여쓰기	
			6-6. 다단 나누기 6-7. 글맵시작성 및 편집	
			6-8. 교정부호/문장부호 작성	
			6-9. 머리말/꼬리말 삽입 및 편집	
			6-10. 쪽번호 삽입 및 편집	
			6-11. 주석(각주, 미주) 작성 및 편집	
			6-12. 문자표/특수문자 삽입	
			6-13. 하이퍼링크 삽입/제거	
			6-14. 매크로 작성 6-15. 메일머지 작성	
			6-16. 파일 저장	
합 계				2

DIAT 회원 가입 및 시험 접수 안내

☑ 회원 가입하기
☑ 본인인증하기(본인 명의 휴대폰이 있는 경우, 본인 명의 휴대폰이 없는 경우)
☑ 로그인하고 사진 등록하기

1. 회원 가입하기

① 인터넷 익스플로러를 실행한 후 주소 표시줄에 'www.ihd.or.kr'를 입력하고 [Enter] 키를 눌러 자격 검정 사이트에 접속합니다.

② 회원 가입을 하기 위해 화면 오른 쪽의 [회원가입]을 클릭합니다.

③ 회원 가입에서 [14세 미만 가입] 을 클릭합니다.

※ 응시자가 14세 이상일 경우 에는 [14세 이상 가입]을 눌 러 가입을 진행합니다.

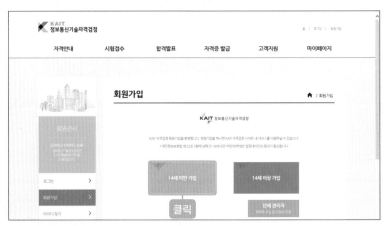

④ [약관동의]에서 '한국정보통신 진흥협회 자격검정 회원서비스 이용을 위한 필수 약관에 모두 동의합니다.' 체크 박스를 클릭 합니다.

⑤ [보호자(법정대리인)동의]에서 '보호자 성명'과 '생년월일', 'e-mail'을 입력합니다. '[필수] 14세미만 자녀의 회원가입에 동의합니다.' 체크 박스를 클릭하고 [약관동의]를 클릭합니다.

⑥ [정보입력]에서 항목별로 정보를 정확하게 입력하고 [회원가입하기]를 클릭합니다.

영문, 숫자, 특수문자(〈, 〉, (,), #, :, / 제외)를 각 1자 이상 포함하여 8자이상 20자 이내로 입력합니다.

입력한 패스워드를 한 번 더 입력합니다.

만약 본인의 휴대폰이 없는 경우에는 부모님 휴대폰 번호를 입력합니다.

학교 및 단체를 통해 접수하는 경우에 '단체접수'를 선택하고 차례로 '지역', '학교/기관명', '담당선생님'을 선택합니다.

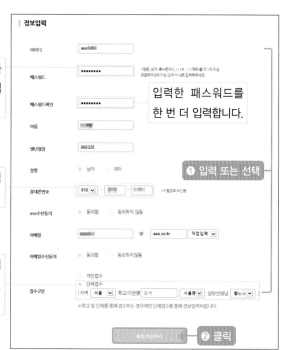

⑦ '저장하시겠습니까?' 메시지 창이 나타나면 〈확인〉 버튼을 클릭합니다.

2. 본인인증하기(본인 명의 휴대폰이 있는 경우)

❶ 본인 인증하기 화면에서 [본인 인증하기]를 클릭합니다.

※ 시험 접수 및 합격정보 확인 등을 이용하기 위해서 본인 인증이 필요합니다.

❷ 본인 인증 방법에서 [휴대폰]이 선택된 것을 확인하고 [인증하기]를 클릭합니다.

❸ '통신사 확인' 창에서 사용 중인 이동통신사를 선택합니다.

❹ '본인확인' 창에서 [휴대폰 본인 확인(문자)]를 클릭하고 개인 정보를 입력하고 〈확인〉 버튼을 클릭합니다.

⑤ 휴대폰에 수신된 본인확인인증번호를 입력하고 〈확인〉 버튼을 클릭합니다.

⑥ '휴대폰본인확인완료' 메시지를 확인하고 〈완료〉 버튼을 클릭합니다.

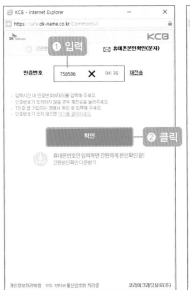 

⑦ '본인인증성공' 메시지 창이 나타나면 〈확인〉 버튼을 클릭합니다.

3. 본인인증하기(본인 명의 휴대폰이 없는 경우)

❶ 본인 인증 방법에서 [아이핀]을 선택한 후 [인증하기]를 클릭합니다.

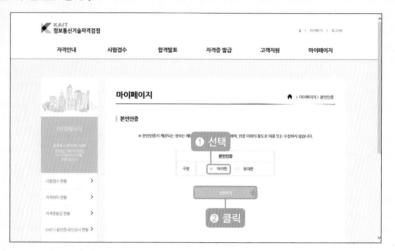

❷ '메인 화면' 창이 열리면 왼쪽 하단의 [신규발급]을 클릭합니다.

   ※ 만약 아이핀ID와 비밀번호가 있는 경우에는 '아이핀ID, 비밀번호, 문자입력'을 한 후 〈확인〉 버튼을 클릭합니다.

❸ '약관 동의' 창이 나오면 약관 동의에 체크한 후 〈확인〉 버튼을 클릭합니다.

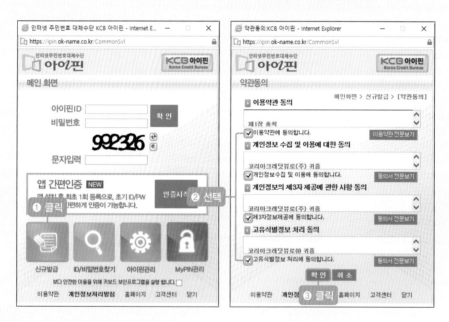

TIP

아이핀이란?

아이핀은 주민 등록 번호를 대체할 수 있는 인증방법으로 아이디와 패스워드를 이용하여 본인 확인을 하는 수단입니다. 이전에 아이핀을 가입하였다면 바로 로그인을 진행하도록 합니다.

④ '발급자 정보입력' 창에서 내용을 입력하고 아이핀 ID를 중복 확인한 후 〈발급하기〉 버튼을 클릭합니다.

⑤ '추가 인증수단 설정' 창에서 2차 비밀번호를 선택한 후 〈확인〉 버튼을 클릭합니다.

⑥ '법정대리인 동의' 창에서 법정 대리인의 정보를 입력하고, 개인정보처리 동의에 체크한 후 〈확인〉 버튼을 클릭합니다.

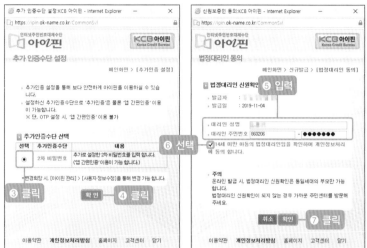

⑦ '아이핀 신원확인' 창이 나오면 법정 대리인의 휴대폰 정보를 입력한 후 〈인증번호 확인〉 버튼을 클릭합니다.

※ 범용 공인인증서를 이용하여도 신원확인이 가능합니다.

⑧ 휴대폰에 수신된 승인번호를 입력한 후 〈인증번호 확인〉 버튼을 클릭합니다.

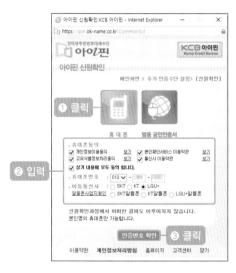

⑨ '2차 비밀번호 설정' 창이 나오면 2차 비밀번호를 입력한 후 〈확인〉 버튼을 클릭하여 아이핀 발급을 완료합니다.

⑩ '메인 화면' 창이 나오면 '아이핀 ID', '비밀번호', '문자입력' 내용을 입력한 후 〈확인〉 버튼을 클릭합니다.

⑪ '추가인증' 창에서 2차 비밀번호를 입력한 후 〈확인〉 버튼을 클릭하여 본인 확인 절차를 완료합니다.

4. 로그인하고 사진 등록하기

❶ 우측 상단의 [로그인]을 클릭합니다. 이어서, 아이디와 비밀번호를 정확하게 입력하고 [로그인]을 클릭합니다.

❷ [마이페이지]를 클릭합니다.

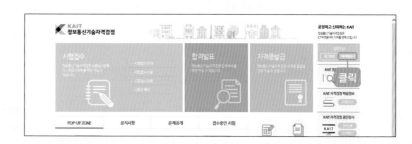

❸ 왼쪽 메뉴에서 [사진관리]를 클릭합니다.

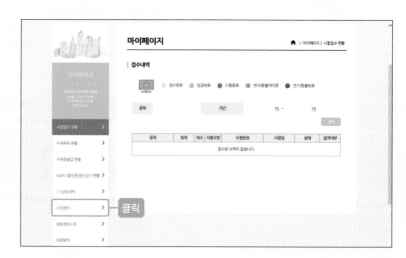

❹ [사진 선택]을 클릭합니다.

⑤ [업로드할 파일 선택] 창에서 내 사진 파일을 선택하고 〈열기〉 버튼을 클릭합니다.

⑥ [등록]을 클릭합니다.

⑦ '수정 하겠습니까' 메시지 창이 나타나면 〈확인〉 버튼을 클릭합니다.

⑧ '저장 성공!!' 메시지 창이 나타나면 〈확인〉 버튼을 클릭합니다.

⑨ 사진이 등록된 것을 확인합니다.

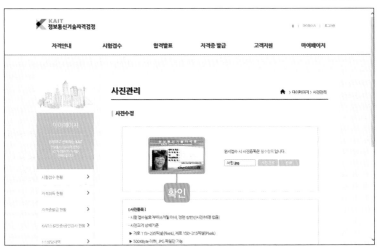

정보통신기술자격검정(www.ihd.or.kr) 사이트에서 [시험접수]를 클릭하고 [시험접수 신청]을 클릭합니다.

시험 접수 신청 절차 알아보기

STEP 01	STEP 02	STEP 03	STEP 04	STEP 05
로그인(회원가입)	응시종목 선택	응시지역 선택	결제하기	접수완료

• STEP 01 로그인(회원가입)

응시접수는 인터넷을 통해서만 가능하며, 시험접수 및 응시를 위해서는 반드시 회원으로 가입되어야 합니다.

※ 단체 접수시 단체관리자(회원가입 및 회원정보수정을 통해 설정)를 통해 접수바랍니다.

※ 마이페이지의 사진등록 이후에 시험접수가 가능합니다.

• STEP 02 응시종목 선택

응시하고자 하는 종목과 시험일자를 확인한 후 '접수하기'를 선택합니다.

• STEP 03 응시지역 선택

− 응시하고자 하는 응시지역과 시험장을 선택합니다.

− 시험장 정원이 모두 마감된 경우에는 더 이상 해당 시험장을 선택할 수 없습니다.

※ 추후배정 시험장은 응시접수 완료 후 10일전 시험장 확인을 통해 시험장 확인 가능

• STEP 04 결제하기

− 응시료 결제가 완료되어야 응시접수가 정상적으로 완료됩니다.

− 결제수단 : 개인−신용카드, 계좌이체 입금 중 택일, 단체−가상계좌 입금만 가능, 정보이용료 별도− 신용카드/계좌이체 650원, 가상계좌 300원

※ 접수마감일 18:00까지 접수 및 입금 완료

• STEP 05 접수완료

− 결제가 완료되면 [시험접수현황 확인]에서 접수한 내역을 확인할 수 있습니다.

− 시험장 확인 : 시험장 확인은 시험일 10일전부터 시험 당일까지 확인 가능

− 수험표 출력 : 수험표 출력은 시험일 5일전부터 시험 당일까지 확인 가능

− 연기 및 환불 : 연기 및 환불규정에 따라 신청 가능

DIAT 자료 사용 방법

☑ DIAT 자료 다운로드 방법
☑ DIAT 답안 전송 프로그램 사용 방법

1. DIAT 자료 다운로드 방법

❶ 크롬 브라우저를 실행하여 아카데미소프트(https://aso.co.kr) 홈페이지에 접속합니다.

❷ 왼쪽 상단에 [컴퓨터 자격증 교재]를 클릭합니다.

❸ [DIAT 자격증]-[2023 이공자 DIAT 워드프로세서 한글 NEO(좌무선)] 교재를 클릭합니다.

④ 화면 아래에 [커뮤니티]-[자료실]을 클릭합니다.

⑤ [2023 이공자 DIAT 워드프로세서 한글 NEO(좌무선)_학습 자료]를 클릭합니다.

⑥ 다운로드 단추를 클릭하여 자료를 다운로드 받으시면 됩니다.

2. DIAT 답안 전송 프로그램 사용 방법

① 다운받은 'DIAT 답안 전송 프로그램.zip' 파일을 바탕 화면에 압축 해제한 후 [DIAT 답안 전송 프로그램] 폴더를 더블 클릭합니다. 'KAITCBT_DEMO' 프로그램을 더블 클릭하여 실행합니다.

TIP 'KAITCBT_DEMO' 프로그램

'KAITCBT_DEMO' 프로그램은 KAIT에서 배포한 데모 버전의 개인 실습용 프로그램이기 때문에 서버에서 제어가 되지는 않습니다. 실제 시험 환경을 미리 확인하는 차원에서 테스트 하시기 바랍니다.

---

② 답안 전송 프로그램이 실행되면 '수검번호'에서 목록 단추를 클릭하여 해당 과목을 선택합니다.

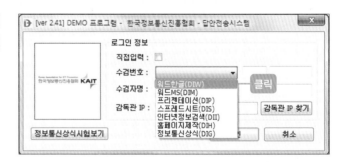

③ 과목 선택이 끝나면 '수검번호' 및 '수검자명'을 입력한 후 〈확인〉 단추를 클릭합니다.

※ 데모용 연습 프로그램이기 때문에 '수검번호' 및 '수검자명'은 본인이 원하는 내용을 입력하세요.

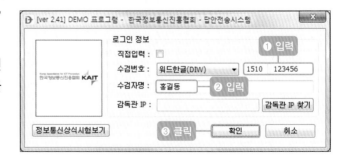

④ 수검자 유의사항이 나오면 내용을 확인한 후
마스터 키 칸을 선택하고 [Enter] 키를 누릅니다.

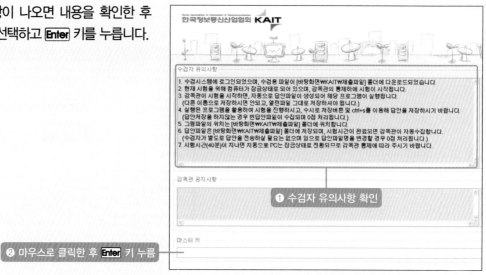

⑤ 시험이 시작됨과 동시에 해당 프로그램이 자동으로 실행되면서 답안 파일이 자동으로 열립니다. 자동으로 실행된 답안 파일을 종료한 후 [소스 파일]에서 '출제예상 모의고사' 또는 '최신유형 기출문제' 파일을 불러와 남은 시간을 확인하면서 답안을 작성합니다.

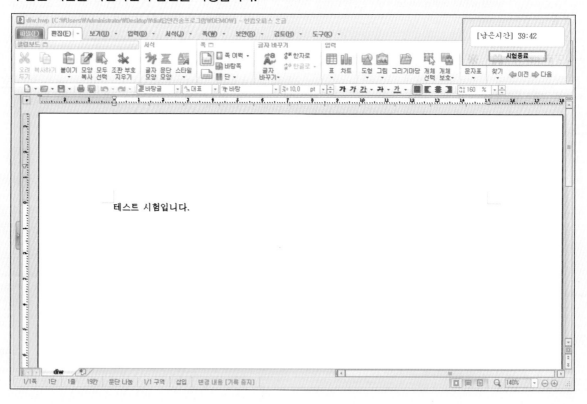

PART 02

출제유형
완전정복

출제유형 01

기본 문서 작성과 저장

☑ 편집 용지 및 기본 글자 서식 지정하기
☑ 구역 나누기
☑ 파일 저장하기

문제 미리보기

소스 파일 : 없음   정답 파일 : 유형01_완성.hwp   문제 1

최근 키덜트 전성시대라고 해도 과언이 아닐 정도로 키덜트는 유통가의 큰손으로 떠오르며 급속도로 성장하고 있습니다. 이러한 시기일수록 체계적인 문화로 진화하고 지속적인 트렌드 유지를 위한 노력이 필요합니다. 제천 키덜트 페어는 특정 마니아층만이 선호한다는 인식의 틀을 깨고, 남녀노소 누구에게나 어울릴 수 있는 키덜트 산업을 만드는데 기여하고자 합니다. 키덜트 문화의 시작점에서부터 함께 해 온 제천 키덜트 페어는 더 많은 키덜트들이 추억을 소비하고, 추억을 만들어 나가는 대표 전시회로 자리잡기 위해 올해에도 그 도전을 멈추지 않겠습니다. 제천 키덜트 페어에 많은 관심과 성원 부탁드립니다.

문제1은 1구역, 문제2는 2구역으로 나누어 답안 작성

❶ [시작(■)] 단추를 눌러 [한글(⬚)]을 클릭하여 실행합니다.

❷ [서식] 도구 상자에서 '글꼴(바탕)'을 지정한 후 '글자 크기(10pt)', '양쪽 정렬(▤)', '줄 간격(160%)'이 지정되어 있는지 확인합니다.

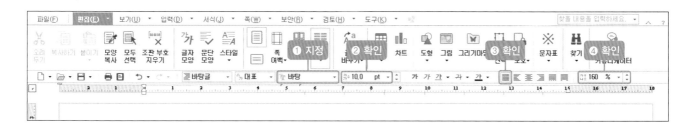

❸ [파일] 탭의 [편집 용지](또는 F7)를 클릭합니다.

❹ [편집 용지] 대화상자가 나타나면 [기본] 탭에서 '용지 종류-A4(국배판[210×297])', '용지 방향(세로)', '제본(한쪽)'을 확인합니다. 이어서, '용지 여백'을 '위쪽(20), 아래쪽(20), 왼쪽(20), 오른쪽(20), 머리말(10), 꼬리말(10), 제본(0)'으로 지정한 후 〈설정〉 단추를 클릭합니다.

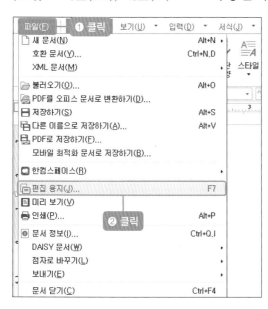 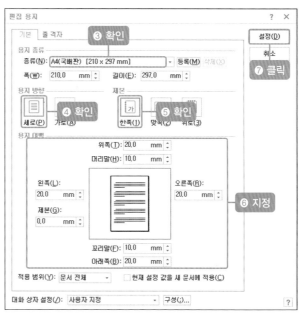

02 구역 나누기

➊ [쪽] 탭에서 '구역 나누기(📰)'(또는 **Alt** + **Shift** + **Enter**)를 클릭합니다.

➋ 페이지가 두 페이지로 나누어지고 마우스 포인터가 2페이지에 위치한 것을 확인합니다.

TIP 문단부호

[보기]–'문단 부호' 체크

편집(E) ▼	**보기(U)** ▼	입력(D) ▼
☑ 문단 부호	☑ 그림	☑ 상황 선
☐ 조판 부호	☐ 투명 선	☑ 문서 탭
☑ 교정 부호	☑ 메모	

실제 시험과는 무관하지만 문서의 줄 바꿈에 대한 표시를 나타내어 문서를 작성하는 것이 수월합니다.

TIP 구역나누기

[쪽]–구역 나누기(📰)
문서를 나누는 기능 중 하나로 문서별로 서식을 다르게 지정할 때 쓰입니다. DIAT 워드프로세서 시험에서는 구역을 나누어 1페이지에는 [문제 1], 2페이지에는 [문제 2]를 작성해야 합니다.

① 1페이지를 클릭하여 마우스 포인터를 1페이지에 위치시킵니다. 이어서, **Enter** 키를 두 번 누른 후 [문제 1]을 보면서 다음과 같이 내용을 입력합니다.

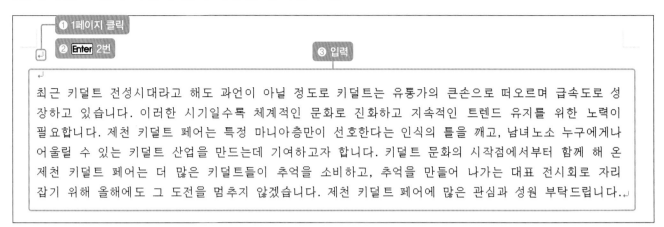

최근 키덜트 전성시대라고 해도 과언이 아닐 정도로 키덜트는 유통가의 큰손으로 떠오르며 급속도로 성장하고 있습니다. 이러한 시기일수록 체계적인 문화로 진화하고 지속적인 트렌드 유지를 위한 노력이 필요합니다. 제천 키덜트 페어는 특정 마니아층만이 선호한다는 인식의 틀을 깨고, 남녀노소 누구에게나 어울릴 수 있는 키덜트 산업을 만드는데 기여하고자 합니다. 키덜트 문화의 시작점에서부터 함께 해 온 제천 키덜트 페어는 더 많은 키덜트들이 추억을 소비하고, 추억을 만들어 나가는 대표 전시회로 자리 잡기 위해 올해에도 그 도전을 멈추지 않겠습니다. 제천 키덜트 페어에 많은 관심과 성원 부탁드립니다.

TIP

Enter 키를 두 번 누르는 이유는 다음 출제유형에서 학습할 '글맵시'를 추가하기 위하여 미리 공간을 만들어 놓은 것입니다.

② [파일] 탭의 [저장하기](또는 **Alt** + **S**) 또는 [서식] 도구 상자에서 '저장하기(🖫)'를 클릭하여 답안 파일을 저장합니다.

※ 실제 시험을 볼 때 작업 도중에 수시로(10분에 한 번 정도) 저장을 하는 것이 좋습니다.

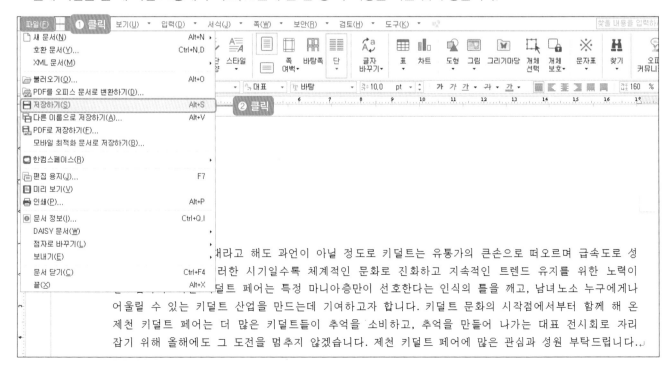

기본 문서 작성과 저장

01 편집 용지 및 글꼴, 여백을 지정한 후 구역을 나누어 문서를 작성해 보세요.

* 소스 파일 : 없음   * 정답 파일 : 정복01_완성01.hwp

인구 고령화로 고령자 비율이 높아지면서 노인인구의 건강보장이 세계적인 관심 의제로 부각되고 있고, 특히 치매 유병률의 빠른 증가로 치매노인의 인간다운 삶의 보장을 위한 종합적인 정책이 요구되고 있습니다. 이에 세계사회복지학회에서는 국제노년학회, 노인복지학회와 공동으로 치매노인의 의료서비스 정책에 관한 국제심포지엄을 개최합니다. 이번 심포지엄을 통해 세계 각국의 치매 관리 정책에 대한 다양한 경험과 유용한 지식이 교류되기를 바라며, 우리도 올바른 정책방향을 가지고 치매환자들에게 더욱 안전하고 편안한 돌봄 환경을 제공하는데 더 많은 고민을 해보는 계기가 될 수 있기를 희망합니다.

02 편집 용지 및 글꼴, 여백을 지정한 후 구역을 나누어 문서를 작성해 보세요.

* 소스 파일 : 없음   * 정답 파일 : 정복01_완성02.hwp

국내 설치미술의 발전과 성공적인 지역별 축제를 위하여 노력하는 사회적 기업인 한국미술작가협회에서는 화합을 도모하는 자리로 '2021 지역축제 설치미술 공모전'을 개최합니다. 이번 공모전에서는 국내 유명 관광지의 대표적인 지역 축제를 더욱 빛나게 할 설치미술 작품을 모집합니다. 우리나라 전국 각 지역을 대표하는 축제에 대한 정보와 의미를 파악하고, 야외에 설치가 가능한 형태의 작품을 완성하여 포트폴리오와 함께 제출하시면 됩니다. 국내 지역적인 발전과 현대 미술과 설치미술의 대중화를 위하여 창의력 있는 아이디어를 가진 능력 있는 미술작가 여러분들의 많은 참여를 바랍니다.

03 편집 용지 및 글꼴, 여백을 지정한 후 구역을 나누어 문서를 작성해 보세요.

* 소스 파일 : 없음   * 정답 파일 : 정복01_완성03.hwp

강진은 약 500여 년간 전통으로 이어졌던 푸른 빛깔의 자기인 고려청자의 성지이며, 현재 국보와 보물로 지정된 고려청자의 80% 이상이 강진에서 만들어진 도자기입니다. 이에 청자의 우수성을 국내외 알리기 위해 1973년부터 개최해온 '금릉문화제'를 2009년부터 대내외적으로 풍기는 의미를 보다 활력적이고 전달이 쉬운 '강진청자축제'로 명칭을 변경해 현재까지 개최하고 있습니다. 행사기간 중에는 한중 도자기 교류전 외에도 청자 백일장 대회 및 청자 장인과의 만남 등 세계 속에 빛나는 명품 고려청자를 만나볼 수 있는 다채로운 행사를 하고 있습니다.

04 편집 용지 및 글꼴, 여백을 지정한 후 구역을 나누어 문서를 작성해 보세요.

* 소스 파일 : 없음 * 정답 파일 : 정복01_완성04.hwp

서울시는 환경의 소중함에 대한 공감대를 전국적으로 형성하기 위해 기후변화 대책을 주제로 한 작품 공모전을 개최합니다. 이번 공모전을 통해 시민들의 우수 문화 콘텐츠를 발굴하고 기후변화에 대응하고 지속가능성을 높이려는 서울시의 환경과 에너지 정책에 대한 의지가 담겨있습니다. 특히, 금년도에는 작품 제작과 표현 방법이 유사한 포스터와 일러스트레이션을 통합하고 생활 속 실천 일화를 재미있고 쉽게 전달할 수 있는 웹툰과 만화부문을 신설하였습니다. 기후환경에 대해 관심 있는 많은 분들이 참여할 수 있도록 학생들과 교직원분들께서는 많은 도움과 안내를 부탁드립니다.

05 편집 용지 및 글꼴, 여백을 지정한 후 구역을 나누어 문서를 작성해 보세요.

* 소스 파일 : 없음 * 정답 파일 : 정복01_완성05.hwp

소프트웨어 중심사회란 아이디어와 상상력을 소프트웨어로 실현하고 문제점을 소프트웨어로 해결하는 사회를 가리키며, 창의, 개방, 협력 문화가 소프트웨어를 매개체로 하여 일상화되는 사회를 말합니다. 독일의 자동차 제조회사인 벤츠의 최고경영자는 "자동차는 이제 기름이 아니라 소프트웨어로 간다."라고 했습니다. 올해 실시되는 제31회 착한 소프트웨어 공모전은 창의적인 아이디어와 우수한 기술을 가진 소프트웨어 작품을 발굴하여 소프트웨어 저변 인력 확보와 소프트웨어 개발 의욕 고취를 목적으로 하고 있습니다. 본 대회에 관심 있는 교원 및 학생이 참가할 수 있도록 안내하여 주시기 바랍니다.

06 편집 용지 및 글꼴, 여백을 지정한 후 구역을 나누어 문서를 작성해 보세요.

* 소스 파일 : 없음 * 정답 파일 : 정복01_완성06.hwp

석탄은 우리나라 국내 발전소 전기발전의 약 30~40%를 지탱하고 있는 연료 중 하나입니다. 1980년 초까지 석탄을 원재료로 가공한 연탄이 국내의 주요 에너지원이었습니다. 현재 석탄은 사용량이 많이 감소했고 이산화탄소와 미세먼지 배출의 원인으로 지목되어 향후 주요 에너지원으로서의 지위에서 내려오겠지만, 과거의 중요한 에너지원이었던 석탄이 인류의 역사와 얼마나 함께 했고, 얼마나 중요했는지 알아보는 시간을 준비하였습니다. 다양한 체험과 행사를 통해 우리의 역사 속에서 석탄의 에너지원으로서 역할을 이해해 보는 소중한 시간이 되시기를 바라며, 여러분의 많은 관심과 참여 부탁드립니다.

글맵시 입력

☑ 글맵시 입력하기
☑ 글맵시 편집하기

문제 미리보기　　　　　　　　　소스 파일 : 유형02_문제.hwp　　**정답 파일** : 유형02_완성.hwp　　**문제 1**

글맵시 – 휴먼옛체, 채우기 : 색상(RGB:53,135,145)
크기 : 너비(100mm), 높이(20mm), 위치 : 글자처럼 취급, 가운데 정렬

제천키덜트페어

최근 키덜트 전성시대라고 해도 과언이 아닐 정도로 키덜트는 유통가의 큰손으로 떠오르며 급속도로 성장하고 있습니다. 이러한 시기일수록 체계적인 문화로 진화하고 지속적인 트렌드 유지를 위한 노력이 필요합니다. 제천 키덜트 페어는 특정 마니아층만이 선호한다는 인식의 틀을 깨고, 남녀노소 누구에게나 어울릴 수 있는 키덜트 산업을 만드는데 기여하고자 합니다. 키덜트 문화의 시작점에서부터 함께 해 온 제천 키덜트 페어는 더 많은 키덜트들이 추억을 소비하고, 추억을 만들어 나가는 대표 전시회로 자리 잡기 위해 올해에도 그 도전을 멈추지 않겠습니다. 제천 키덜트 페어에 많은 관심과 성원 부탁드립니다.

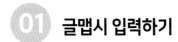

① 한글을 실행한 후 [파일]-[불러오기]를 클릭합니다. 이어서, [불러오기] 대화상자가 나타나면 '유형 02_문제.hwp' 파일을 불러옵니다.

※ 학습을 위해 필요한 출제유형 완전정복 파일을 [소스 및 정답] 폴더에서 불러와 작업합니다.

② 1페이지의 첫 번째 줄을 클릭한 후 [입력] 탭에서 [글맵시( )]-'글맵시'를 클릭합니다.

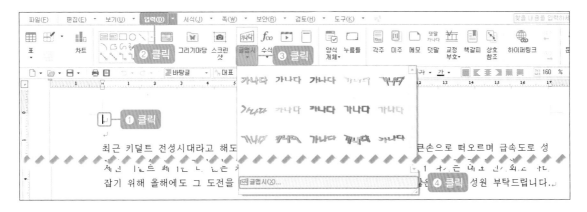

③ [글맵시 만들기] 대화상자가 나타나면 '내용' 입력 칸에 '제천키덜트페어'를 입력한 후 '글꼴(휴먼옛체)'을 지정합니다.

※ 글맵시 내용은 [문제 1]을 참고하여 입력합니다.

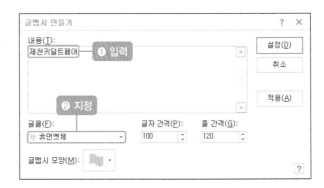

TIP

글맵시 만들기

글꼴을 지정할 때 목록에서 글꼴을 찾아 선택하는 대신 직접 글꼴을 입력하면 쉽고 빠르게 찾을 수 있습니다.

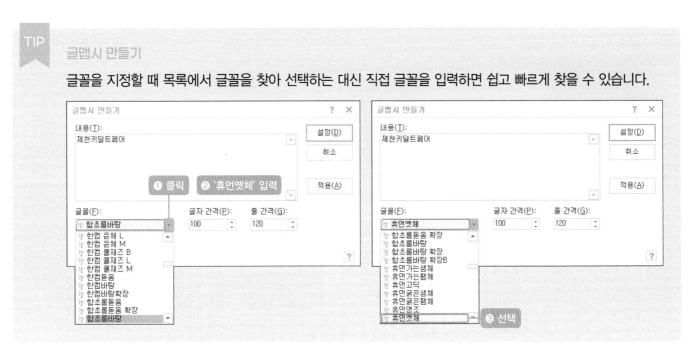

❹ '글맵시 모양'을 클릭합니다. 이어서, '역갈매기형 수장()'을 선택한 후 〈설정〉 단추를 클릭합니다.

※ 실제 시험에서 자주 출제되는 글맵시 모양은 '역갈매기형 수장', '육각형' 등이 있습니다.

TIP

시험 대비 주의사항

실제 시험지에서는 글맵시 모양의 이름이 지시사항에 없으므로 시험지의 출력 형태를 보고 동일한 모양을 찾아서 선택해야 합니다. 만약 잘못 선택했을 경우 [글맵시] 탭에서 '글맵시 모양(▤)'을 눌러 다른 모양을 선택할 수 있습니다.

02 글맵시 편집하기

❶ 삽입된 글맵시를 더블 클릭합니다.

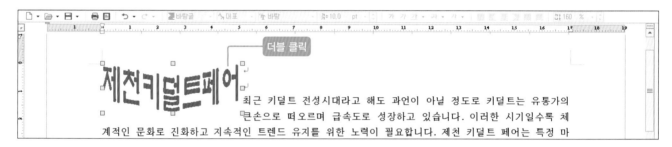

❷ [개체 속성] 대화상자가 나타나면 [기본] 탭의 '크기'에서 '너비(100)', '높이(20)'를 입력합니다. 이어서, '크기 고정'과 '글자처럼 취급'을 클릭하여 체크합니다.

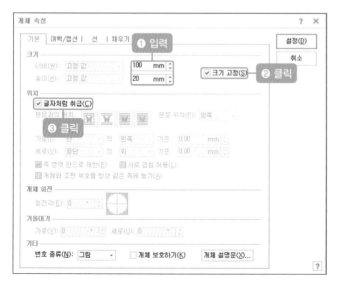

TIP

글자처럼 취급

글맵시에 '글자처럼 취급'을 체크하게 되면 글맵시를 하나의 도형 개체가 아닌 문서에 포함된 글자로 인식하여 커서 단위로 자유롭게 이동이 가능하며 정렬(가운데)을 지정할 수 있습니다.

❸ [개체 속성] 대화상자의 [채우기] 탭을 클릭한 후 '색'의 '면 색'을 선택합니다. 이어서, '다른 색'을 클릭하여 문제지([문제 1])에 지시되어 있는 색상 값 '(RGB:53,135,145)'을 직접 입력하여 색상을 지정합니다.

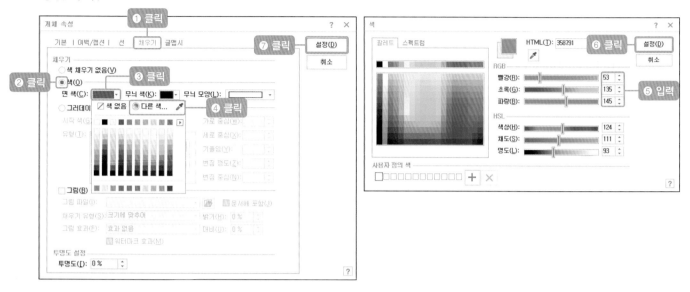

❹ 글맵시의 모양과 색상이 변경되면 **Esc** 키를 누른 후 [서식] 도구 상자에서 '가운데 정렬(≡)'을 클릭합니다.

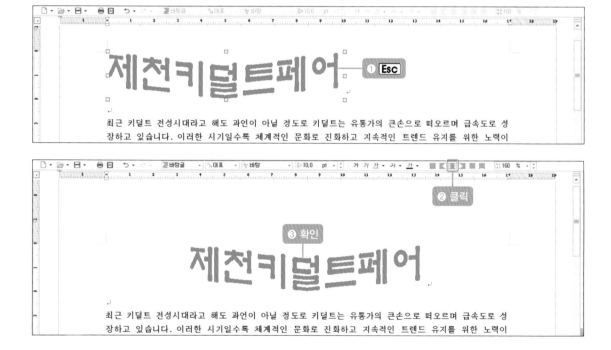

❺ [파일] 탭의 [저장하기](또는 **Alt**+**S**) 또는 [서식] 도구 상자에서 '저장하기(日)'를 클릭하여 답안 파일을 저장합니다.

※ 실제 시험을 볼 때 작업 도중에 수시로(10분에 한 번 정도) 저장을 하는 것이 좋습니다.

글맵시 입력

01 다음 지시사항을 참고하여 글맵시를 입력해 보세요.

＊ 소스 파일 : 정복02_문제01.hwp　＊ 정답 파일 : 정복02_완성01.hwp

글맵시 - 휴먼옛체, 채우기 : 색상(RGB:233,174,43)
크기 : 너비(120mm), 높이(20mm), 위치 : 글자처럼 취급, 가운데 정렬

• [입력]-[글맵시]-[글맵시]
• 참샘을 따라 직접 그려본 후
모양을 찾아 입력해 보세요.

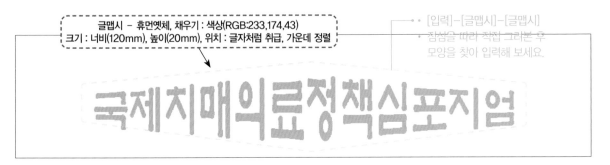

02 다음 지시사항을 참고하여 글맵시를 입력해 보세요.

＊ 소스 파일 : 정복02_문제02.hwp　＊ 정답 파일 : 정복02_완성02.hwp

글맵시 - 휴먼옛체, 채우기 : 색상(RGB:105,155,55)
크기 : 너비(110mm), 높이(20mm), 위치 : 글자처럼 취급, 가운데 정렬

03 다음 지시사항을 참고하여 글맵시를 입력해 보세요.

＊ 소스 파일 : 정복02_문제03.hwp　＊ 정답 파일 : 정복02_완성03.hwp

글맵시 - 휴먼옛체, 채우기 : 색상(RGB:202,86,167)
크기 : 너비(90mm), 높이(20mm), 위치 : 글자처럼 취급, 가운데 정렬

글맵시 입력

04 다음 지시사항을 참고하여 글맵시를 입력해 보세요.

※ 소스 파일 : 정복02_문제04.hwp ※ 정답 파일 : 정복02_완성04.hwp

```
글맵시 - 휴먼옛체, 채우기 : 색상(RGB:49,95,151)
크기 : 너비(100mm), 높이(20mm), 위치 : 글자처럼 취급, 가운데 정렬
```

서울기후변화대책작품공모전

05 다음 지시사항을 참고하여 글맵시를 입력해 보세요.

※ 소스 파일 : 정복02_문제05.hwp ※ 정답 파일 : 정복02_완성05.hwp

```
글맵시 - 휴먼고딕, 채우기 : 색상(RGB:53,135,145)
크기 : 너비(130mm), 높이(20mm), 위치 : 글자처럼 취급, 가운데 정렬
```

제31회 착한소프트웨어공모전

06 다음 지시사항을 참고하여 글맵시를 입력해 보세요.

※ 소스 파일 : 정복02_문제06.hwp ※ 정답 파일 : 정복02_완성06.hwp

```
글맵시 - 휴먼옛체, 채우기 : 색상(RGB:199,82,82)
크기 : 너비(110mm), 높이(20mm), 위치 : 글자처럼 취급, 가운데 정렬
```

석탄박물관체험및관람안내

특수 문자 입력과 글자/문단 모양 설정

☑ 특수 문자 입력하기
☑ 글자 모양 설정하기
☑ 문단 모양 설정하기

문제 미리보기

소스 파일 : 유형03_문제.hwp   정답 파일 : 유형03_완성.hwp   문제 1

제천키덜트페어

최근 키덜트 전성시대라고 해도 과언이 아닐 정도로 키덜트는 유통가의 큰손으로 떠오르며 급속도로 성장하고 있습니다. 이러한 시기일수록 체계적인 문화로 진화하고 지속적인 트렌드 유지를 위한 노력이 필요합니다. 제천 키덜트 페어는 특정 마니아층만이 선호한다는 인식의 틀을 깨고, 남녀노소 누구에게나 어울릴 수 있는 키덜트 산업을 만드는데 기여하고자 합니다. 키덜트 문화의 시작점에서부터 함께 해 온 제천 키덜트 페어는 더 많은 키덜트들이 추억을 소비하고, *추억을 만들어 나가는 대표 전시회*로 자리 잡기 위해 올해에도 그 도전을 멈추지 않겠습니다. 제천 키덜트 페어에 많은 관심과 성원 부탁드립니다.

문자표 ─→ ◎ 행사안내 ◎ ←─ 궁서, 가운데 정렬   기울임, 밑줄

1. 행사일시 : 2021. 06. 01.(화)~2021. 06. 02.(수), 09:00~18:00
2. 장   소 : 서울 코엑스 C홀
3. 전시품목 : *피규어, 커스텀 피규어, 미니어처 아트토이, 드론, 디오라마, RC 모형* 등 ←─ 진하게, 기울임
4. 부대행사 : RC카 레이싱, 커스텀 피규어 만들기, 드론 대회, 시상식 등
5. 주 관 사 : 산업통상자원부, 방송통신위원회, 한국완구협회

문자표

※ 기타사항
─ 사전등록 : 2021. 05. 25.(화) 18:00까지 온라인(http://www.ihd.or.kr) 신청
─ 현장등록 : 고등학생 이하 15,000원, 일반 25,000원
─ 사전등록을 마치신 분들은 행사장 입구에 설치된 부스에 방문하셔서 확인절차를 마치시고, 명찰과
  소정의 사은품을 수령한 후 지정된 행사장에 입장하시면 됩니다.

왼쪽여백 : 15pt
내어쓰기 : 12pt

2021. 04. 29. ←─ 12pt, 가운데 정렬

한국완구협회 ←─ 굴림, 23pt, 가운데 정렬

① 다음과 같이 1페이지의 문장의 끝을 클릭한 후 **Enter** 키를 두 번 누릅니다.

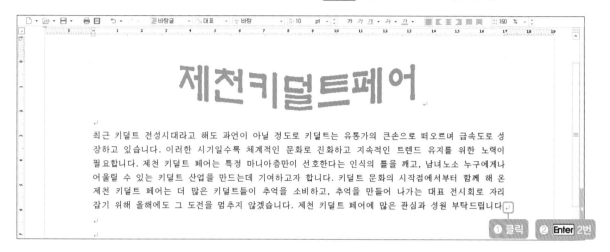

② [입력] 탭의 [문자표(※)]에서 문자표 목록 단추(문자표▾)를 클릭한 후 '문자표'(또는 **Ctrl**+**F10**)를 선택합니다.

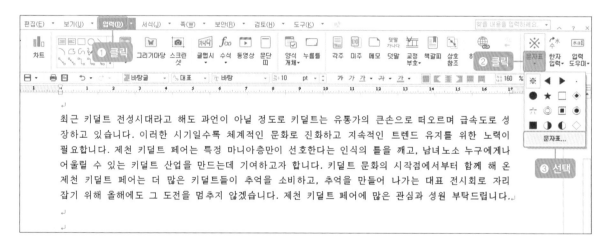

③ [문자표 입력] 대화상자가 나타나면 [한글(HNC) 문자표]-[문자 영역]-[전각 기호(일반)]에서 '◎' 모양을 선택한 후 〈넣기〉 단추를 클릭합니다.

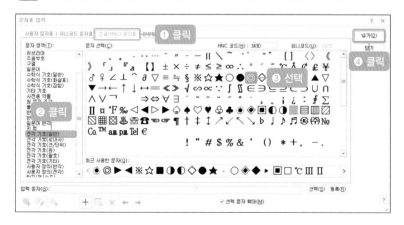

④ 특수 문자가 입력되면 [Space Bar] 키를 한 번 눌러 한 칸을 띄운 후 '행사안내'를 입력합니다.

⑤ [Space Bar] 키를 다시 한 번 눌러 한 칸을 띄운 후 똑같은 방법으로 '◎' 모양을 입력합니다. 이어서 [Enter] 키를 두 번 누릅니다.

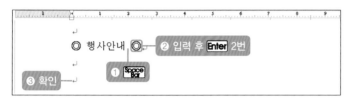

02 글자 모양 설정하기

① '자동 글머리 기호 넣기'와 '자동 번호 매기기' 기능을 해제하기 위해 [도구] 탭에서 [빠른 교정(가나다)]-'빠른 교정 내용'을 클릭합니다.

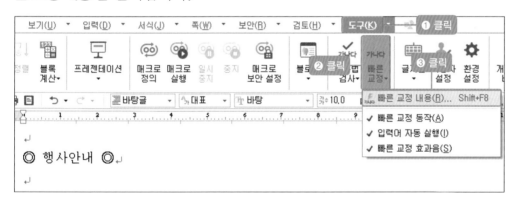

TIP

자동 글머리 기호 넣기/자동 번호 매기기

• 한글 NEO 버전은 아래와 같이 "자동 글머리 기호 넣기"와 "자동 번호 매기기" 기능을 해제한다.

┌───┐
│   ┌→ 자동 글머리 기호 넣기(해제)   │
│ 도구 → 빠른 교정 → 빠른 교정 내용 → 입력 자동 서식 ┤   │
│   └→ 자동 번호 매기기(해제)   │
└───┘

▲ 실제 시험 지시문

❶ 한글 NEO에서는 '1.'이나 '-'를 입력한 후 내용을 입력하고 [Enter] 키를 눌러 다음 문단으로 이동하면 자동으로 글머리 기호나 번호가 지정되어 나타납니다.

❷ 실제 시험 지시문의 방법대로 '자동 글머리 기호 넣기'와 '자동 번호 매기기' 기능을 해제한 후 내용을 입력해야 합니다.

❷ [빠른 교정 내용] 대화상자가 나타나면 [입력 자동 서식] 탭에서 '자동 글머리 기호 넣기'와 '자동 번호 매기기'를 클릭하여 체크를 해제한 후 〈닫기〉 단추를 클릭합니다.

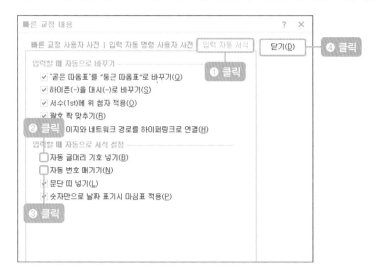

❸ [문제 1]을 보면서 다음과 같이 내용을 입력합니다.

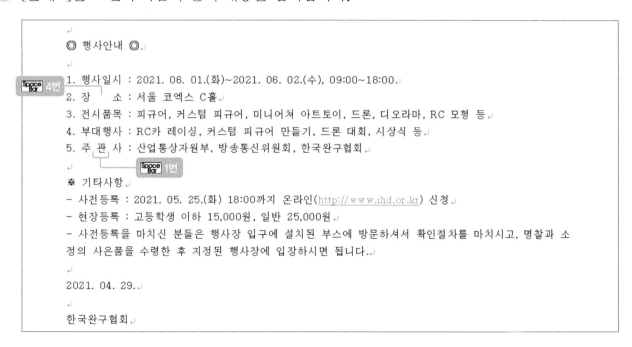

❹ URL 주소가 입력된 문장 위에서 마우스 오른쪽 단추를 눌러 바로 가기 메뉴가 나오면 [하이퍼링크 지우기]를 클릭합니다.

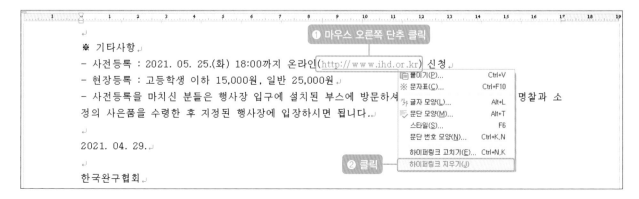

⑤ 다음과 같이 '추억을 만들어 나가는 대표 전시회'를 드래그하여 블록으로 지정한 후 [서식] 도구 상자에서 '기울임(가)'과 '밑줄(가)'을 클릭합니다.

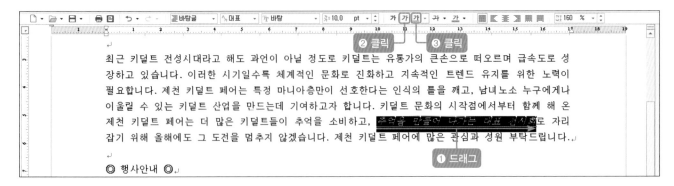

⑥ 똑같은 방법으로 다음과 같이 블록으로 지정한 후 [서식] 도구 상자에서 '글꼴(궁서), 가운데 정렬(三)'을 지정합니다.

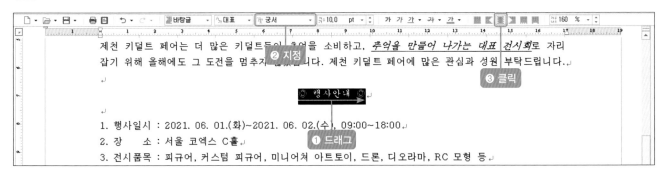

⑦ 똑같은 방법으로 다음과 같이 블록으로 지정한 후 [서식] 도구 상자에서 '진하게(가)'와 '기울임(가)'을 클릭합니다.

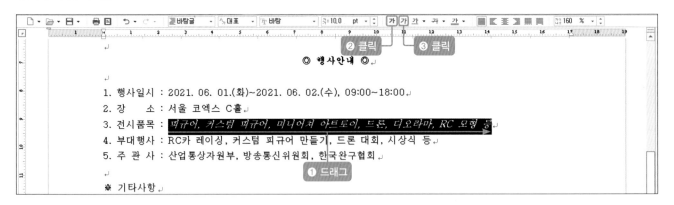

TIP

글자 모양 관련 [서식] 도구 상자

❶ 글꼴   ❷ 글자 크기   ❸ 진하게   ❹ 기울임   ❺ 밑줄   ❻ 취소선   ❼ 글자 색

⑧ 똑같은 방법으로 다음 지시사항에 따라 서식을 지정합니다.

※ 기타사항
- 사전등록 : 2021. 05. 25.(화) 18:00까지 온라인(http://www.ihd.or.kr) 신청
- 현장등록 : 고등학생 이하 15,000원, 일반 25,000원
- 사전등록을 마치신 분들은 행사장 입구에 설치된 부스에 방문하셔서 확인절차를 마치시고, 명찰과 소정의 사은품을 수령한 후 지정된 행사장에 입장하시면 됩니다.

2021. 04. 29. ← 12pt, 가운데 정렬

한국완구협회 ← 굴림, 23pt, 가운데 정렬

03 문단 모양 설정하기

① 문단 모양을 설정하기 위해 다음과 같이 드래그하여 블록으로 지정한 후 [편집] 탭에서 '문단 모양(⬇)'(또는 Alt + T)을 클릭합니다.

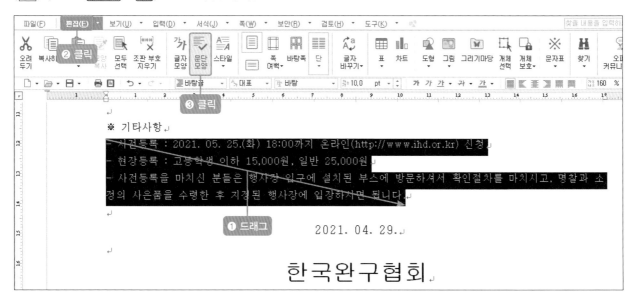

② [문단 모양] 대화상자가 나타나면 [기본] 탭의 '여백'에서 '왼쪽(15pt)'을 지정합니다. 이어서, '첫 줄'에서 '내어쓰기(12pt)'를 지정한 후 〈설정〉 단추를 클릭합니다.

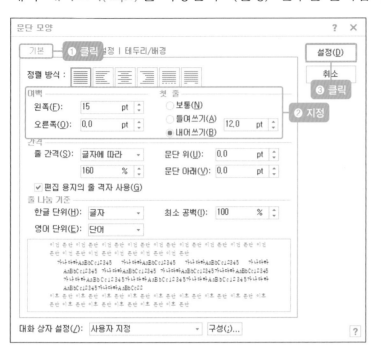

③ Esc 키를 눌러 블록 지정을 해제한 후 '왼쪽 여백'과 '내어쓰기'가 지정된 것을 확인합니다.

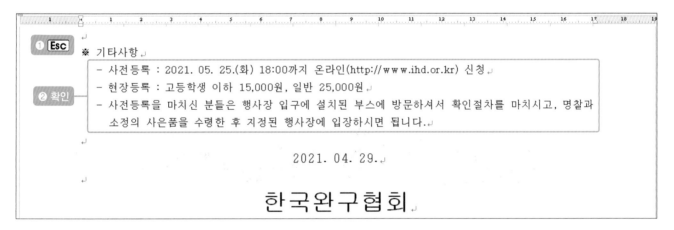

④ [파일] 탭의 [저장하기](또는 Alt + S) 또는 [서식] 도구 상자에서 '저장하기(💾)'를 클릭하여 답안 파일을 저장합니다.

※ 실제 시험을 볼 때 작업 도중에 수시로(10분에 한 번 정도) 저장을 하는 것이 좋습니다.

TIP 문단 모양 관련 [서식] 도구 상자

❶ 양쪽 정렬 ❷ 왼쪽 정렬 ❸ 가운데 정렬 ❹ 오른쪽 정렬 ❺ 배분 정렬 ❻ 나눔 정렬 ❼ 줄 간격

특수 문자 입력과 글자/문단 모양 설정

01 문자표 입력과 글자/문단 모양을 설정해 보세요.
※ 실제 시험에서는 내용을 입력한 후 서식을 지정합니다.

* 소스 파일 : 정복03_문제01.hwp
* 정답 파일 : 정복03_완성01.hwp

· [입력]-[문자표]-[문자표]
· 바로 가기 키 : Ctrl + F10

문자표 → ◉ 행사안내 ◉ ← 굴림, 가운데 정렬

1. 행사일시 : 2021. 06. 15.(화) ~ 06. 16.(수), 14:00 ~ 18:00
2. 행사상소 : 서울 코엑스 컨벤션센터 그랜드볼룸홀
3. 참가대상 : 치매에 대한 보건의료 및 사회서비스에 관심이 있는 일반인
4. 참가등록 : 사전등록 1만원, 현장등록 1만 5천원(등록비 전액은 치매노인의 복지에 기부)
5. 기타사항 : *세계사회복지학회 홈페이지(http://www.ihd.or.kr) 참조* ← 기울임, 밑줄

문자표

※ 참고사항

— - 제1세션은 서양의 치매노인 실태와 바람직한 치매케어를 살펴보고, 제2세션은 치매노인에 대한 지역단위 시범사업 프로젝트를 소개하면서 치매정책의 향후 발전과정에 대해 설명합니다.
— - 무료주차가 제공되지 않으므로, 가급적 대중교통을 이용해 주시기 바랍니다.
— - 좌석에 제한이 있는 관계로 반드시 사전등록을 해주시기 바랍니다.

왼쪽여백 : 10pt
내어쓰기 : 12pt

2021. 05. 27. ← 13pt, 가운데 정렬

· [편집]-[문단 모양]
· 바로 가기 키 : Alt + T

세계사회복지학회 ← 견고딕, 20pt, 가운데 정렬

02 문자표 입력과 글자/문단 모양을 설정해 보세요.
※ 실제 시험에서는 내용을 입력한 후 서식을 지정합니다.

* 소스 파일 : 정복03_문제02.hwp
* 정답 파일 : 정복03_완성02.hwp

문자표 → ■ 모집안내 ■ ← 굴림체, 가운데 정렬

1. 기   한 : 2021. 07. 01.(목) ~ 07. 31.(토)
2. 접수처 : 경기도 고양시 한국미술작가협회 문화산업부
3. 대   상 : 설치미술 작가 외 미술관련 종사자(미술 전공 학생 가능)
4. 주   관 : 한국미술작가협회, 대한설치미술협회, 한국디자인
5. 기   타 : *한국미술작가협회 홈페이지(http://www.ihd.or.kr) 참조* ← 기울임, 밑줄

문자표

※ 기타사항

— - 야외에 설치가 가능한 형태의 설치 미술로써 해당 지역 축제와의 연관성과 작가의 독창성이 뚜렷하게 포함된 포트폴리오와 함께 우편 및 방문 접수하시기 바랍니다.
— - 접수는 평일 09:00부터 18:00까지, 토요일 09:00부터 13:00까지 가능합니다.
— - 기타 공모전에 관한 문의는 한국미술작가협회(031-123-1234)로 문의하시기 바랍니다.

왼쪽여백 : 10pt
내어쓰기 : 10pt

2021. 06. 24. ← 11pt, 가운데 정렬

한국미술작가협회 ← 궁서체, 24pt, 가운데 정렬

특수 문자 입력과 글자/문단 모양 설정

03 문자표 입력과 글자/문단 모양을 설정해 보세요.
※ 실제 시험에서는 내용을 입력한 후 서식을 지정합니다.

* 소스 파일 : 정복03_문제03.hwp
* 정답 파일 : 정복03_완성03.hwp

문자표 → ◎ 행사개요 ◎ ← 굴림체, 가운데 정렬

1. 행 사 명 : 강진청자축제
2. 행사기간 : <u>**2021. 07. 27. ~ 08. 02.(월)**</u> ← 진하게, 밑줄
3. 행사장소 : 강진청자박물관
4. 주요행사 : 한·중 도자기 교류전, 전국 청자 백일장 대회, 화목가마 본벌 요출 등
5. 주최/주관 : 강진군 문화관광과, 강진군 향토축제추진위원회

문자표
※ 기타사항
—— - 기획행사 : 청자야 반갑다!, 한중 도자기 교류전, 명품청자 전시판매전
—— - 전시행사 : 대한민국 청자공모전 및 수상작 전시
—— - 강진 문화유적 투어는 외국인 및 관광객을 대상으로 인터넷 사전접수, 현장접수가 가능하며 인터넷을 통한 사전접수는 홈페이지(http://www.ihd.or.kr)에서 [투어접수] 클릭 후 양식을 작성하면 됩니다.

왼쪽여백 : 10pt
내어쓰기 : 12pt

2021. 07. 22. ← 12pt, 가운데 정렬

강진군 문화관광과 ← 궁서, 22pt, 가운데 정렬

04 문자표 입력과 글자/문단 모양을 설정해 보세요.
※ 실제 시험에서는 내용을 입력한 후 서식을 지정합니다.

* 소스 파일 : 정복03_문제04.hwp
* 정답 파일 : 정복03_완성04.hwp

문자표 → ● 공모안내 ● ← 돋움, 가운데 정렬

1. 공모소재 : 재생에너지, 대기질 개선, 기후변화 대응, 자원순환 도시, 에너지 나눔과 에너지 복지
2. 공모부문 : 사진, 포스터(일러스트레이션), 웹툰(만화), 동영상
3. 접수기간 : 2021.09.06.(월) ~ 09.25.(토)
4. 접수방법 : 우편, 방문, 이메일(contest@diat.or.kr) 접수가능
5. 기타문의 : *전화(02-1234-2345)나 홈페이지(http://www.ihd.or.kr) 참조* ← 진하게, 기울임

문자표
※ 기타사항
—— - 수상작은 향후 서울시 환경 및 에너지 정책 홍보 자료와 교육 자료로 활용할 계획입니다.
—— - 수상작은 많은 시민들이 쉽게 찾아올 수 있는 공간에 1개월간 전시할 예정입니다.
—— - 부문별 응모인원은 1명으로 하되 동영상은 4명 이내 공동응모가 가능합니다. 결과는 2021.09.27.(월)에 발표 예정이며 수상자는 총 79명, 상금은 2,000만원입니다.

왼쪽여백 : 10pt
내어쓰기 : 12pt

2021. 08. 26. ← 11pt, 가운데 정렬

서울시 작품공모전추진위원회 ← 돋움, 20pt, 가운데 정렬

특수 문자 입력과 글자/문단 모양 설정

05 **문자표 입력과 글자/문단 모양을 설정해 보세요.**
※ 실제 시험에서는 내용을 입력한 후 서식을 지정합니다.

* 소스 파일 : 정복03_문제05.hwp
* 정답 파일 : 정복03_완성05.hwp

문자표 ──▶ ◈ 대회안내 ◈ ◀── 돋움, 가운데 정렬

1. 공모대상 : 상용화된 제품을 제외한 모든 소프트웨어
2. 공모분야 : 응용 소프트웨어, 모바일 앱, 게임 소프트웨어, 임베디드 소프트웨어, 보안 소프트웨어
3. 공모기간 : 2021. 09. 09. ～ 09. 30. 자정까지
4. 참가자격 : **대한민국 국적을 가진 일반인이나 학생이 개인이나 단체로 참가 가능** ◀── 진하게, 밑줄
5. 주 관 : 과학기술정보통신부, 대한소프트웨어산업협회, 한국정보통신기술협회

문자표

※ 기타사항
　— - 참가신청 : 9월 30일까지 온라인(http://www.ihd.or.kr)으로 참가신청
　— - 개발요약서 : 개발요약서는 이메일(swcontest@ihd.or.kr)로 10월 15일까지 제출
　— - 주의사항 : 1차 서류심사 합격자가 2차 심사 접수할 때 완성된 프로그램을 제출하지 않거나 1차
　　　심사의 작품과 2차 심사를 위해 제출된 작품의 내용이 일치하지 않을 경우 심사에서 제외됨

왼쪽여백 : 15pt
내어쓰기 : 12pt

2021. 09. 02. ◀── 12pt, 가운데 정렬

한국정보통신기술협회 ◀── 휴먼고딕, 24pt, 가운데 정렬

---

06 **문자표 입력과 글자/문단 모양을 설정해 보세요.**
※ 실제 시험에서는 내용을 입력한 후 서식을 지정합니다.

* 소스 파일 : 정복03_문제06.hwp
* 정답 파일 : 정복03_완성06.hwp

문자표 ──▶ ☆ 관람안내 ☆ ◀── 굴림체, 가운데 정렬

1. 개관시간 : 09:00~18:00 (하절기) / 09:00~17:00 (동절기), 설날 및 추석 당일은 휴관
2. 주 소 : **경북 문경시 가은읍 왕능길 112** ◀── 진하게, 밑줄
3. 전시내용 : 석탄의 기원, 광물/화석, 석탄과 탄광, 석탄산업의 역사
4. 체험내용 : 갱도체험, 광산장비체험, 탄광사택촌
5. 관람비용 : 자세한 내용은 홈페이지(http://www.ihd.or.kr) - [관람안내]에서 확인

문자표

※ 연계시설안내
　— - 1촬영장 : 평양성, 고구려궁, 고구려마을, 신라마을
　— - 2촬영장 : 안시성, 성내마을
　— - 3촬영장 : 요동성, 성내마을 - 본 촬영장은 9월까지 드라마 및 영화 촬영으로 인해 방문이 불가할
　　　수 있습니다. 방문 가능 일정과 시간은 홈페이지 안내를 참조하시기 바랍니다.

왼쪽여백 : 10pt
내어쓰기 : 12pt

2021. 09. 23. ◀── 12pt, 가운데 정렬

문경시 문화관광 ◀── 휴먼옛체, 22pt, 가운데 정렬

머리말 삽입/쪽 번호 매기기

- ☑ 머리말 삽입하기
- ☑ 쪽 번호 매기기

문제 미리보기

소스 파일 : 유형04_문제.hwp   정답 파일 : 유형04_완성.hwp   **문제 1**

머리말(중고딕, 9pt, 오른쪽 정렬) ➞ DIAT

제천키덜트페어

최근 키덜트 전성시대라고 해도 과언이 아닐 정도로 키덜트는 유통가의 큰손으로 떠오르며 급속도로 성장하고 있습니다. 이러한 시기일수록 체계적인 문화로 진화하고 지속적인 트렌드 유지를 위한 노력이 필요합니다. 제천 키덜트 페어는 특정 마니아층만이 선호한다는 인식의 틀을 깨고, 남녀노소 누구에게나 어울릴 수 있는 키덜트 산업을 만드는데 기여하고자 합니다. 키덜트 문화의 시작점에서부터 함께 해 온 제천 키덜트 페어는 더 많은 키덜트들이 추억을 소비하고, *추억을 만들어 나가는 대표 전시회*로 자리 잡기 위해 올해에도 그 도전을 멈추지 않겠습니다. 제천 키덜트 페어에 많은 관심과 성원 부탁드립니다.

◎ 행사안내 ◎

1. 행사일시 : 2021. 06. 01.(화)~2021. 06. 02.(수), 09:00~18:00
2. 장   소 : 서울 코엑스 C홀
3. 전시품목 : *피규어, 커스텀 피규어, 미니어쳐 아트토이, 드론, 디오라마, RC 모형 등*
4. 부대행사 : RC카 레이싱, 커스텀 피규어 만들기, 드론 대회, 시상식 등
5. 주 관 사 : 산업통상자원부, 방송통신위원회, 한국완구협회

※ 기타사항
  - 사전등록 : 2021. 05. 25.(화) 18:00까지 온라인(http://www.ihd.or.kr) 신청
  - 현장등록 : 고등학생 이하 15,000원, 일반 25,000원
  - 사전등록을 마치신 분들은 행사장 입구에 설치된 부스에 방문하셔서 확인절차를 마치시고, 명찰과 소정의 사은품을 수령한 후 지정된 행사장에 입장하시면 됩니다.

2021. 04. 29.

한국완구협회

- I -   쪽 번호 매기기, Ⅰ,Ⅱ,Ⅲ 순으로, 왼쪽 아래

머리말 삽입하기

① [쪽] 탭에서 [머리말(▤)]-'머리말/꼬리말'(또는 **Ctrl** + **N**, **H**)을 클릭합니다.

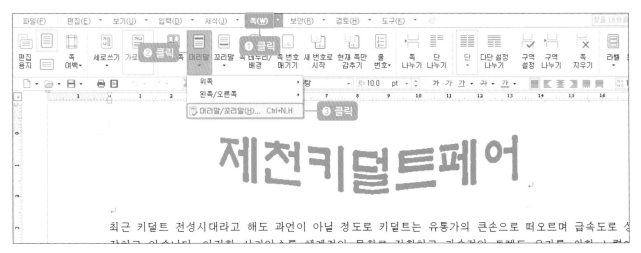

② [머리말/꼬리말] 대화상자가 나타나면 '종류(머리말), 위치(양 쪽)'이 지정된 것을 확인합니다. 이어서, '머리말/꼬리말마당'에서 '없음'을 클릭한 후 〈만들기〉 단추를 클릭합니다.

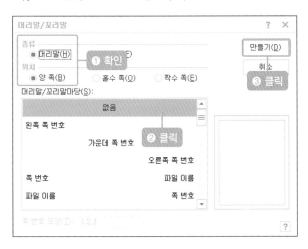

❸ 머리말(양 쪽) 입력 화면이 나타나면 [서식] 도구 상자에서 '글꼴(중고딕), 글자 크기(9pt), 오른쪽 정렬(▣)'을 지정한 후 'DIAT'를 입력합니다.

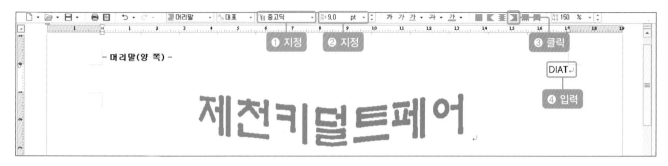

❹ 머리말 입력 작업이 끝나면 [머리말/꼬리말] 탭에서 '머리말/꼬리말 닫기(◄)'(또는 **Shift** + **Esc**)를 클릭합니다.

※ 삽입된 머리말을 더블 클릭하여 머리말의 내용 또는 글자 서식을 수정할 수 있습니다.

TIP 머리말이 보이지 않을 경우

작성한 머리말이 보이지 않을 경우에는 [보기] 탭에서 쪽 윤곽(또는 **Ctrl** + **G** , **L**)을 클릭하여 활성화합니다.

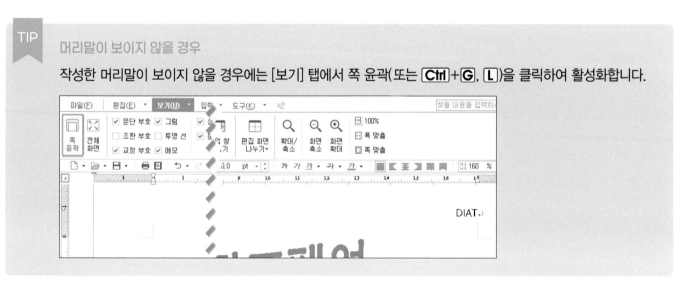

⑫ 쪽 번호 매기기

① [쪽] 탭에서 '쪽 번호 매기기(⬚)'(또는 **Ctrl** + **N**, **P**)를 클릭합니다.

② [쪽 번호 매기기] 대화상자가 나타나면 '번호 위치(왼쪽 아래), 번호 모양(Ⅰ,Ⅱ,Ⅲ)'을 지정합니다. 이어서, '줄표 넣기'가 체크된 것을 확인한 후 〈넣기〉 단추를 클릭합니다.

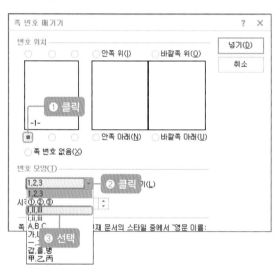
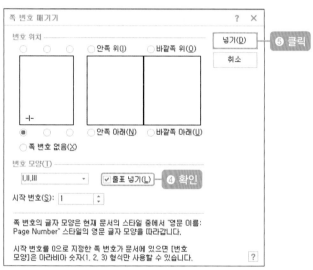

TIP

쪽 번호 모양

실제 시험에서 쪽 번호 모양의 기본 값인 '1, 2, 3' 외에 다른 번호 모양이 제시된 경우에는 [쪽 번호 매기기] 대화상자에서 '번호 모양'을 클릭하여 문제지에 제시된 번호 모양(예:Ⅰ,Ⅱ,Ⅲ)을 선택합니다.

❸ 쪽 아래 부분에 쪽 번호가 지정된 것을 확인합니다.

※ 2페이지에도 '머리말'과 '쪽 번호'가 지정되어 있습니다.

새 번호로 시작

쪽 번호를 '1'이 아닌 다른 번호로 시작하려면 [쪽] 탭의 '새 번호로 시작'을 클릭합니다. [새 번호로 시작] 대화상자가 나타나면 '시작 번호' 입력 칸에 새로 시작할 번호를 입력합니다. 시작 번호가 변경되면 쪽 번호는 '1'에서 '3'으로 변경됩니다.

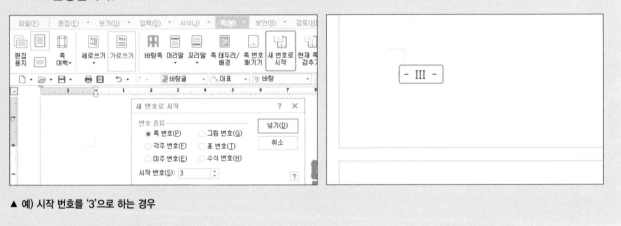

▲ 예) 시작 번호를 '3'으로 하는 경우

❹ [파일] 탭의 [저장하기](또는 **Alt**+**S**) 또는 [서식] 도구 상자에서 '저장하기(**🖫**)'를 클릭하여 답안 파일을 저장합니다.

※ 실제 시험을 볼 때 작업 도중에 수시로(10분에 한 번 정도) 저장을 하는 것이 좋습니다.

머리말 삽입/쪽 번호 매기기

01 다음 지시사항을 참고하여 머리말과 쪽 번호를 삽입해 보세요.

＊ 소스 파일 : 정복04_문제01.hwp ＊ 정답 파일 : 정복04_완성01.hwp

머리말(궁서, 9pt, 오른쪽 정렬) → DIAT

국제치매의료정책심포지엄

• [쪽]–[머리말]–[머리말/꼬리말]
• 바로 가기 키 : Ctrl+N, H

인구 고령화로 고령자 비율이 높아지면서 노인인구의 건강보장이 세계적인 관심 의제로 부각되고 있고, 특히 치매 유병률의 빠른 증가로 **치매노인의 인간다운 삶의 보장을 위한 종합적인 정책이 요구**되고 있습니다. 이에 세계사회복지학회에서는 국제노년학회, 노인복지학회와 공동으로 치매노인의 의료서비스 정책에 관한 국제심포지엄을 개최합니다. 이번 심포지엄을 통해 세계 각국의 치매 관리 정책에 대한 다양한 경험과 유용한 지식이 교류되기를 바라며, 우리도 올바른 정책방향을 가지고 치매환자들에게 더욱 안전하고 편안한 돌봄 환경을 제공하는데 더 많은 고민을 해보는 계기가 될 수 있기를 희망합니다.

쪽 번호 매기기, A,B,C 순으로,
오른쪽 아래

• [쪽]–[쪽 번호 매기기] → A
• 바로 가기 키 : Ctrl+N, P

02 다음 지시사항을 참고하여 머리말과 쪽 번호를 삽입해 보세요.

＊ 소스 파일 : 정복04_문제02.hwp ＊ 정답 파일 : 정복04_완성02.hwp

머리말(돋움, 9pt, 오른쪽 정렬) → DIAT

2021지역축제설치미술공모전

국내 설치미술의 발전과 성공적인 지역별 축제를 위하여 노력하는 *사회적 기업인 한국미술작가협회에서는 화합을 도모하는* 자리로 '2021 지역축제 설치미술 공모전'을 개최합니다. 이번 공모전에서는 국내 유명 관광지의 대표적인 지역 축제를 더욱 빛나게 할 설치미술 작품을 모집합니다. 우리나라 전국 각 지역을 대표하는 축제에 대한 정보와 의미를 파악하고, 야외에 설치가 가능한 형태의 작품을 완성하여 포트폴리오와 함께 제출하시면 됩니다. 국내 지역적인 발전과 현대 미술과 설치미술의 대중화를 위하여 창의력 있는 아이디어를 가진 능력 있는 미술작가 여러분들의 많은 참여를 바랍니다.

쪽 번호 매기기, 가,나,다 순으로,
오른쪽 아래

- 가 -

03 다음 지시사항을 참고하여 문서를 작성해 보세요.

* 소스 파일 : 없음
* 정답 파일 : 정복04_완성03.hwp

글맵시 - 휴먼옛체, 채우기 : 색상(RGB:233,174,43)
크기 : 너비(110mm), 높이(20mm), 위치 : 글자처럼 취급, 가운데 정렬

머리말(바탕, 9pt, 오른쪽 정렬) → DIAT

한산모시문화체험안내

진하게, 밑줄

<u>모시는 백제시대 때부터 약 1500년의 역사를 갖고 있는 전통적인 우리의 여름옷감</u>입니다. 그 역사적 가치를 높이 평가하여 중요무형문화재로 관리하며 유네스코에는 세계인류무형문화유산으로 등재되어 있습니다. 모시풀을 처음 발견한 건지산에 1993년 8월 한산모시관을 만들고, 다양한 체험을 할 수 있는 공간을 마련했습니다. 특히 중요무형문화재 제 14호로 지정된 '한산모시 짜기' 기능보유자 방연옥 선생님으로부터 모시 짜기 전 과정을 습득할 수 있는 시연공방을 마련해 두고 있습니다. 한산모시관은 세계의 유산인 한산모시에 대해 이해하고 우리전통의 소중함을 느낄 수 있는 문화체험의 장이 될 것입니다.

• [도구]-[빠른 교정]-[빠른 교정 내용]-
[입력 자동 서식]
• "자동 번호 매기기" 해제 후 내용 입력

문자표 → □ 이용안내 □

굴림체, 가운데 정렬

1. 이용시간 : 10:00시 ~ 18:00시 (연중무휴, 동절기: 17:00시 까지)
2. 테마관광 : *자세한 내용은 홈페이지(http://www.ihd.or.kr)의 '테마관광'에서 확인* ← 진하게, 기울임
3. 위치정보 : 충청남도 서천군 한산면 충절로 1089
4. 체험교육 : 모시한지체험, 생활용품제작체험, 모시염색체험, 모시옷입어보기체험, 다례체험
5. 관람비용 : 어른-1,000원 / 학생-500원 / 어린이-300원

문자표

※ 기타사항

- 국가유공자, 장애인 및 문화소외계층은 관람료가 면제되며 단체관람은 10% 할인됩니다.
- 전문자료실에서는 다양한 모시문헌자료를 열람하실 수 있으며, 서천군은 한산모시제품의 '지리적 표시제'를 통해 생산품의 신뢰도 향상에 노력하고 있습니다.
- 이용안내 및 기타사항 안내는 담당부서(전화: 041-900-0001)로 문의하시기 바랍니다.

왼쪽여백 : 10pt
내어쓰기 : 12pt

2021. 02. 25. ← 12pt, 가운데 정렬

한산모시관장 ← 휴먼옛체, 20pt, 가운데 정렬

• [도구]-[빠른 교정]-[빠른 교정 내용]-
[입력 자동 서식]
• "자동 글머리 기호 넣기" 해제 후 내용 입력

• [쪽]-[구역 나누기]
• 바로 가기 키 : Alt + Shift + Enter

쪽 번호 매기기, 一,二,三 순으로,
왼쪽 아래

문제1은 1구역, 문제2는 2구역으로 나누어 답안 작성

1 페이지 작성하기

04 **다음 지시사항을 참고하여 문서를 작성해 보세요.**

* 소스 파일 : 없음
* 정답 파일 : 정복04_완성04.hwp

글맵시 – 휴먼엣체, 채우기 : 색상(RGB:28,61,98)
크기 : 너비(110mm), 높이(20mm), 위치 : 글자처럼 취급, 가운데 정렬

머리말(돋움, 9pt, 오른쪽 정렬) → DIAT

스타트업생태계컨퍼런스

좋은 아이디어와 획기적인 사업 아이템을 가지고 계신가요? 창업자분들의 꿈을 펼치도록 5년간 끊임없는 지원을 해오고 있는 스타트업얼라이언스에서는 여러분의 새로운 시작을 응원하고자 '2021 스타트업 생태계 컨퍼런스'를 마련하였습니다. 각 분야의 스타트업 기업에서 현재 왕성한 활동을 하고 있는 CEO 들의 강연과 4차 산업혁명을 대비한 유망한 창업 아이템들을 만날 수 있는 좋은 기회가 될 것입니다. 2 부에서는 성공한 청년창업가와의 토크콘서트가 마련되어 평소 스타트업 기업에 대한 궁금증을 해결할 수 있는 의미 있는 시간이 될 것입니다. *예비 창업가 여러분의 많은 관심과 참여 바랍니다.* ← 기울임, 밑줄

문자표 → ★ 행사개요 ★
굴림, 가운데 정렬

1. 행사일시 : 2021년 4월 22일(목) ~ 23일(금), 10:00 ~ 18:00
2. 행사장소 : 부산 해운대구 동서대학교 센텀캠퍼스 2층
3. 참가대상 : 스타트업 창업을 원하는 20세 이상의 성인 누구나
4. 사전등록 : **홈페이지(http://www.ihd.or.kr)의 공지사항을 통해 등록** ← 진하게, 밑줄
5. 협력기관 : 스타트업얼라이언스, 동서대학교, 부산창조경제혁신센터

문자표

※ 기타사항
 - 사전등록 시 이메일 주소를 남기시면 컨퍼런스 안내 리플렛을 발송해드립니다.
 - 당일 행사 참석을 원하시면 행사 30분 전부터 1층 로비에서 선착순 등록이 가능합니다.
 - 식전 행사로 청년창업오디션 우수 발표작을 영상 쇼로 만나실 수 있으며, 요식 관련 창업 체험 부스도 준비되어 있으니 많은 참여 부탁드립니다.

왼쪽여백 : 15pt
내어쓰기 : 12pt

2021. 03. 25. ← 12pt, 가운데 정렬

스타트업얼라이언스 ← 돋움체, 22pt, 가운데 정렬

쪽 번호 매기기, ①,②,③ 순으로, 오른쪽 아래

- ① -

문제1은 1구역, 문제2는 2구역으로 나누어 답안 작성

05 다음 지시사항을 참고하여 문서를 작성해 보세요.

* 소스 파일 : 없음
* 정답 파일 : 정복04_완성05.hwp

글맵시 – 휴먼옛체, 채우기 : 색상(RGB:199,82,82)
크기 : 너비(120mm), 높이(20mm), 위치 : 글자처럼 취급, 가운데 정렬

머리말(굴림, 9pt, 오른쪽 정렬) → DIAT

29회상해자전거박람회

상해 자전거 박람회는 중국 최대 규모의 스포츠 레저산업 종합박람회이며 신 트렌드를 주도하는 아시아 정상급의 자전거 전문 박람회입니다. 전시회에 참여하는 업체들은 바이어들에게 최신제품을 가장 효과적으로 선보일 수 있으며, 자전거 동호인은 물론 일반 소비자에게도 신제품과 브랜드를 알릴 수 있는 최상의 기회를 제공합니다. E-바이크, 전기 자전거, 스마트 모빌리티의 전시, 시승 이벤트 등과 더불어 전용 의류, 보호 장구, 부품 등 자전거에 관련된 모든 제품과 정보를 한자리에서 확인하실 수 있습니다. *국제 자전거 산업의 현황과 미래를 살펴볼 수 있는 자전거 축제*에 많은 관심과 참여를 부탁드립니다.

기울임, 밑줄

문자표 → ● 행사안내 ●

굴림, 가운데 정렬

1. 행 사 명 : 제 29회 상해 자전거 박람회
2. 행사일시 : 2021. 06. 08.(화)~2021. 06. 09.(수), 09:00~18:00
3. 행사장소 : 상해 신국제전시장
4. 사전등록 : *2021. 06. 02.(수) 18:00까지 온라인으로 등록(http://www.ihd.or.kr)* ← 기울임, 밑줄
5. 행사주관 : 중국자전거협회, 상해 Xiesheng 유한회사

문자표

※ 기타사항

- 행사 품목 : E-바이크, 스마트 모빌리티, 리튬배터리, 전기 자전거, 부품 및 액세서리 등
- 입장료 : 10,000원(사전등록 시 입장료 10% 할인)
- 자전거 부스는 전시장 B홀에 마련되어 있으며, 사전예약을 하신 관람객을 대상으로 무료 자전거 시승을 운영하고 있습니다.

왼쪽여백 : 10pt
내어쓰기 : 12pt

2021. 04. 29. ← 14pt, 가운데 정렬

중국자전거협회 ← 굴림체, 27pt, 가운데 정렬

쪽 번호 매기기, 가,나,다 순으로,
왼쪽 아래

- 가 -

문제1은 1구역, 문제2는 2구역으로 나누어 답안 작성

1 페이지 작성하기

06 다음 지시사항을 참고하여 문서를 작성해 보세요.

＊ 소스 파일 : 없음
＊ 정답 파일 : 정복04_완성06.hwp

글맵시 - 휴먼옛체, 채우기 : 색상(RGB:53,135,145)
크기 : 너비(120mm), 높이(20mm), 위치 : 글자처럼 취급, 가운데 정렬

머리말(바탕, 9pt, 오른쪽 정렬) →DIAT

서울국제에너지컨퍼런스

진하게, 밑줄

서울 국제 에너지 컨퍼런스는 국내·외 에너지 분야 석학들이 모여 해외 사례와 최근 동향을 공유하고 발전 방향을 모색하는 장으로, **올해의 주제는 '도시 에너지, 그 미래를 보다'**로 오는 22일 서울시청에서 개최됩니다. 이번 컨퍼런스는 국제에너지자문단 외에도 로마클럽 구성원이자 노르웨이의 미래학자인 요르겐 랜더스와 일본 도쿄에서 탄소배출권 제도를 설계한 데루유키 오노 등 다양한 분야의 전문가가 서울에 모여 도시 에너지에 대한 토론의 폭과 깊이를 더할 예정입니다. 이번 컨퍼런스는 서울시에서 추진해온 원전과 기후변화 대응을 위한 노력의 성과를 세계와 공유할 수 있는 좋은 기회가 될 것입니다.

문자표 → ▶ 행 사 안 내 ◀ 중고딕, 가운데 정렬

1. 행사일시 : *2021. 07. 22.(목), 10:00~18:00* ← 기울임, 밑줄
2. 행사장소 : 서울특별시청 신청사 8층 다목적홀
3. 행사주제 : 도시 에너지, 그 미래를 보다
4. 전문세션 : 도시 에너지 정책의 실행체계, 도시재생과 건물에너지, 교통수단과 에너지
5. 행사주관 : 서울시청, 환경수자원위원회

문자표

※ 기타사항
— - 서울 국제 에너지 컨퍼런스는 시민 누구나 사전 등록을 통해 무료로 참여 가능합니다.
— - 2021. 07. 14.(수) 18:00까지 온라인으로 사전등록(http://www.ihd.or.kr)
— - 세션별로 참여신청이 가능하며 자세한 문의는 서울 국제 컨퍼런스 사무국(02-1234-9999)으로 문의바랍니다.

왼쪽여백 : 15pt
내어쓰기 : 12pt

2021. 05. 27. ← 12pt, 가운데 정렬

서울특별시청 ← 궁서체, 25pt, 가운데 정렬

쪽 번호 매기기, Ⅰ,Ⅱ,Ⅲ 순으로,
가운데 아래

-Ⅰ-

문제1은 1구역, 문제2는 2구역으로 나누어 답안 작성

다단 설정/글상자 입력

- ☑ 다단 설정 나누기
- ☑ 글상자 입력하기
- ☑ 다단 설정하기

문제 미리보기

소스 파일 : 유형05_문제.hwp   정답 파일 : 유형05_완성.hwp   문제 2

DIAT

무선모형종류

글상자 – 크기 : 너비(70mm), 높이(12mm), 테두리 : 이중 실선(1.00mm), 둥근 모양
채우기 : 색상(RGB:227,220,193), 위치 : 글자처럼 취급, 가운데 정렬
글자 모양 : 견고딕, 20pt, 가운데 정렬

- II -

01 다단 설정 나누기

❶ 2페이지를 클릭한 후 [쪽] 탭에서 '다단 설정 나누기(▦)'(또는 Ctrl + Alt + Enter)를 클릭합니다. 이어서, 다음과 같이 자동으로 마우스 포인터가 두 번째 줄로 이동된 것을 확인합니다.

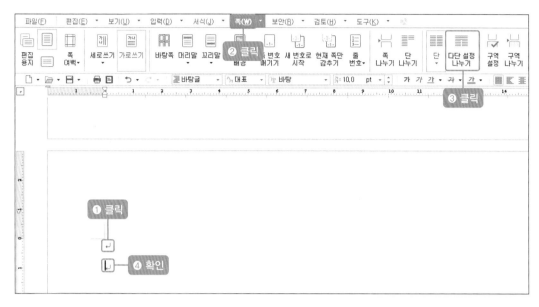

다단 설정 나누기

'다단 설정 나누기'를 하면 문단 별로 다단을 다르게 설정할 수 있습니다.

DIAT

무선모형종류

1. 항공 RC

항공 RC는 무선조종의 로망으로 하늘을 날아다니는 모형(模型)을 의미하며, 일반적으로 프로펠러 비행기(飛行機)가 가장 인기가 많다. 항공 RC의 꽃이라 불리는 헬리콥터(helicopter)나 최근 항공촬영 등에 널리 쓰이고 있는 멀티콥터(multi copter)도 인기를 끌고 있다. 또한 다소 특이한 취향 취급을 받지만, 날갯짓을 하며 날아가는 오니솝터(ornithopter)나 헬륨①을 채운 비행선 등도 마니아층을 구성하고 있다. 자체 중량이 12kg 이

키덜트 판매량(단위%)

상품	전년대비
RC제품	157
프라모델	61
피규어	61
아트테라피	33
게임/퍼즐	20

◀ 다단 설정 나누기가 적용 안 된 상태

DIAT

무선모형종류

1. 항공 RC

항공 RC는 무선조종의 로망으로 하늘을 날아다니는 모형(模型)을 의미하며, 일반적으로 프로펠러 비행기(飛行機)가 가장 인기가 많다. 항공 RC의 꽃이라 불리는 헬리콥터(helicopter)나 최근 항공촬영 등에 널리 쓰이고 있는 멀티콥터(multi copter)도 인기를 끌고 있다. 또한 다소 특이한 취향 취급을 받지만, 날갯짓을 하며 날아가는 오니솝터(ornithopter)나 헬륨①을 채운 비행선 등도 마니아층을 구성하고 있다. 자체 중량이 12kg 이

키덜트 판매량(단위%)

상품	전년대비
RC제품	157
프라모델	61
피규어	61
아트테라피	33
게임/퍼즐	20

◀ 다단 설정 나누기가 적용된 상태

02 글상자 입력하기

❶ 2페이지의 첫 번째 줄을 클릭한 후 [입력] 탭에서 '가로 글상자(▤)'(또는 **Ctrl** + **N**, **B**)를 선택합니다.

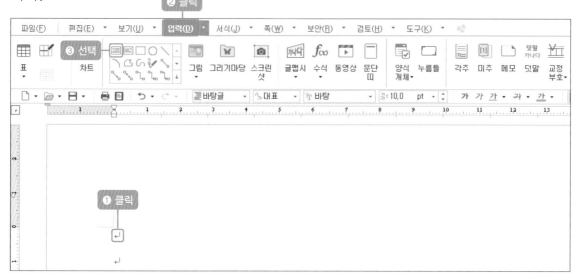

❷ 마우스 포인터 모양이 '➕'로 변경되면 드래그하여 글상자를 입력한 후 테두리를 더블 클릭합니다.

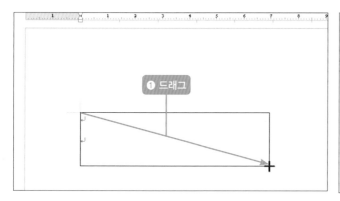 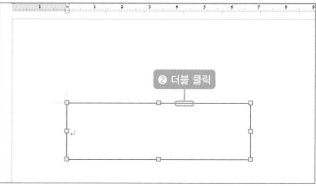

❸ [개체 속성] 대화상자가 나타나면 [기본] 탭의 '크기'에서 '너비(70)', '높이(12)'를 입력합니다. 이어서, '크기 고정'과 '글자처럼 취급'을 클릭하여 체크합니다.

※ 글상자 작업은 [문제 2]를 보면서 작업합니다.

❹ [개체 속성] 대화상자의 [선] 탭을 클릭합니다. 이어서, '종류(이중 실선), 굵기(1.00mm)'를 지정한 후 '사각형 모서리 곡률'–'둥근 모양'을 선택합니다.

※ 실제 시험에서 자주 출제되는 글상자 모양은 '둥근 모양', '반원' 등이 있습니다.

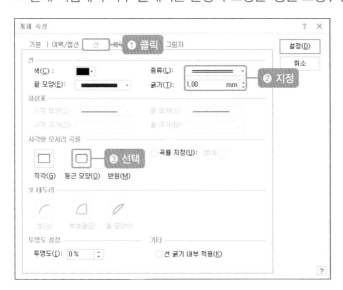

❺ [개체 속성] 대화상자의 [채우기] 탭을 클릭한 후 '색'의 '면 색'을 선택합니다. 이어서, '다른 색'을 클릭하여 RGB 값 '227,220,193'을 직접 입력 후 〈설정〉 단추를 클릭합니다.

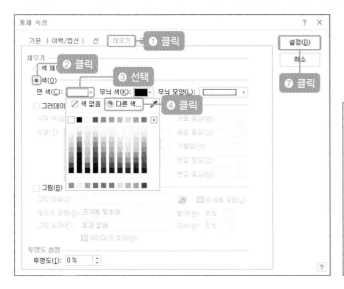

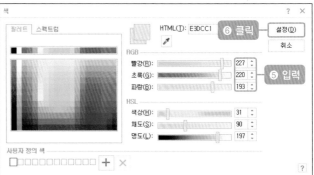

❻ 글상자의 서식이 변경되면 **Esc** 키를 누릅니다. 이어서, [서식] 도구 상자에서 '가운데 정렬(≡)'을 클릭합니다.

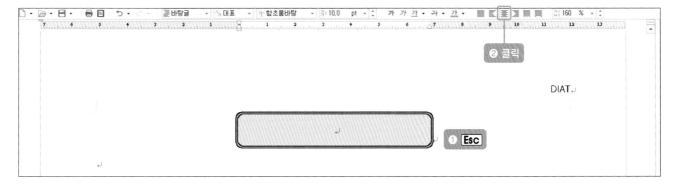

❼ 글상자 안을 마우스로 클릭한 후 [서식] 도구 상자에서 '글꼴(견고딕), 글자 크기(20pt), 가운데 정렬 (▤)'을 지정합니다.

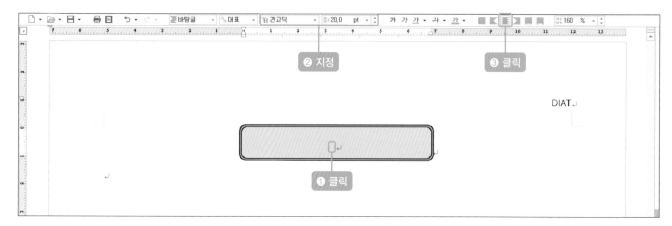

❽ 글상자에 '무선모형종류'를 입력합니다.

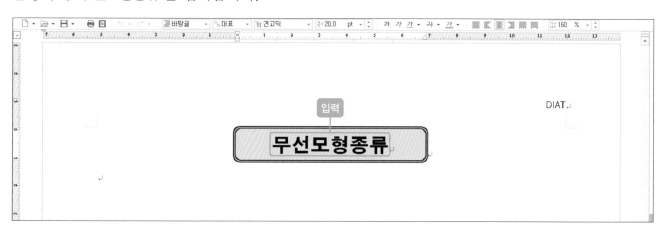

❾ 글상자 입력 작업이 끝나면 두 번째 줄을 클릭합니다.

03 다단 설정하기

① [쪽] 탭에서 '다단 설정(▤)'을 클릭합니다.

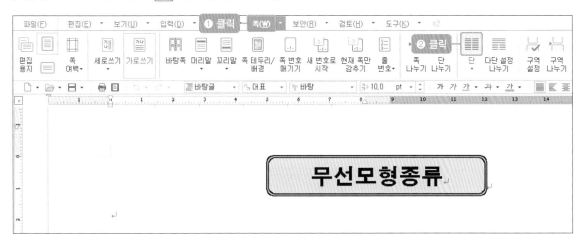

② [단 설정] 대화상자가 나타나면 '자주 쓰이는 모양'-'둘'을 선택한 후 〈설정〉 단추를 클릭합니다.

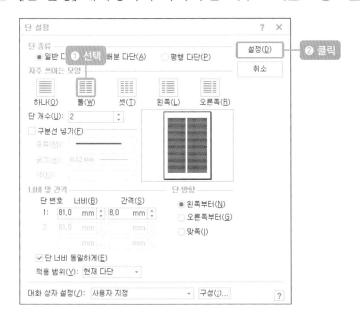

③ 두 단으로 나누어진 것을 확인합니다. 이어서, 모든 작업이 완료되면 파일을 저장합니다.

※ 눈금자를 보면 단이 두 개로 나누어진 것을 알 수 있습니다.

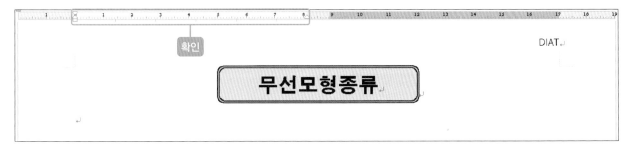

다단 설정/글상자 입력

01 다음 지시사항을 참고하여 다단 설정과 글상자를 입력해 보세요.

* 소스 파일 : 정복05_문제01.hwp * 정답 파일 : 정복05_완성01.hwp

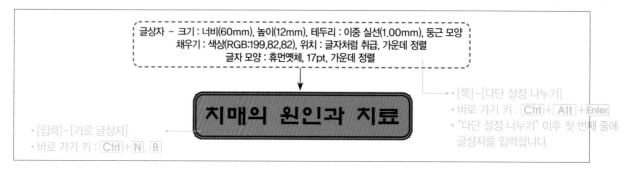

글상자 – 크기 : 너비(60mm), 높이(12mm), 테두리 : 이중 실선(1.00mm), 둥근 모양
채우기 : 색상(RGB:199,82,82), 위치 : 글자처럼 취급, 가운데 정렬
글자 모양 : 휴먼옛체, 17pt, 가운데 정렬

치매의 원인과 치료

• [입력]–[가로 글상자]
• 바로 가기 키 : Ctrl+N, B

• [쪽]–[다단 설정 나누기]
• 바로 가기 키 : Ctrl+Alt+Enter
• "다단 설정 나누기" 이후 첫 번째 줄에
글상자를 입력합니다.

02 다음 지시사항을 참고하여 다단 설정과 글상자를 입력해 보세요.

* 소스 파일 : 정복05_문제02.hwp * 정답 파일 : 정복05_완성02.hwp

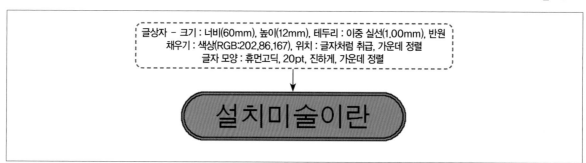

글상자 – 크기 : 너비(60mm), 높이(12mm), 테두리 : 이중 실선(1.00mm), 반원
채우기 : 색상(RGB:202,86,167), 위치 : 글자처럼 취급, 가운데 정렬
글자 모양 : 휴먼고딕, 20pt, 진하게, 가운데 정렬

설치미술이란

03 다음 지시사항을 참고하여 다단 설정과 글상자를 입력해 보세요.

* 소스 파일 : 정복05_문제03.hwp * 정답 파일 : 정복05_완성03.hwp

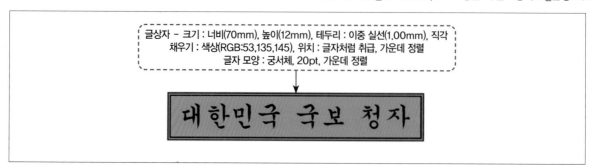

글상자 – 크기 : 너비(70mm), 높이(12mm), 테두리 : 이중 실선(1.00mm), 직각
채우기 : 색상(RGB:53,135,145), 위치 : 글자처럼 취급, 가운데 정렬
글자 모양 : 궁서체, 20pt, 가운데 정렬

대한민국 국보 청자

다단 설정/글상자 입력

04 다음 지시사항을 참고하여 다단 설정과 글상자를 입력해 보세요.

✳ 소스 파일 : 정복05_문제04.hwp   ✳ 정답 파일 : 정복05_완성04.hwp

글상자 – 크기 : 너비(60mm), 높이(12mm), 테두리 : 이중 실선(1.00mm), 둥근 모양
채우기 : 색상(RGB:233,174,43), 위치 : 글자처럼 취급, 가운데 정렬
글자 모양 : 휴먼옛체, 20pt, 가운데 정렬

재활용의 생활화

05 다음 지시사항을 참고하여 다단 설정과 글상자를 입력해 보세요.

✳ 소스 파일 : 정복05_문제05.hwp   ✳ 정답 파일 : 정복05_완성05.hwp

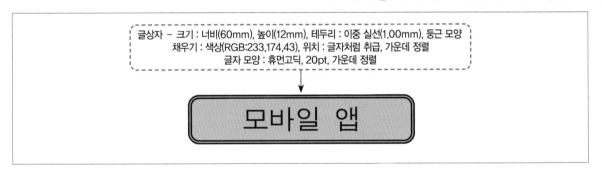

글상자 – 크기 : 너비(60mm), 높이(12mm), 테두리 : 이중 실선(1.00mm), 둥근 모양
채우기 : 색상(RGB:233,174,43), 위치 : 글자처럼 취급, 가운데 정렬
글자 모양 : 휴먼고딕, 20pt, 가운데 정렬

모바일 앱

06 다음 지시사항을 참고하여 다단 설정과 글상자를 입력해 보세요.

✳ 소스 파일 : 정복05_문제06.hwp   ✳ 정답 파일 : 정복05_완성06.hwp

글상자 – 크기 : 너비(70mm), 높이(12mm), 테두리 : 이중 실선(1.00mm), 둥근 모양
채우기 : 색상(RGB:199,82,82), 위치 : 글자처럼 취급, 가운데 정렬
글자 모양 : 휴먼옛체, 20pt, 가운데 정렬

석탄산업의 시작

다단 내용 입력과 한자/각주 입력

☑ 다단 내용 입력하기
☑ 한자 입력하기
☑ 각주 입력하기

DIAT

무선모형종류

1. 항공 RC ← 돋움, 12pt, 진하게

항공 RC는 무선조종의 로망으로 하늘을 날아다니는 모형(模型)을 의미하며, 일반적으로 프로펠러 비행기(飛行機)가 가장 인기가 많다. 항공 RC의 꽃이라 불리는 헬리콥터(helicopter)나 최근 항공 촬영 등에 널리 쓰이고 있는 멀티콥터(multicopter)도 인기를 끌고 있다. (다소→또한) 특이한 취향 취급을 받지만, 날개짓을 하며 날아가는 오니숍터(ornithopter)나 헬륨①을 채운 비행선 등도 ← 각주 마니아층(만)→ 구성하고 있다. 자체 중량이 12kg 이 ← 을 상인 무선조종 항공기는 초경량 비행장치로 분류되므로 소유자는 지방 항공청에 등록해야 하며, 상업 활동을 하는 경우(농약살포, 항공촬영 등)에는 초경량 비행장치 조종자 면허(免許, license)를 취득하여야 한다. 특히 항공촬영(航空撮影) 시에는 국방부 허가도 받아야 한다.

2. 수상 RC ← 돋움, 12pt, 진하게

수상 RC는 물 위에 떠다니는 모형들로 초창기부터 인기가 있던 항공 RC나 현재 RC의 주축인 육상 RC에 비해 인기는 많지 않지만, 여름에는 계절적 특수성으로 인기가 살짝 높아진다. 엔진이나 동력을 이용한 모터보트가 주력을 차지하지만, 극히 드물게 바람의 힘을 이용해 항해하는 범선도 있다. 하지만 범선(帆船)은 바람에 따라 성능이 천차만별이고 순풍(順風)을 받아도 속도가 느릴 뿐 아니라 강에다 떠우면 강이 흐르는 속도를 따라잡을 수가 없어 그대로 떠내려가기 때문에 큰 인기를 얻지는 못하고 있다. 그리고 엄밀히 말해 수상 RC는 아니고 수중 RC라 할 수 있는 잠수함 RC를 즐기는 사람들도 있다. 조종하는 사람이 물 밖에 있어서 잠수함(submarine)을 눈으로 확인하며 조종하기가 쉽지 않고, 전파도 물속에서는 멀리 가지 못하기 때문에 상당히 어려운 장르이다.

---

① 18족 원소들 중에서 가장 가벼운 기체 ← 중고딕, 9pt

- II -

01 다단 내용 입력하기

① 2페이지의 두 번째 줄을 클릭하여 마우스 포인터를 이동시킨 후 [문제 2]를 보면서 다음과 같이 내용을 입력합니다.

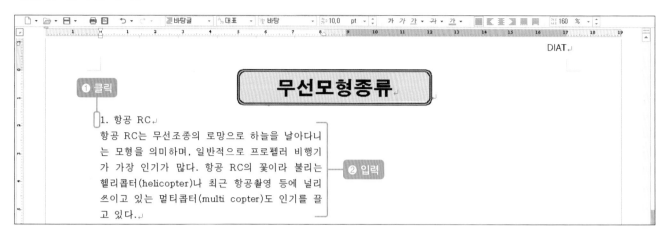

② '1. 항공 RC' 부분을 드래그하여 블록으로 지정한 후 [서식] 도구 상자에서 '글꼴(돋움), 글자 크기 (12pt), 진하게(가)'를 지정합니다.

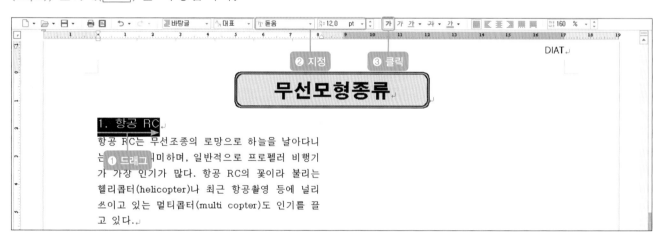

③ 다음 교정부호에 유의하며 나머지 내용을 입력합니다.

1. 항공 RC

항공 RC는 무선조종의 로망으로 하늘을 날아다니는 모형을 의미하며, 일반적으로 프로펠러 비행기가 가장 인기가 많다. 항공 RC의 꽃이라 불리는 헬리콥터(helicopter)나 최근 항공촬영 등에 널리 쓰이고 있는 멀티콥터(multi copter)도 인기를 끌고 있다. 다소 또한 특이한 취향 취급을 받지만, 날개짓을 하며 날아가는 오니숍터(ornithopter)나 헬륨을 채운 비행선 등도 마니아층만 구성하고 있다. 자체 중량이 12kg 이상인 무선조종 항공기는 초경량 비행장치로 분류되므로 소유자는 지방항공청에 등록해야 하며, 상업 활동을 하는 경우(농약살포, 항공촬영 등)에는 초경량 비행장치 조종자 면허를 취득하여야 한다. 특히 항공촬영 시에는 국방부 허가도 받아야 한다.

1. 항공 RC

항공 RC는 무선조종의 로망으로 하늘을 날아다니는 모형을 의미하며, 일반적으로 프로펠러 비행기가 가장 인기가 많다. 항공 RC의 꽃이라 불리는 헬리콥터(helicopter)나 최근 항공촬영 등에 널리 쓰이고 있는 멀티콥터(multi copter)도 인기를 끌고 있다. 또한 다소 특이한 취향 취급을 받지만, 날개짓을 하며 날아가는 오니숍터(ornithopter)나 헬륨을 채운 비행선 등도 마니아층을 구성하고 있다. 자체 중량이 12kg 이상인 무선조종 항공기는 초경량 비행장치로 분류되므로 소유자는 지방항공청에 등록해야 하며, 상업 활동을 하는 경우(농약살포, 항공촬영 등)에는 초경량 비행장치 조종자 면허를 취득하여야 한다. 특히 항공촬영 시에는 국방부 허가도 받아야 한다.

• 실제 시험에서는 [문제 2]에서 '자리 바꾸기'와 '다른 단어로 바꾸기'가 출제됩니다.

■ 자리 바꾸기

교정 전	교정 후
어려운 상당히 장르이다.	상당히 어려운 장르이다.

■ 다른 단어로 바꾸기

교정 전	교정 후
삶의 지예 ◄ 혜	삶의 지혜

02 한자 입력하기

① '모형'을 드래그하여 블록으로 지정한 후 [입력] 탭에서 '한자 입력(✦)' (또는 F9)을 클릭합니다.

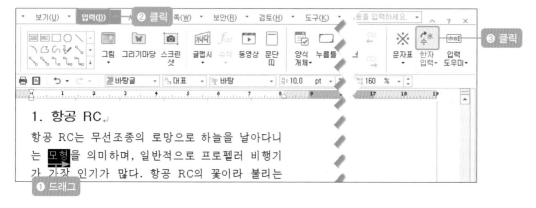

② [한자로 바꾸기] 대화상자가 나타나면 '한자 목록'에서 문제지([문제 2])와 일치하는 한자를 클릭합니다. 이어서, '입력 형식'–'한글(漢字)'을 선택한 후 〈바꾸기〉 단추를 클릭합니다.

❸ 똑같은 방법으로 다른 단어들도 한자로 변환합니다.

1. 항공 RC↵

항공 RC는 무선조종의 로망으로 하늘을 날아다니는 모형(模型)을 의미하며, 일반적으로 프로펠러 비행기(飛行機)가 가장 인기가 많다. 항공 RC의 꽃이라 불리는 헬리콥터(helicopter)나 최근 항공 촬영❶ 변환 널리 쓰이고 있는 멀티콥터(multicopter)도 인기를 끌고 있다. 또한 다소 특이한 취향 취급을 받지만, 날개짓을 하며 날아가는 오니솝터(ornithopter)나 헬륨을 채운 비행선 등도 마니아층을 구성하고 있다. 자체 중량이 12kg 이상인 무선조종 항공기는 초경량 비행장치로 분류되므로 소유자는 지방 항공청에 등록❷ 변환 해야 하며, 상업 활동을 하는 경우(농약살포, 항공촬영 등)에는 초경량 비행장치 조종자 면허(免許)를 취득하여야 한다. 특히 항공촬영 시에는 국방부 허가도 받아야 한다..↵

❹ '(免許' 글자 뒤를 클릭한 후 ', license'를 입력합니다.

마니아층을 구성하고 있다. 자체 중량이 12kg 이상인 무선조종 항공기는 초경량 비행장치로 분류되므로 소유자는 지방 항공청에 등록해야 하며, 상업 활동을 하는 경우(농약살포, 항공촬영 등)에는 초경량 비행장치 조종자 면허(免許)를 취득하 ❶ 클릭 여야 한다. 특히 항공촬영 시에는 국방부 허가도 받아야 한다.↵

마니아층을 구성하고 있다. 자체 중량이 12kg 이상인 무선조종 항공기는 초경량 비행장치로 분류되므로 소유자는 지방 항공청에 등록해야 하며, 상업 활동을 하는 경우(농약살포, 항공촬영 등)에는 초경량 비행장치 조종자 면허(免許, license)를 취득하여야 한다. 특히 항공촬영 시에는 국방부 허가도 받아야 한다..↵ ❷ 입력

❺ '항공촬영'을 드래그하여 블록으로 지정한 후 [입력] 탭에서 '한자 입력( )' (또는 F9)을 클릭합니다.

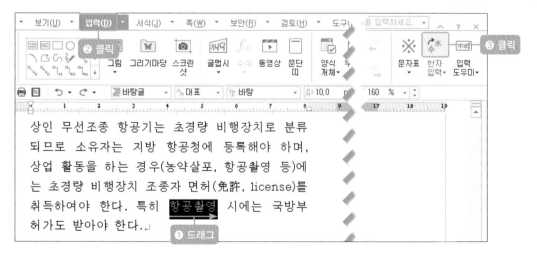

❻ [한자로 바꾸기] 대화상자가 나타나면 '한자 목록'에서 문제지([문제 2])와 일치하는 한자를 클릭합니다. 이어서, '입력 형식'−'한글(漢字)'을 선택한 후 〈바꾸기〉 단추를 클릭하여 변환된 한자를 확인합니다.

※ 프로그램 버전에 따라 '한자 목록'의 개수 및 위치가 변경될 수 있습니다.

> **TIP**
> 실제 시험에서 출제되는 한자와 영문의 개수는 대부분 5~7개이므로 문제지에 나오는 한자와 영문의 개수를 세어 빠뜨린 부분이 없는지 확인합니다.

❼ 똑같은 방법으로 '촬영' 글자를 한자로 변환합니다.

> **TIP**
> 한자로 바꾸기
> 실제 시험에서는 두 개 이상의 단어가 합쳐진 하나의 단어가 나올 수 있습니다. 한자로 변환하려면 앞 단어부터 한자로 변환한 후 그 뒤 단어를 변환합니다. 문제지에 맞게 단어를 이어 붙이고 괄호를 지워서 [문제 2]에 맞게 수정합니다.

⑧ '촬영' 글자를 드래그하여 블록으로 지정한 후 [편집] 탭에서 '오려 두기(✂)'(또는 **Ctrl**+**X**)를 클릭합니다.

⑨ 이어서, '항공' 글자 뒤를 클릭한 후 [편집] 탭에서 '붙이기(📋)'(또는 **Ctrl**+**V**)를 클릭합니다.

⑩ '(航空' 글자 뒤를 클릭한 후 **Delete** 키를 두 번 눌러 괄호를 지웁니다.

03 각주 입력하기

① '헬륨' 글자 뒤를 클릭한 후 [입력] 탭에서 '각주(📄)'(또는 **Ctrl**+**N**, **N**)을 클릭합니다.

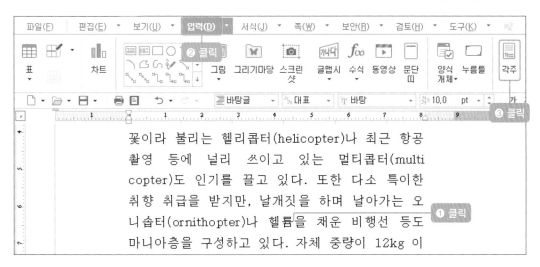

② 각주 입력 화면이 나타나면 [문제 2]를 보면서 다음과 같이 내용을 입력합니다.

③ 각주 내용을 드래그하여 블록으로 지정한 후 [서식] 도구 상자에서 '글꼴(중고딕), 글자 크기(9pt)'를 지정합니다.

④ Esc 키를 눌러 블록 지정을 해제한 후 [주석] 탭에서 '각주/미주 모양 고치기( )'를 클릭합니다.

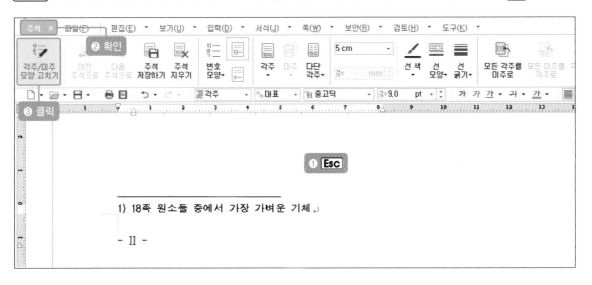

⑤ [주석 모양] 대화상자가 나타나면 '번호 모양'–'①,②,③'을 지정한 후 〈설정〉 단추를 클릭합니다.

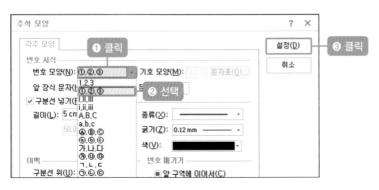

⑥ 각주 번호 모양이 변경된 것을 확인한 후 [주석] 탭에서 '닫기(→█)'(또는 **Shift** + **Esc**)를 클릭하여
각주 입력 작업을 끝냅니다.

⑦ '받아야 한다.' 글자 뒤를 클릭한 후 **Enter** 키를 두 번 눌러 문제지([문제 2])를 보면서 두 번째 문단
의 내용을 입력합니다.

※ 실제 시험에서는 첫 번째 문단과 두 번째 문단의 내용을 모두 입력한 후 문제지([문제 2])를 참고하여 서식을 지정합
니다.

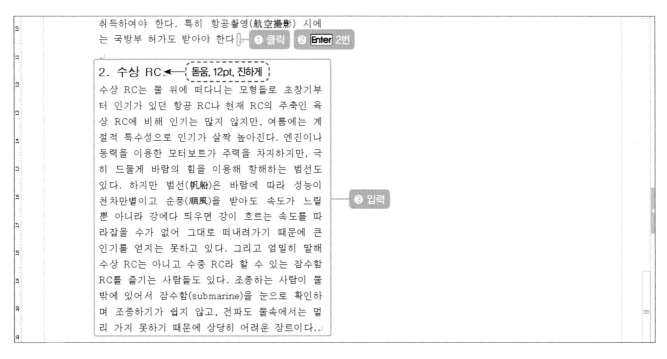

⑧ 모든 작업이 완료되면 파일을 저장합니다.

> **TIP**
> 첫 번째 문단과 두 번째 문단 간격은 한 줄 띄어서 입력해야 합니다. 교재 속 문단 부호를 참고하여 각 문단
> 사이의 간격을 확인해 봅시다.

다단 내용 입력과 각주/한자 입력

01 다음 지시사항을 참고하여 다단 내용과 각주/한자를 입력해 보세요.

※ 실제 시험에서는 첫 번째 문단과 두 번째 문단의 내용을 모두 입력합니다.

＊ 소스 파일 : 정복06_문제01.hwp　＊ 정답 파일 : 정복06_완성01.hwp

●다른 단어로 바꾸기

1. 치매와 치매환자의 증가 ◀ 돋움, 12pt, 진하게

치매(Dementia)는 라틴어에서 유래된 말로, 정신이 없어진 것이라는 의미(意味)를 지니고 있다. 치매는 정상적으로 생활해오던 사람이 다양한 원인에 의해 뇌기능이 손상(損傷)되면서 이전에 비해 인지기능①이 지리적이고 전반적으로 저하되어, 일상생활에 상당한 지장이 나타나고 있는 상태를 말한다. 여기에서 인지기능이란 기억력, 언어능력, 시공간 파악능력, 판단력 및 추상적 사고력 등 다양한 지적능력을 가리키는 것으로, 각 인지기능은 특정 뇌 부위와 밀접한 관련이 있다. 우리나라에는 현재 약 44만 명의 치매환자가 있을 것으로 추정(Estimation)되지만, 인구의 급속한 고령화에 따라 2022년에는 환자 수가 약 80만 명에 이를 것으로 추정된다.

각주 ● [입력]-[각주]
● 바로 가기 키 : Ctrl+N, N

2. 치매의 치료방법 ◀ 돋움, 12pt, 진하게

치매(癡呆)의 원인 질환으로는 80~90가지가 알려져 있는데, 가장 중요한 3대 원인 질환은 알츠하이머병(Alzheimer's Disease), 혈관성 치매, 그리고 루이체 치매 등으로 나눌 수 있다. 주로 노년기에 많이 생기며, 현재 심장병, 암, 뇌졸중(腦卒中)에 이어 4대 주요 사인으로 불릴 정도로 중요한 신경질환이다. 현재까지 치매는 완전히 치료되지는 않지만, 새로운 치료제의 약물 개발로 고혈압(高血壓), 당뇨병처럼 치료가 가능한 질환으로 바뀌어가고 있다. 치매 치료의 원칙은 치매가 만성적으로 진행되는 뇌의 질병이기 때문에 일관성(Consistency) 있게 지속적으로 대처하는 것이 무엇보다 중요하며, 치료의 목표 및 방향도 환자와 가족의 삶의 질을 유지시키는 것이다. 그리고 치매의 비약물적인 치료의 종류에는 환경치료, 지지적 정신치료, 행동치료, 회상치료를 통한 인지치료 및 재활훈련(Rehabilitation Training) 치료 등이 있다.

● 자리 바꾸기

● [주석]-[각주/미주 모양 고치기]

① 지식과 정보를 효율적으로 조직하는 능력 ◀ 돋움, 9pt

- B -

다단 내용 입력과 각주/한자 입력

02 다음 지시사항을 참고하여 다단 내용과 각주/한자를 입력해 보세요.

※ 실제 시험에서는 첫 번째 문단과 두 번째 문단의 내용을 모두 입력합니다.

＊ 소스 파일 : 정복06_문제02.hwp　＊ 정답 파일 : 정복06_완성02.hwp

1. 설치미술이란? ◀─ [굴림체, 12pt, 진하게]

일반 대중에게 공개된 장소에 설치 및 전시되는 작품을 지칭하는 것이 공공미술이며, 지정된 장소의 설치미술이나 장소 자체를 위한 디자인(Design) 등을 포함한다. 여기서 설치미술이란 회화, 조각, 사진 등과 같은 현대 미술의 표현(表現) 화법 장르 중의 하나를 말한다. 설치미술의 특징이라면 작품 속에 녹아든 사회 및 정치에 대한 풍자(諷刺)[a]와 비판을 꼽을 수 있다. 실내뿐 아니라 야외라는 특수한 공간(空間)에서 작가의 의도에 따라 장소와 작품을 자유롭게 체험하는 예술이다. 감상하는 사람들은 그 전체를 시각(Sight), 청각과 감정으로 체험하게 된다. 세계적인 설치미술 아티스트들이 진행하는 다양한 형태의 설치미술 프로젝트는 관람하는 사람들로 하여금 작품을 통하여 무한한 상상력을 펼치기도 한다.

[방] [각주]

2. 창의적인 설치미술 ◀─ [굴림체, 12pt, 진하게]

지난 2012년 서울 덕수궁의 자연을 포함한 궁궐 내부의 모든 것이 빛, 소리, 기타 조형물들을 만나 역사와 예술(藝術)이 결합된 또 다른 공간으로 관람객들을 맞이하였다. 중화전 행각에선 낭랑한 목소리의 궁중 소설이 울려 퍼지고, 연못가 숲속에는 그림자(Shadow)를 활용한 빛의 형태로 설치미술이 전시되었다. 2014년 10월에는 석촌호수의 러버덕을 통하여 설치미술의 대중화를 실현(實現)시키고 있다. 이 외에도 국내 설치미술의 작가들과 지역적 협력을 통해 창의적인 보다 설치미술 프로젝트(Project)를 진행하고 있다. 이는 관객들에게 높은 만족도와 설치미술이 아름답고 친숙한 예술 작품이라는 것을 경험(Experience)하는 계기가 되었다. 더불어 관객들에게는 생활 속에 들어온 설치미술이 주는 공공성 있는 메시지를 기억하며 관람하는 자세가 필요할 것이다.

---

[a] 사실을 드러내지 않고 왜곡하여 웃음을 유발하는 것 ◀─ [중고딕, 9pt]

- 나 -

다단 내용 입력과 각주/한자 입력

03 다음 지시사항을 참고하여 다단 내용과 각주/한자를 입력해 보세요.
※ 실제 시험에서는 첫 번째 문단과 두 번째 문단의 내용을 모두 입력합니다.

＊ 소스 파일 : 정복06_문제03.hwp　＊ 정답 파일 : 정복06_완성03.hwp

1. 우리나라 국보와 보물 ◀━ 돋움, 11pt, 진하게

국보(national treasure)와 보물(treasure)은 특별한 기준으로 가르지 않는다. 옛 건축물, 미술품, 공예품 가운데 역사적(歷史的)이거나 미술적 가치를 지닌 문화재를 보물로 지정해서 국가적으로 관리와 보호를 하며, 이 때 특별하게 뛰어난 작품을 국보ⓐ로 지정하게 된다. 국보 1호인 숭례문(崇禮門)과 보물 1호인 흥인지문(興仁之門) 역시 일제 강점기에 서울 중심의 유물부터 지정된 것이 그대로 이어져 온 것이다. 그리고 국보(國寶)로서의 가치가 있더라도 박물관에 있어 보존에 곤란을 느끼지 않는 것은 국보로 지정되지 않는 경우가 많다. 현재 우리나라의 지정 국보는 208호까지, 보물은 1475호까지 지정되어 있다.

（각주）

（례）

2. 고려청자 ◀━ 돋움, 11pt, 진하게

고려시대 9~10 세기 경 중국 절강성의 자기 제작기술의 영향을 받아 제작된 것으로 알려져 있다. 고려는 12세기부터 자기 제작 기술이 급속하게 발전하여 초벌구이를 통해 만들어진 자기는 그 푸른색이 비취옥의 색과 비슷하여 비색이라 칭하기도 했다. 표면에 칠하는 유약이 푸른빛이어서 청자라고 불리지만, 고려청자의 색은 제작기술, 흙의 성분, 온도, 가마의 산화 및 환원 번조(燔造)에 따라 담청색, 담녹색, 청회색, 녹황색, 회녹색 등 다양하게 발현된다. 고려 중기에는 일상 용기 뿐 아니라 제기, 향로 외에도 건축용 기와, 타일 등 다양한 곳에 청자가 사용되었으며, 장식 기법으로는 음각, 양각, 상감, 동화, 철재상감 등이 있다. 고려 후기로 가면서 자기 제작 여건이 어려워짐에 따라 문양이 없어지고 쇠퇴하다 조선 초 분청사기의 제작으로 전통을 이어나갔다. 이후 조선시대부터는 백색의 도자기인 백자의 형태로 전개되었다.

ⓐ 나라의 보물, 문화재 중 가치가 큰 문화재 ◀━ 돋움, 9pt

- 二 -

다단 내용 입력과 각주/한자 입력

04 다음 지시사항을 참고하여 다단 내용과 각주/한자를 입력해 보세요.

※ 실제 시험에서는 첫 번째 문단과 두 번째 문단의 내용을 모두 입력합니다.

* 소스 파일 : 정복06_문제04.hwp　　* 정답 파일 : 정복06_완성04.hwp

1. 재활용의 생활화 ◀ 〔중고딕, 12pt, 진하게〕

현대 사회는 대량생산, 대량소비, 대량폐기가 주류를 이루는 시대다. 이러한 대량생산과 소비가 주를 이루는 사회에서는 환경, 자원, 에너지(energy) 등의 위기 극복에는 한계가 있다. 때문에 생산(生産), 유통(流通), 소비, 폐기⊙ 등의 전 과정에서 폐기물 발생을 억제하고 이미 발생된 폐기물들은 순환이 가능한 자원으로 되돌려 천연자원과 에너지 사용을 최소화하는 자원 순환 사회로 발돋움해야 한다. 자원 순환 사회를 실현하기 위해서는 버리는 자원을 최소한으로 줄이고 쓰레기를 분리수거하여 재사용하는 것을 생활화 해야 한다. 지금 세계의 많은 국가는 자원을 절약하여 자원 순환 사회로 가기 위해 노력하고 있다. 이러한 사회를 실현하기 위해서는 국민(國民) 개개인이 환경 의식을 가지고 가정(home)에서부터 실천하는 것이 중요하다.

〔각주〕　〔활〕

2. 자원의 순환 방법 ◀ 〔중고딕, 12pt, 진하게〕

자원의 순환 방법에는 재사용과 재활용이 있는데, 재사용(reuse)은 쓰고 버린 물건을 손질하여 그 용도대로 다시 사용하는 것을 말한다. 텔레비전, 냉장고, 컴퓨터, 헌옷, 유리병 등을 다시 사용하는 것이 그 예이다. 재활용(recycling)은 쓰고 버린 물건(物件)을 그대로 사용하는 것이 아니라 특별한 방법으로 손질하고 다른 방식으로 되살려 사용하는 것을 말한다. 예를 들면 신문 폐지를 박스 등의 종이 물품으로 만들거나 다시 페트병을 가공해 건축자재 첨가물로 쓰는 것 등이다. 이 둘을 비교해 보면, 재활용은 쓰고 버린 물건에 새로운 자원을 투입(投入)하여 손질을 해야 하는 반면, 재사용은 이러한 과정을 특별히 거치지 않으므로 자원을 많이 절약할 수 있다. 쓰레기를 재사용, 재활용하면 자원을 절약할 수 있을 뿐만 아니라 쓰레기로 덮여 가는 지구의 환경도 살릴 수 있다.

⊙ 못쓰게 되거나 필요 없어진 물건을 아주 버림 ◀ 〔궁서, 9pt〕

- ② -

다단 내용 입력과 각주/한자 입력

05 **다음 지시사항을 참고하여 다단 내용과 각주/한자를 입력해 보세요.**
※ 실제 시험에서는 첫 번째 문단과 두 번째 문단의 내용을 모두 입력합니다.

＊ 소스 파일 : 정복06_문제05.hwp　＊ 정답 피일 : 정복06_안성05.hwp

1. 앱(APP) ◄──[궁서, 12pt, 진하게]

스마트폰이나 태블릿과 같은 모바일기기에서 실행되는 어플리케이션은 모바일 앱, 줄여서 앱 또는 어플이라고 한다. 컴퓨터의 하드웨어를 운용하는 소프트웨어인 운영체제(運營體制)와 드라이버 프로그램을 제외하고 워드프로세서, 데이터베이스, 스프레드시트, 게임 등 모든 소프트웨어를 응용 프로그램이라고 한다. 모바일 기기에서 쓰이는 모바일 응용(應用) 프로그램은 Application의 약자인 '앱(APP)'으로 더 많이 불린다. 첫 스마트폰인 애플의 아이폰에서 모바일 응용 프로그램의 다운로드가 업로드와 이뤄진 곳이 애플의 앱 스토어(App Store)이다. 많은 스마트폰 사용자들은 다양한 앱을 다운받아 써야 했고, 모두가 이 '앱 스토어'를 이용하면서 앱은 모바일 응용 프로그램의 대명사가 되었다.

2. 모바일 앱의 구분 ◄──[궁서, 12pt, 진하게]

모바일 앱은 개발(開發)방법이나 실행방법에 따라 구분할 수 있다. 먼저 네이티브 앱(Native App)은 모바일 기기에 최적화된 개발언어로 모바일 기기의 고유정보를 읽고 변경할 수 있으며, 하드웨어를 제어할 수 있다. 모바일 웹(Mobile Web)은 PC버전의 홈페이지를 모바일 사이즈로 줄여놓은 것으로 모바일 홈페이지라고도 한다. 그러나 모바일 웹은 이동을 해야 하는데 서버 접속 장애가 발생될 수 있어서 상당히 불안정(不安定)한 앱이라고 할 수 있다. 이런 단점을 보완한 것이 모바일 웹ⓣ 앱(Mobile Web App)이다. 모바일 웹 앱은 모바일 웹보다는 모바일에 최적화(最適化)되어 네이티브 앱화된 것을 말한다. 모바일 웹에 비해 안정된 접속과 빠른 실행 속도를 유지한다. 단지 모바일 웹페이지를 통해 실행되다보니, 네이티브 앱에서 사용하는 모바일기기의 고유의 기능을 컨트롤하지 못한다는 단점이 있다.

──────────
ⓣ 월드 와이드 웹(World Wide Web)의 약자 ◄──[궁서, 9pt]

- 나 -

다단 내용 입력과 각주/한자 입력

다음 지시사항을 참고하여 다단 내용과 각주/한자를 입력해 보세요.

※ 실제 시험에서는 첫 번째 문단과 두 번째 문단의 내용을 모두 입력합니다.

＊ 소스 파일 : 정복06_문제06.hwp   ＊ 정답 파일 : 정복06_완성06.hwp

DIAT

석탄산업의 시작

1. 석탄산업의 시작 ◀┈ 돋움체, 11pt, 진하게

석탄(石炭)은 탄소의 함유(含有) 정도에 따라 토탄, 갈탄, 역청탄, 무연탄 등으로 구분하고 오랜 지질시대를 거치며 압력과 지열에 의해 산소가 배출되고 탄소만 남는 탄화작용에 의해 생산된 물질이다. 최초의 사용 기록은 기원전 315년 그리스에서 대장간의 연료로 사용했었다는 기록이다. 이후의 자료는 3세기경 중국의 '수경'이라는 석탄이란 책에서 문자를 찾을 수 있고, 유럽에서는 9세기경 영국에서 그리고 10세기경 독일에서 발명되었다고 알려져 있다. 제임스 와트(James Watt)의 증기기관(蒸氣機關) 발명으로 인해 석탄은 근대 산업혁명의 가장 중요한 연료로 주목받게 되었다. 1960년대 이후 합성화학공업의 분야뿐 아니라 일반에너지원으로 석유를 사용하기 시작하면서 사용량이 현저하게 감소했다. 그러나 석탄은 현재도 전체 에너지원의 26%를 차지하고 있다.

2. 한국에서의 석탄산업 ◀┈ 돋움체, 11pt, 진하게

석탄을 캐내기 위한 여러 가지 시설을 통틀어 탄광(炭鑛) 또는 광업소라 한다. 최초의 석탄개발은 1896년 '니시첸스키'가 함경도 경성과 경원지방의 석탄채굴권 획득을 통해서 시작되었다. 실제 개발은 1903년 평양사동탄광①이 최초이며, 2차 ┈▶ 각주 세계대전으로 인한 수요의 증가로 일본은 한반도에서 아오지, 문경(聞慶) 등 약 5개 지역에서 적극적인 탄광 개발을 확대하였다. 해방 이후 1966년 한국의 생산량은 1161만 톤에 달해 자급자족을 실현하는 듯 했으나, 같은 해 한파로 인한 연탄 수요가 폭발해 연탄파동이 일어나기도 했다. 현재는 석탄의 사용량이 급격하게 감소해 1989년부터 1996년까지 334개의 탄광이 폐광에 이르게 되었다. 남한의 석탄 매장량은 약 15억 톤이다.

───────────

① 궁내부-이용익, 프랑스-용동상회가 개발한 탄광 ◀┈ 돋움, 9pt

- Ⅱ - ·

그림 삽입과 쪽 테두리 설정

☑ 그림 삽입하기
☑ 쪽 테두리 설정하기

문제 미리보기   소스 파일 : 유형07_문제.hwp   정답 파일 : 유형07_완성.hwp   **문제 2**

쪽 테두리 : 이중 실선, 머리말 포함   DIAT

그림A 삽입(바탕화면-KAIT-제출파일폴더)
너비(35mm), 높이(30mm)
위치 : 어울림(가로-쪽의 왼쪽:0.0mm,
　　　　　세로-쪽의 위:24mm)

무선모형종류

1. 항공 RC

항공 RC는 무선조종의 로망으로 하늘을 날아다니는 모형(模型)을 의미하며, 일반적으로 프로펠러 비행기(飛行機)가 가장 인기가 많다. 항공 RC의 꽃이라 불리는 헬리콥터(helicopter)나 최근 항공촬영 등에 널리 쓰이고 있는 멀티콥터(multi copter)도 인기를 끌고 있다. 또한 다소 특이한 취향 취급을 받지만, 날개짓을 하며 날아가는 오니숍터(ornithopter)나 헬륨①을 채운 비행선 등도 마니아층을 구성하고 있다. 자체 중량이 12kg 이상인 무선조종 항공기는 초경량 비행장치로 분류되므로 소유자는 지방항공청에 등록해야 하며, 상업 활동을 하는 경우(농약살포, 항공촬영 등)에는 초경량 비행장치 조종자 면허(免許, license)를 취득하여야 한다. 특히 항공촬영(航空撮影) 시에는 국방부 허가도 받아야 한다.

2. 수상 RC

수상 RC는 물 위에 떠다니는 모형들로 초창기부터 인기가 있던 항공 RC나 현재 RC의 주축인 육상 RC에 비해 인기는 많지 않지만, 여름에는 계절적 특수성으로 인기가 살짝 높아진다. 엔진이나 동력을 이용한 모터보트가 주력을 차지하지만, 극히 드물게 바람의 힘을 이용해 항해하는 범선도 있다. 하지만 범선(帆船)은 바람에 따라 성능이 천차만별이고 순풍(順風)을 받아도 속도가 느릴 뿐 아니라 강에다 띄우면 강이 흐르는 속도를 따라잡을 수가 없어 그대로 떠내려가기 때문에 큰 인기를 얻지는 못하고 있다. 그리고 엄밀히 말해 수상 RC는 아니고 수중 RC라 할 수 있는 잠수함 RC를 즐기는 사람들도 있다. 조종하는 사람이 물 밖에 있어서 잠수함(submarine)을 눈으로 확인하며 조종하기가 쉽지 않고, 전파도 물속에서는 멀리 가지 못하기 때문에 상당히 어려운 장르이다.

---

① 18족 원소들 중에서 가장 가벼운 기체

- Ⅱ -

01 그림 삽입하기

① 2페이지의 첫 번째 문단 내용의 글자 앞을 클릭한 후 [입력] 탭에서 '그림(▣)'(또는 Ctrl + N, I)을 클릭합니다.

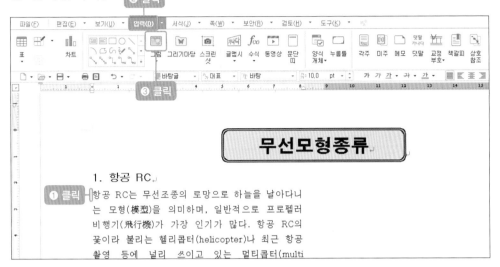

② [그림 넣기] 대화상자가 나타나면 [출제유형 완전정복]–[출제유형07] 폴더에서 '그림A'를 선택합니다. 이어서, '문서에 포함'을 클릭하여 체크한 후 〈넣기〉 단추를 클릭합니다.

※ 나머지 기능이 체크되어 있다면 클릭하여 체크를 해제합니다.

> **TIP** 그림 삽입하기
>
> 실제 시험에서는 [바탕 화면]–[KAIT]–[제출파일] 폴더에 있는 그림을 불러와 입력합니다.

❸ 삽입된 그림을 더블 클릭합니다.

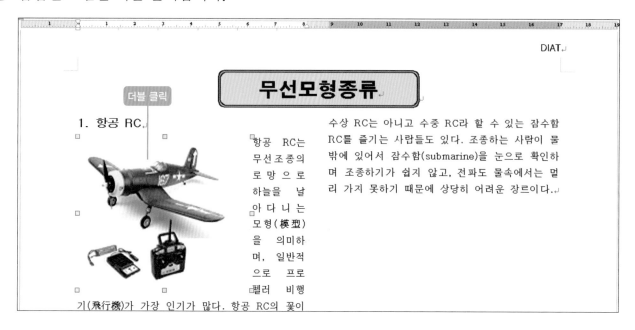

❹ [개체 속성] 대화상자가 나타나면 [기본] 탭의 '크기'에서 '너비(35)', '높이(30)'를 입력한 후 '크기 고정'과 '본문과의 배치(어울림⊠)'를 클릭합니다. 이어서, '가로(쪽)-왼쪽(0mm)'과 '세로(쪽)-위(24mm)'를 지정한 후 〈설정〉 단추를 클릭합니다.

❺ 그림의 크기 및 위치가 변경된 것을 확인한 후 Esc 키를 누릅니다.

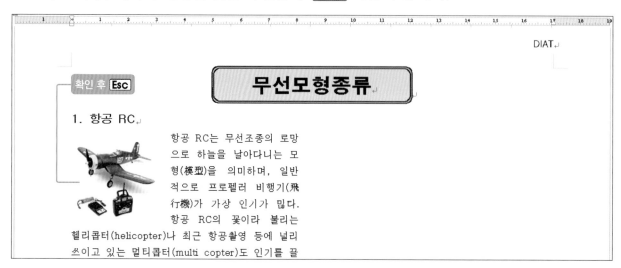

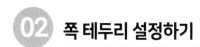

02 쪽 테두리 설정하기

❶ [쪽] 탭에서 '쪽 테두리/배경(🔲)'을 클릭합니다.

❷ [쪽 테두리/배경] 대화상자가 나타나면 '테두리(이중 실선), 모두(🔲), 위치(머리말 포함), 적용 범위 (현재 구역)'를 지정한 후 〈설정〉 단추를 클릭합니다.

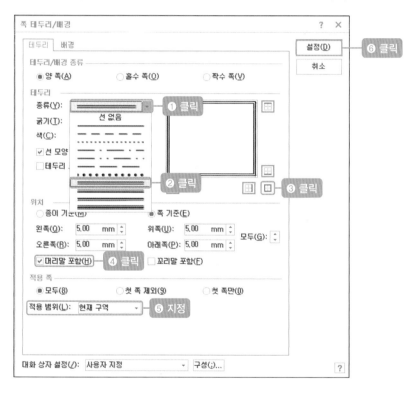

❸ 쪽 테두리가 머리말을 포함하여 설정된 것을 확인합니다.

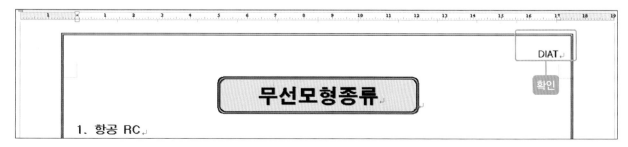

❹ 모든 작업이 완료되면 파일을 저장합니다.

01 다음 지시사항을 참고하여 그림 삽입과 쪽 테두리를 설정해 보세요.

* 소스 파일 : 정복07_문제01.hwp   * 정답 파일 : 정복07_완성01.hwp

• [입력]-[그림]
• 바로 가기 키 : Ctrl+N, I

쪽 테두리 : 이중 실선, 머리말 포함   DIAT
[쪽]-[쪽 테두리/배경]

그림B 삽입(바탕화면-KAIT-제출파일폴더)
너비(35mm), 높이(30mm)
위치 : 어울림(가로-쪽의 왼쪽:0.0mm,
　　　 세로-쪽의 위:24mm)

지매의 원인과 치료

1. 치매와 치매환자의 증가

치매(Dementia)는 라틴어에서 유래된 말로, 정신이 없어진 것이라는 의미(意味)를 지니고 있다. 치매는 정상적으로 생활해오던 사람이 다양한 원인에 의해 뇌기능이 손상(損傷)되면서 이전에 비해 인지기능①이 지속적이고 전반적으로 저하되어, 일상생활에 상당한

02 다음 지시사항을 참고하여 그림 삽입과 쪽 테두리를 설정해 보세요.

* 소스 파일 : 정복07_문제02.hwp   * 정답 파일 : 정복07_완성02.hwp

쪽 테두리 : 이중 실선, 머리말 포함   DIAT

그림C 삽입(바탕화면-KAIT-제출파일폴더)
너비(35mm), 높이(35mm)
위치 : 어울림(가로-쪽의 왼쪽:0.0mm,
　　　 세로-쪽의 위:24mm)

설치미술이란

1. 설치미술이란?

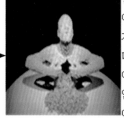

일반 대중에게 공개된 장소에 설치 및 전시되는 작품을 지칭하는 것이 공공미술이며, 지정된 장소의 설치미술이나 장소 자체를 위한 디자인(Design) 등을 포함한다. 여기서 설치미술이란 회화, 조각, 사진 등과 같은 현대 미술의 표현(表現)방법 장르 중의 하나를 말한다. 설치미술의 특징이

03 다음 지시사항을 참고하여 그림 삽입과 쪽 테두리를 설정해 보세요.

* 소스 파일 : 정복07_문제03.hwp   * 정답 파일 : 정복07_완성03.hwp

쪽 테두리 : 이중 실선, 머리말 포함   DIAT

그림D 삽입(바탕화면-KAIT-제출파일폴더)
너비(35mm), 높이(35mm)
위치 : 어울림(가로-쪽의 왼쪽:0.0mm,
　　　　세로-쪽의 위:24mm)

대한민국 국보 청자

1. 우리나라 국보와 보물

국보(national　treasure)와 보물(treasure)은 특별한 기준으로 가르지 않는다. 옛 건축물, 미술품, 공예품 가운데 역사적(歷史的)이거나 미술적 가치를 지닌 문화제를 보물로 지정해서 국가적으로 관리와 보호를 하며, 이 때 특별하게 뛰어난

04 다음 지시사항을 참고하여 그림 삽입과 쪽 테두리를 설정해 보세요.

* 소스 파일 : 정복07_문제04.hwp   * 정답 파일 : 정복07_완성04.hwp

쪽 테두리 : 이중 실선, 머리말 포함   DIAT

그림E 삽입(바탕화면-KAIT-제출파일폴더)
너비(35mm), 높이(30mm)
위치 : 어울림(가로-쪽의 왼쪽:0.0mm,
　　　　세로-쪽의 위:24mm)

재활용의 생활화

1. 재활용의 생활화

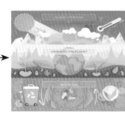

현대 사회는 대량생산, 대량소비, 대량폐기가 주류를 이루는 시대다. 이러한 대량생산과 소비가 주를 이루는 사회에서는 환경, 자원, 에너지(energy) 등의 위기 극복에는 한계가 있다. 때문에 생산(生産), 유통(流通), 소비, 폐기⑦ 등의 전 과정에서 폐기물 발생을 억제하고 이미 발생된 폐기물들은 순환이 가능한

05 다음 지시사항을 참고하여 그림 삽입과 쪽 테두리를 설정해 보세요.

* 소스 파일 : 정복07_문제05.hwp   * 정답 파일 : 정복07_완성05.hwp

쪽 테두리 : 이중 실선, 머리말 포함

DIAT

그림F 삽입(바탕화면-KAIT-제출파일폴더)
너비(35mm), 높이(30mm)
위치 : 어울림(가로-쪽의 왼쪽:0.0mm,
　　　세로-쪽의 위:24mm)

모바일 앱

1. 앱(APP)

스마트폰이나 태블릿과 같은 모바일기기에서 실행되는 어플리케이션은 모바일 앱, 줄여서 앱 또는 어플이라고 한다. 컴퓨터의 하드웨어를 운용하는 소프트웨어인 운영체제(運營體制)와 드라이버 프로그램을 제외하고 워드프로세서, 데이터베이스, 스프레드시트, 게임 등

06 다음 지시사항을 참고하여 그림 삽입과 쪽 테두리를 설정해 보세요.

* 소스 파일 : 정복07_문제06.hwp   * 정답 파일 : 정복07_완성06.hwp

쪽 테두리 : 이중 실선, 머리말 포함

DIAT

그림G 삽입(바탕화면-KAIT-제출파일폴더)
너비(35mm), 높이(35mm)
위치 : 어울림(가로-쪽의 왼쪽:0.0mm,
　　　세로-쪽의 위:24mm)

석탄산업의 시작

1. 석탄산업의 시작

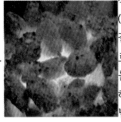

석탄(石炭)은 탄소의 함유(含有) 정도에 따라 토탄, 갈탄, 역청탄, 무연탄 등으로 구분하고 오랜 지질시대를 거치며 압력과 지열에 의해 산소가 배출되고 탄소만 남는 탄화작용에 의해 생성된 물질이다. 최초의 사용 기록은 기원전 315년 그리스에서 대장간의 연료로 사용했었다는 기록

그림 삽입과 쪽 테두리 설정

07 다음 지시사항을 참고하여 그림 삽입과 쪽 테두리를 설정해 보세요.

＊ 소스 파일 : 정복07_문제07.hwp　　＊ 정답 파일 : 정복07_완성07.hwp

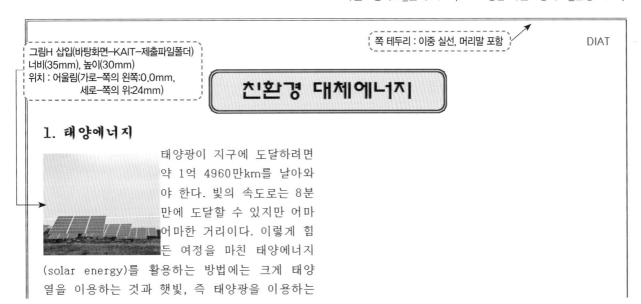

08 다음 지시사항을 참고하여 그림 삽입과 쪽 테두리를 설정해 보세요.

＊ 소스 파일 : 정복07_문제08.hwp　　＊ 정답 파일 : 정복07_완성08.hwp

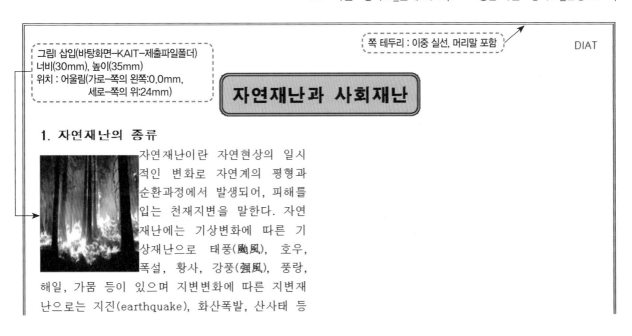

표 작성

☑ 표 만들기
☑ 표 편집하기

DIAT

무선모형종류

궁서, 12pt, 진하게, 가운데 정렬

1. 항공 RC

항공 RC는 무선조종의 로망으로 하늘을 날아다니는 모형(模型)을 의미하며, 일반적으로 프로펠러 비행기(飛行機)가 가장 인기가 많다. 항공 RC의 꽃이라 불리는 헬리콥터(helicopter)나 최근 항공촬영 등에 널리 쓰이고 있는 멀티콥터(multi copter)도 인기를 끌고 있다. 또한 다소 특이한 취향 취급을 받지만, 날개짓을 하며 날아가는 오니숍터(ornithopter)나 헬륨①을 채운 비행선 등도 마니아층을 구성하고 있다. 자체 중량이 12kg 이상인 무선조종 항공기는 초경량 비행장치로 분류되므로 소유자는 지방항공청에 등록해야 하며, 상업 활동을 하는 경우(농약살포, 항공촬영 등)에는 초경량 비행장치 조종자 면허(免許, license)를 취득하여야 한다. 특히 항공촬영(航空撮影) 시에는 국방부 허가도 받아야 한다.

2. 수상 RC

수상 RC는 물 위에 떠다니는 모형들로 초창기부터 인기가 있던 항공 RC나 현재 RC의 주축인 육상 RC에 비해 인기는 많지 않지만, 여름에는 계절적 특수성으로 인기가 살짝 높아진다. 엔진이나 동력을 이용한 모터보트가 주력을 차지하지만, 극히 드물게 바람의 힘을 이용해 항해하는 범선도 있다. 하지만 범선(帆船)은 바람에 따라 성능이 천차만별이고 순풍(順風)을 받아도 속도가 느릴 뿐 아니라 강에다 띄우면 강이 흐르는 속도를 따라잡을 수가 없어 그대로 떠내려가기 때문에 큰 인기를 얻지는 못하고 있다. 그리고 엄밀히 말해 수상 RC는 아니고 수중 RC라 할 수 있는 잠수함 RC를 즐기는 사람들도 있다. 조종하는 사람이 물 밖에 있어서 잠수함(submarine)을 눈으로 확인하며 조종하기가 쉽지 않고, 전파도 물속에서는 멀리 가지 못하기 때문에 상당히 어려운 장르이다.

① 18족 원소들 중에서 가장 가벼운 기체

상품	전년대비
RC제품	157
프라모델	61
피규어	61
아트테라피	33
게임/퍼즐	20

키덜트 판매량(단위:%)

위쪽 제목 셀 : 색상(RGB:105,155,55), 진하게
제목 셀 아래선 : 이중 실선(0.5mm)
글자 모양 : 굴림, 10pt, 가운데 정렬

- Ⅱ -

표 만들기

① 2페이지 마지막 줄의 '장르이다.' 글자 뒤를 클릭한 후 **Enter** 키를 누릅니다.

※ 문제지([문제 2])를 보면서 문서를 작성한 후 **Enter** 키를 눌러 오른쪽 단으로 이동하여 표를 작성합니다.

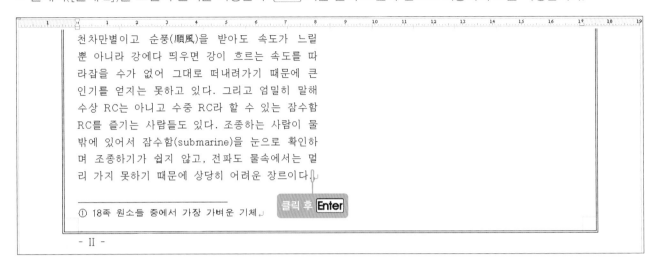

② 오른쪽 단의 첫 번째 줄로 마우스 포인터가 이동하면 [문제 2]를 보고 다음과 같이 표 제목을 입력한 후 **Enter** 키를 누릅니다.

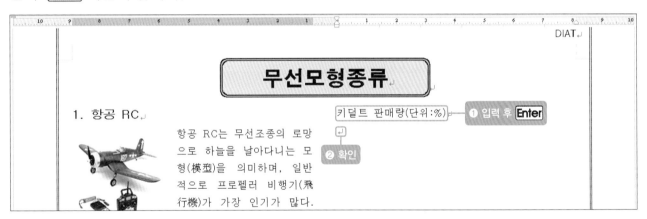

③ 표를 작성하기 위해 [입력] 탭에서 '표(▦)'(또는 **Ctrl** + **N**, **T**)를 클릭합니다.

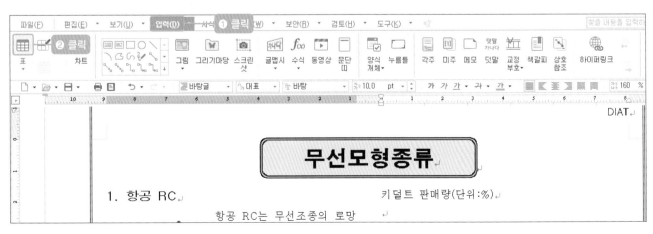

❹ [표 만들기] 대화상자가 나타나면 '줄 수(6), 칸 수(2)'를 입력합니다. 이어서, '글자처럼 취급'이 체크된 것을 확인한 후 〈만들기〉 단추를 클릭합니다.

※ 줄 수(6)와 칸 수(2)는 [문제 2]의 표를 참고하여 입력합니다.

❺ 표가 작성되면 표 제목인 '키덜트 판매량(단위:%)'를 드래그하여 블록으로 지정한 후 [서식] 도구 상자에서 '글꼴(궁서), 글자 크기(12pt), 진하게(가), 가운데 정렬(≡)'을 지정합니다.

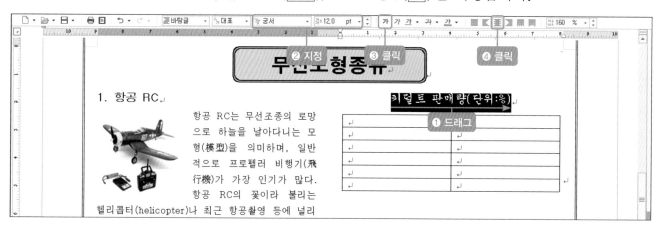

❻ 이어서, [문제 2]를 보면서 다음과 같이 표 안에 내용을 입력합니다.

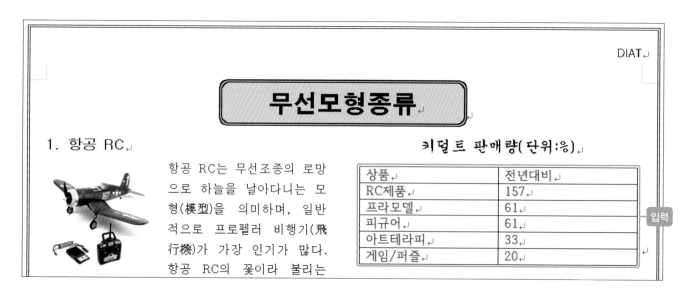

① 표 전체를 드래그하여 블록으로 지정한 후 [서식] 도구 상자에서 '글꼴(굴림), 글자 크기(10pt), 가운데 정렬(三)'을 지정합니다.

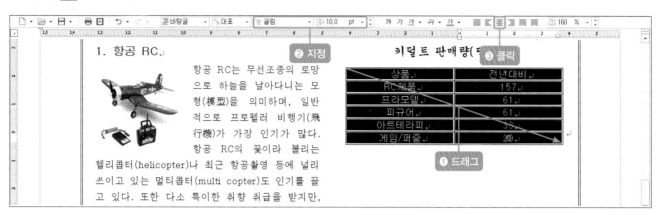

② 표의 높이를 조절하기 위해 **Ctrl** 키를 누른 채 키보드의 아래쪽 방향키(↓)를 세 번 누릅니다.

※ 표의 높이 조절은 [문제 2]를 보면서 최대한 비슷하게 높이를 조절합니다.

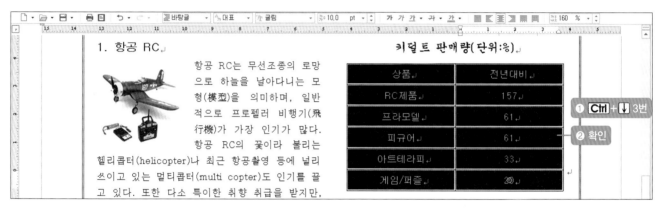

TIP

표의 높이나 너비 등의 크기 조절은 문제지를 참고하여 조절합니다.

· **Ctrl**+방향키 : **Ctrl** 키를 누른 채 방향키를 누르면 표 전체의 크기가 변경됩니다.
· **Alt**+방향키 : **Alt** 키를 누른 채 방향키를 누르면 선택한 셀 부분의 너비만 변경됩니다.

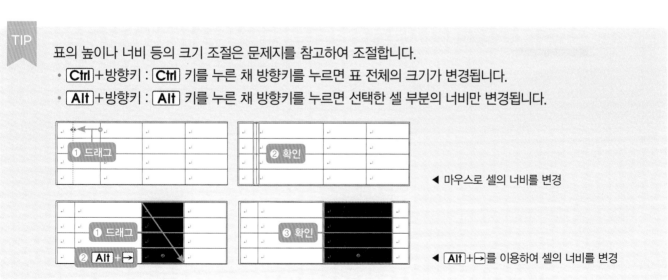

◀ 마우스로 셀의 너비를 변경

◀ **Alt**+→를 이용하여 셀의 너비를 변경

❸ 다음과 같이 표의 제목 셀을 드래그하여 블록으로 지정한 후 [서식] 도구 상자에서 '진하게(가)'를 클릭합니다. 이어서, 지정된 블록 위에서 마우스 오른쪽 단추를 눌러 바로 가기 메뉴가 나오면 [셀 테두리/배경]–[각 셀마다 적용]을 클릭합니다.

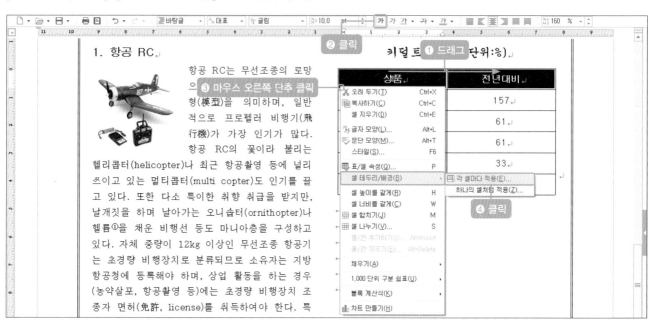

❹ [셀 테두리/배경] 대화상자가 나타나면 [테두리] 탭에서 '종류(이중 실선), 굵기(0.5mm), 아래(▦)'를 지정합니다.

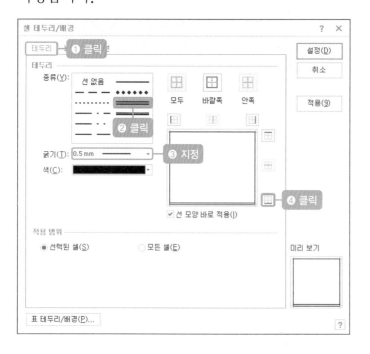

⑤ [셀 테두리/배경] 대화상자의 [배경] 탭을 클릭한 후 '색'의 '면 색'을 선택합니다. 이어서, '다른 색'을
클릭하여 RGB값 '105,155,55'을 직접 입력한 후 〈설정〉 단추를 클릭합니다.

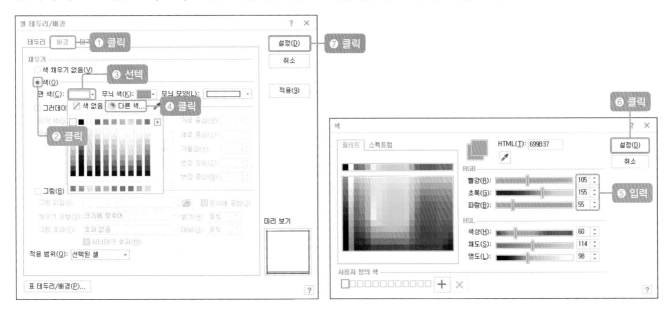

⑥ 모든 작업이 완료되면 파일을 저장합니다.

01 다음 지시사항을 참고하여 표를 작성해 보세요.

* 소스 파일 : 정복08_문제01.hwp   * 정답 파일 : 정복08_완성01.hwp

치매의 원인과 치료

> 궁서, 12pt, 진하게, 가운데 정렬

1. 치매와 치매환자의 증가

치매(Dementia)는 라틴어에서 유래된 말로, 정신이 없어진 것이라는 의미(意味)를 지니고 있다. 치매는 정상적으로 생활해오던 사람이 다양한 원인에 의해 뇌기능이 손상(損傷)되면서 이전에 비해 인지기능①이 지속적이고 전반적으로 저하되어, 일상생활에 상당한 지장이 나타나고 있는 상태를 말한다. 여기에서 인지기능이란 기억력, 언어능력, 시공간 파악능력, 판단력 및 추상적 사고력 등 다양한 지적능력을 가리키는 것으로, 각 인지기능은 특정 뇌 부위와

연간 치매 환자 증가 수(단위: 명)

연도	치매 환자 (명)
2017년	796
2018년	1014
2019년	944
2020년	1327

> 위쪽 제목 셀 : 색상(RGB:105,155,55) , 진하게
> 제목 셀 아래선 : 이중 실선(0.5mm)
> 글자 모양 : 바탕체, 10pt, 가운데 정렬

• [입력]-[표]
• 바로 가기 키 : Ctrl + N, T

---

02 다음 지시사항을 참고하여 표를 작성해 보세요.

* 소스 파일 : 정복08_문제02.hwp   * 정답 파일 : 정복08_완성02.hwp

설치미술이란

> 굴림체, 12pt, 진하게, 가운데 정렬

1. 설치미술이란?

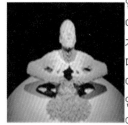

일반 대중에게 공개된 장소에 설치 및 전시되는 작품을 지칭하는 것이 공공미술이며, 지정된 장소의 설치미술이나 장소 자체를 위한 디자인(Design) 등을 포함한다. 여기서 설치미술이란 회화, 조각, 사진 등과 같은 현대 미술의 표현(表現)방법 장르 중의 하나를 말한다. 설치미술의 특징이라면 작품 속에 녹아든 사회 및 정치에 대한 풍자(諷刺)③와 비판을 꼽을 수 있다. 실내뿐 아니라 야외라는 특수한 공간(空間)에서 작가의 의도에

설치미술 프로젝트 현황(건)

연도	국내작가	해외작가
2017년	74	91
2018년	88	106
2019년	91	114
2020년	106	129

> 위쪽 제목 셀 : 색상(RGB:227,220,193), 진하게
> 제목 셀 아래선 : 이중 실선(0.5mm)
> 글자 모양 : 중고딕, 10pt, 가운데 정렬

표 작성

03 다음 지시사항을 참고하여 표를 작성해 보세요.

* 소스 파일 : 정복08_문제03.hwp　　* 정답 파일 : 정복08_완성03.hwp

대한민국 국보 청자

굴림, 12pt, 진하게, 가운데 정렬

1. 우리나라 국보와 보물

국보(national treasure)와 보물(treasure)은 특별한 기준으로 가르지 않는다. 옛 건축물, 미술품, 공예품 가운데 역사적(歷史的)이거나 미술적 가치를 지닌 문화제를 보물로 지정해서 국가적

으로 관리와 보호를 하며, 이 때 특별하게 뛰어난 작품을 국보ⓢ로 지정하게 된다. 국보 1호인 숭례문(崇禮門)과 보물 1호인 흥인지문(興仁之門) 역시 일제 강점기에 서울 중심의 유물부터 지정된 것이 그대로 이어져 온 것이다. 그리고 국보(國

연도별 방문객 수(단위: 명)

셀의 너비 조절

연도	내국인(개인)	내국인(단체)	외국인
2018	120,000	24,000	32,000
2019	140,000	26,000	40,000
2020	160,000	28,000	42,000

위쪽 제목 셀 : 색상(RGB:233,174,43), 진하게
제목 셀 아래선 : 이중 실선(0.5mm)
글자 모양 : 돋움, 10pt, 가운데 정렬

04 다음 지시사항을 참고하여 표를 작성해 보세요.

* 소스 파일 : 정복08_문제04.hwp　　* 정답 파일 : 정복08_완성04.hwp

재활용의 생활화

돋움체, 12pt, 진하게, 가운데 정렬

1. 재활용의 생활화

현대 사회는 대량생산, 대량 소비, 대량폐기가 주류를 이루는 시대다. 이러한 대량생산과 소비가 주를 이루는 사회에서는 환경, 자원, 에너지(energy) 등의 위기 극복

에는 한계가 있다. 때문에 생산(生産), 유통(流通), 소비, 폐기ⓣ 등의 전 과정에서 폐기물 발생을 억제하고 이미 발생된 폐기물들은 순환이 가능한 자원으로 되돌려 천연자원과 에너지 사용을 최소화하는 자원 순환 사회로 발돋움해야 한다. 자원 순환 사회를 실현하기 위해서는 버리는 자원을

일일 쓰레기 배출량(단위: 천톤)

연도	가연성(천톤)	불연성(천톤)
2017	15.3	29.3
2018	15.4	27.7
2019	16.1	26.8
2020	15.9	25.1

위쪽 제목 셀 : 색상(RGB:105,155,55), 진하게
제목 셀 아래선 : 이중 실선(0.5mm)
글자 모양 : 굴림체, 10pt, 가운데 정렬

05 다음 지시사항을 참고하여 표를 작성해 보세요.

* 소스 파일 : 정복08_문제05.hwp　　* 정답 파일 : 정복08_완성05.hwp

모바일 앱

굴림체, 12pt, 진하게, 가운데 정렬

1. 앱(APP)

스마트폰이나 태블릿과 같은 모바일기기에서 실행되는 어플리케이션은 모바일 앱, 줄여서 앱 또는 어플이라고 한다. 컴퓨터의 하드웨어를 운용하는 소프트웨어인 운영체제(運營體制)와 드라이버 프로그램을 제외하고 워드프로세서, 데이터베이스, 스프레드시트, 게임 등 모든 소프트웨어를 응용 프로그램이라고 한다. 모바일 기기에서 쓰이는 모바일 응용(應用) 프로그램은 Application의 약자인 '앱(APP)'으로 더 많이 불린다. 첫 스마트폰인 애플의 아이폰에서 모

소프트웨어 작품 제출 건수

공모전	개인	단체
27회	86	60
28회	92	64
29회	88	56
30회	82	60

위쪽 제목 셀 : 색상(RGB:199,82,82), 진하게
제목 셀 아래선 : 이중 실선(0.5mm)
글자 모양 : 중고딕, 10pt, 가운데 정렬

06 다음 지시사항을 참고하여 표를 작성해 보세요.

* 소스 파일 : 정복08_문제06.hwp　　* 정답 파일 : 정복08_완성06.hwp

석탄산업의 시작

견고딕, 12pt, 진하게, 가운데 정렬

1. 석탄산업의 시작

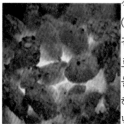

석탄(石炭)은 탄소의 함유(含有) 정도에 따라 토탄, 갈탄, 역청탄, 무연탄 등으로 구분하고 오랜 지질시대를 거치며 압력과 지열에 의해 산소가 배출되고 탄소만 남는 탄화작용에 의해 생성된 물질이다. 최초의 사용 기록은 기원전 315년 그리스에서 대장간의 연료로 사용했었다는 기록이다. 이후의 자료는 3세기경 중국의 '수경'이라는 책에서 석탄이란 문자를 찾을 수 있고, 유럽에서는 9세기경 영국에서 그리고 10세기경 독일에

세계의 석탄매장량

셀의 너비 조절

국가	매장량 비율(%)
미국	27.1
러시아	17.3
중국	12.6
인도	10.2

위쪽 제목 셀 : 색상(RGB:227,220,193), 진하게
제목 셀 아래선 : 이중 실선(0.5mm)
글자 모양 : 굴림, 10pt, 가운데 정렬

07 다음 지시사항을 참고하여 표를 작성해 보세요.

* 소스 파일 : 정복08_문제07.hwp * 정답 파일 : 정복08_완성07.hwp

친환경 대체에너지

중고딕, 12pt, 진하게, 가운데 정렬

1. 태양에너지

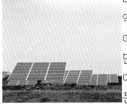

태양광이 지구에 도달하려면 약 1억 4960만km를 날아와야 한다. 빛의 속도로는 8분 만에 도달할 수 있지만 어마어마한 거리이다. 이렇게 힘든 여정을 마친 태양에너지 (solar energy)를 활용하는 방법에는 크게 태양열을 이용하는 것과 햇빛, 즉 태양광을 이용하는 방법이 있다. 먼저 태양열을 이용하는 경우는 태양의 따뜻한 열로 직접 물을 끓이거나 한꺼번에 모아 난방이나 온수(溫水)로 이용하거나, 그 증기로 터빈(turbine)을 돌려 전기를 생산하는 것 등

태양에너지 발전 설비 증설량(GW)

지역	2019	2020
한국	9.8	11.6
중국	16.8	54.7
미국	14.5	38.0
러시아	11.3	24.7

위쪽 제목 셀 : 색상(RGB:53,135,145), 진하게
제목 셀 아래선 : 이중 실선(0.5mm)
글자 모양 : 돋움, 10pt, 가운데 정렬

08 다음 지시사항을 참고하여 표를 작성해 보세요.

* 소스 파일 : 정복08_문제08.hwp * 정답 파일 : 정복08_완성08.hwp

자연재난과 사회재난

휴먼고딕, 11pt, 진하게, 가운데 정렬

1. 자연재난의 종류

자연재난이란 자연현상의 일시적인 변화로 자연계의 평형과 순환과정에서 발생되어, 피해를 입는 천재지변을 말한다. 자연재난에는 기상변화에 따른 기상재난으로 태풍(颱風), 호우, 폭설, 황사, 강풍(强風), 풍랑, 해일, 가뭄 등이 있으며 지변변화에 따른 지변재난으로는 지진(earthquake), 화산폭발, 산사태 등이 있다. 우리나라에서 발생하는 기상 재난은 장마철 또는 가을철에 태풍과 함께 발생하는 집중호우, 겨울과 봄철에 많이 발생(發生)하는 폭풍과

연간 재난 인명피해 현황

연도	발생(건)	인명피해(명)
2017	9	197
2018	13	156
2019	26	308
2020	18	164

위쪽 제목 셀 : 색상(RGB:199,82,82), 진하게
제목 셀 아래선 : 이중 실선(0.5mm)
글자 모양 : 돋움, 10pt, 가운데 정렬

차트 작성

☑ 차트 만들기
☑ 차트 편집하기

DIAT

무선모형종류

1. 항공 RC

항공 RC는 무선조종의 로망으로 하늘을 날아다니는 모형(模型)을 의미하며, 일반적으로 프로펠러 비행기(飛行機)가 가장 인기가 많다. 항공 RC의 꽃이라 불리는 헬리콥터(helicopter)나 최근 항공촬영 등에 널리 쓰이고 있는 멀티콥터(multi copter)도 인기를 끌고 있다. 또한 다소 특이한 취향 취급을 받지만, 날개짓을 하며 날아가는 오니숍터(ornithopter)나 헬륨①을 채운 비행선 등도 마니아층을 구성하고 있다. 자체 중량이 12kg 이상인 무선조종 항공기는 초경량 비행장치로 분류되므로 소유자는 지방항공청에 등록해야 하며, 상업 활동을 하는 경우(농약살포, 항공촬영 등)에는 초경량 비행장치 조종자 면허(免許, license)를 취득하여야 한다. 특히 항공촬영(航空撮影) 시에는 국방부 허가도 받아야 한다.

2. 수상 RC

수상 RC는 물 위에 떠다니는 모형들로 초창기부터 인기가 있던 항공 RC나 현재 RC의 주축인 육상 RC에 비해 인기는 많지 않지만, 여름에는 계절적 특수성으로 인기가 살짝 높아진다. 엔진이나 동력을 이용한 모터보트가 주력을 차지하지만, 극히 드물게 바람의 힘을 이용해 항해하는 범선도 있다. 하지만 범선(帆船)은 바람에 따라 성능이 천차만별이고 순풍(順風)을 받아도 속도가 느릴 뿐 아니라 강에다 띄우면 강이 흐르는 속도를 따라잡을 수가 없어 그대로 떠내려가기 때문에 큰 인기를 얻지는 못하고 있다. 그리고 엄밀히 말해 수상 RC는 아니고 수중 RC라 할 수 있는 잠수함 RC를 즐기는 사람들도 있다. 조종하는 사람이 물 밖에 있어서 잠수함(submarine)을 눈으로 확인하며 조종하기가 쉽지 않고, 전파도 물속에서는 멀리 가지 못하기 때문에 상당히 어려운 장르이다.

① 18족 원소들 중에서 가장 가벼운 기체

키덜트 판매량(단위:%)

상품	전년대비
RC제품	157
프라모델	61
피규어	61
아트테라피	33
게임/퍼즐	20

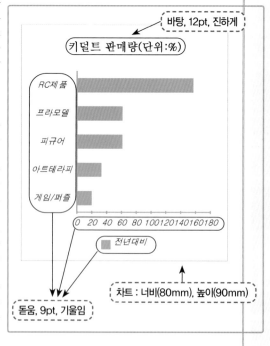

바탕, 12pt, 진하게

키덜트 판매량(단위:%)

전년대비

돋움, 9pt, 기울임

차트 : 너비(80mm), 높이(90mm)

01 차트 만들기

❶ 2페이지의 표 전체를 드래그하여 블록으로 지정한 후 [▦(표)] 탭에서 '차트(📊)'를 클릭합니다.

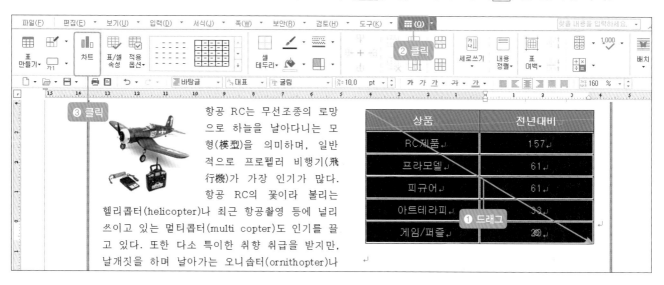

❷ 차트가 입력되면 차트 위에서 마우스 오른쪽 단추를 눌러 바로 가기 메뉴가 나오면 [개체 속성]을 클릭합니다.

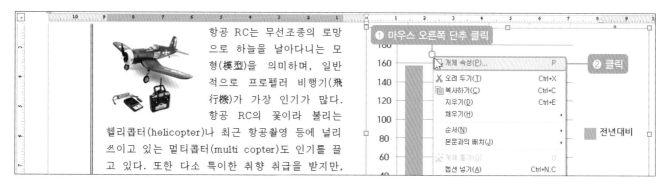

❸ [개체 속성] 대화상자가 나타나면 [기본] 탭의 '크기'에서 '너비(80)', '높이(90)'를 입력합니다. 이어서, '크기 고정'과 '글자처럼 취급'을 클릭하여 체크한 후 〈설정〉 단추를 클릭합니다.

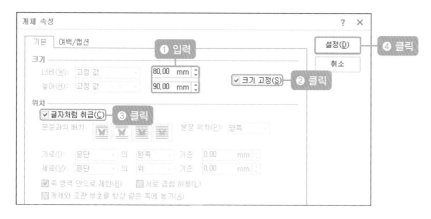

④ 표 아래로 차트가 작성되면 차트를 더블 클릭합니다. 이어서, 차트 위에서 마우스 오른쪽 단추를 눌러 바로 가기 메뉴가 나오면 [차트 마법사]를 클릭합니다.

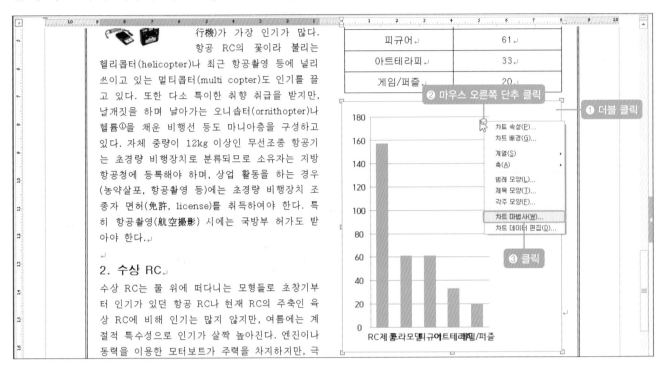

⑤ [차트 마법사 - 3단계 중 1단계] 대화상자가 나타나면 [표준 종류] 탭에서 '차트 종류'와 '차트 모양'을 선택한 후 〈다음〉 단추를 클릭합니다.

TIP
실제 시험에서는 문제지([문제 2])를 참고하여 차트의 종류 및 모양을 선택해야 하며 자주 출제되는 차트 모양은 '꺾은선형', '세로 막대형', '가로 막대형' 등이 있습니다.

⑥ [차트 마법사 - 3단계 중 2단계] 대화상자가 나타나면 [방향 설정] 탭에서 '방향(열)'을 선택한 후 〈다음〉 단추를 클릭합니다.

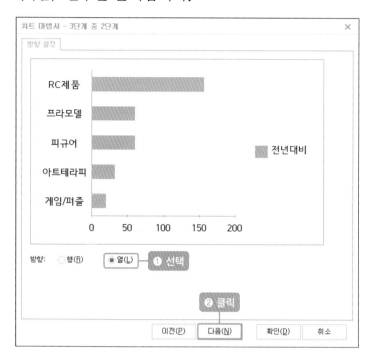

TIP
실제 시험에서는 문제지의 차트 모양과 [차트 마법사 - 3단계 중 2단계] 대화상자의 미리보기 화면에서 차트 모양을 확인한 후 방향을 '행' 또는 '열'로 선택해야 합니다.

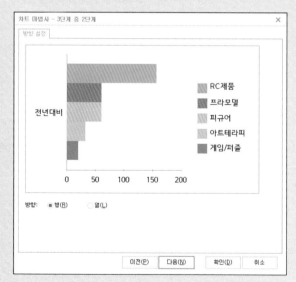

◀ 예) [차트 마법사 - 3단계 중 2단계] 대화상자에서 '방향(행)'으로 선택된 경우

⑦ [차트 마법사 - 마지막 단계] 대화상자가 나타나면 [제목] 탭에서 '차트 제목'에 '키덜트 판매량(단위:%)'를 입력한 후 [범례] 탭을 클릭합니다. 이어서, '범례의 배치'를 '아래쪽'으로 선택한 후 〈확인〉 단추를 클릭합니다.

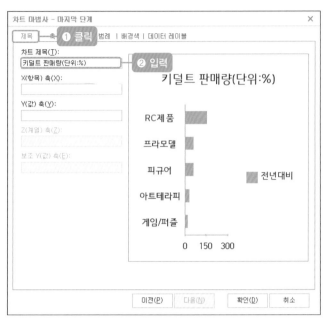 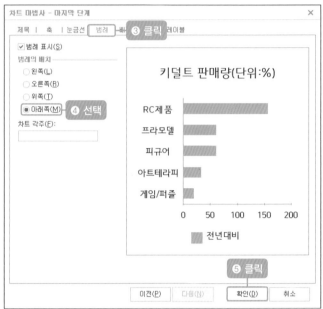

TIP
- 차트 제목은 문제지([문제 2])를 보고 정확하게 입력합니다.
- 범례의 배치는 문제지([문제 2])를 보고 판단하여 선택합니다.

02 차트 편집하기

① 차트가 선택된 상태에서 차트 제목을 더블 클릭합니다. [제목 모양] 대화상자가 나타나면 [글자] 탭에서 '글꼴 설정'-'글꼴(바탕), 크기(12), 진하게(가)'를 지정한 후 〈설정〉 단추를 클릭합니다.

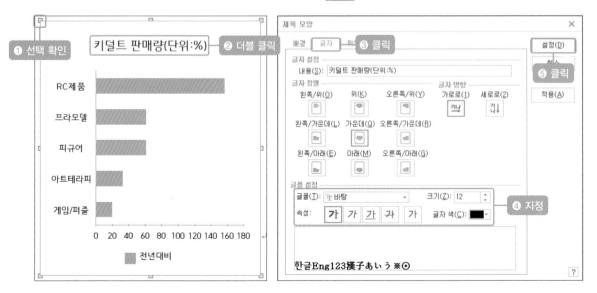

② 세로 축 이름표를 더블 클릭합니다. [축 이름표 모양] 대화상자가 나타나면 [글자] 탭에서 '글꼴 설정'–'글꼴(돋움), 크기(9pt), 기울임(_가_)'을 지정한 후 〈설정〉 단추를 클릭합니다.

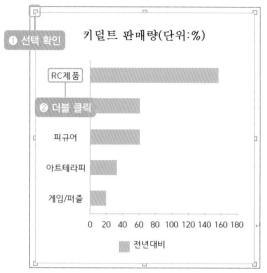
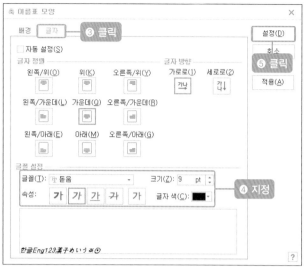

③ 가로 축 이름표를 더블 클릭합니다. [축 이름표 모양] 대화상자가 나타나면 [글자] 탭에서 '글꼴 설정'–'글꼴(돋움), 크기(9pt), 기울임(_가_)'을 지정한 후 〈설정〉 단추를 클릭합니다.

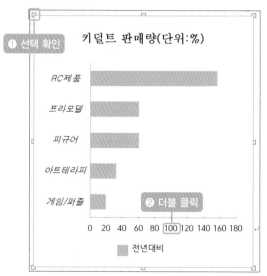

TIP
차트의 값 축 지정

문제지([문제 2])와 비교하여 축의 값이 다를 경우 차트의 값 축을 더블 클릭하여 [축 모양] 대화상자–[비례] 탭에서 '최솟값, 최댓값, 큰 눈금선'을 지정할 수 있습니다.

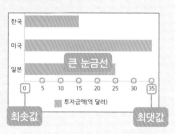

④ 범례를 더블 클릭합니다. [범례 모양] 대화상자가 나타나면 [글자] 탭에서 '글꼴 설정'-'글꼴(돋움),
크기(9pt), 기울임(가)'을 지정한 후 〈설정〉 단추를 클릭합니다.

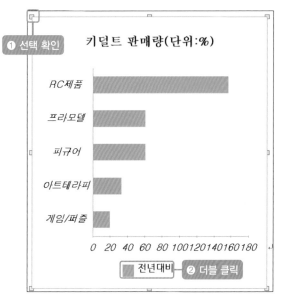
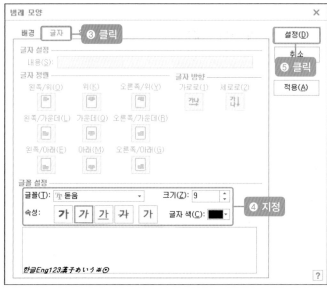

⑤ 차트 편집이 완료되면 표 뒤를 클릭한 후 **Enter** 키를 눌러 문제지([문제 2])와 비슷하게 표와 차트
의 간격을 조절합니다.

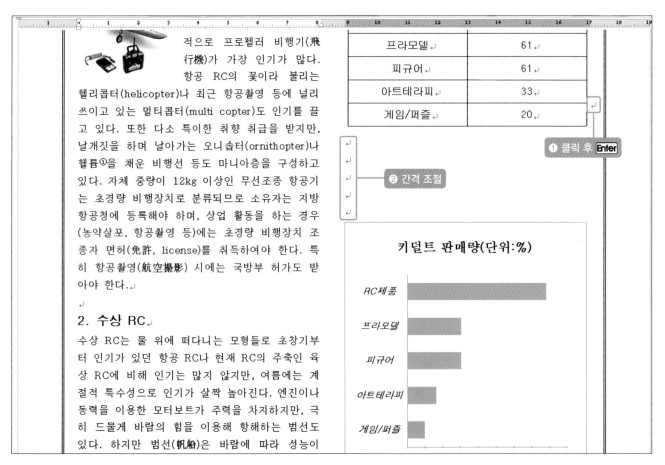

⑥ 모든 작업이 완료되면 파일을 저장합니다.

01 다음 지시사항을 참고하여 차트를 작성해 보세요.

* 소스 파일 : 정복09_문제01.hwp
* 정답 파일 : 정복09_완성01.hwp

이 막힌 부위 및 위치에 따라서 반신불수, 언어장애, 시야장애, 어지러움증, 의식소실 등 다양하게 나타날 수 있다. 이러한 뇌경색은 뇌전산화 촬영이나 자기공명영상(MRI)①과 같은 검사를 통해 뇌신경 및 뇌혈관의 상태를 파악한 후 그에 따른 약물적 치료나 수술적 치료를 고려할 수 있다.

2. 파킨슨병

파킨슨병(Parkinson's Disease)은 뇌 특정영역의 신경세포가 점진적으로 손실됨에 따라 나타나는 운동(運動) 조절 문제와 기타 비운동증상을 포함한 진행성 질환입니다. 파킨슨병의 전형적인 증상은 이른바 운동증상인 떨림, 움직임의 속도 저하, 근육 경직 그리고 균형상의 문제로 나타난다. 또한 우울증, 치매 등 비운동증상으로 나타나기도 한다. 현재 파킨슨병에 대한 완전한 치료법은 없지만 의료(醫療) 전문가의 진단(diagnosis)이 이루어지면 대부분의 경우 효과적으로 증상들을 개선 및 조절할 수 있다. 파킨슨병의 치료는 약물치료가 일반적이고 경우에 따라 수술을 하며, 이외에도 운동, 식이 요법, 보완 요법, 정서적 지원,

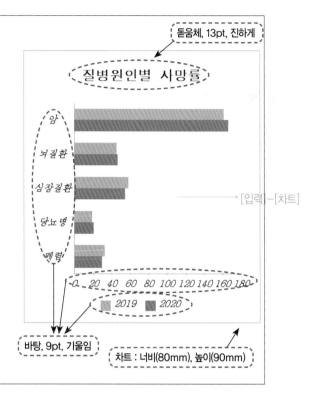

돋움체, 13pt, 진하게

[입력]-[차트]

바탕, 9pt, 기울임

차트 : 너비(80mm), 높이(90mm)

02 다음 지시사항을 참고하여 차트를 작성해 보세요.

* 소스 파일 : 정복09_문제02.hwp
* 정답 파일 : 정복09_완성02.hwp

영어, 과학, 수학, 사회 등은 그대로 배우고 추가 과목을 2개~3개 정도 직접 선택해서 배울 수 있다. 대학은 외국에서 호주로 유학을 오는 학생들은 IELTS나 토플(TOEFL)⑧을 치러야 갈 수 있다. 단, 유학생이라도 호주 중/고등학교에서 몇 년간 정규교육을 받았으면 공인영어시험 점수 없이 현지 호주학생들과 같은 조건으로 한국의 수능격인 대입시험을 보고 대학에 들어갈 수 있다.

2. 영국의 교육과정

초등학교와 중학교는 의무교육(義務敎育)으로 11년이며, 한국의 고등학교 과정에 해당하는 12, 13학년의 경우는 의무는 아니지만 학교에 다니는 학생들은 매주(每週) 국가로부터 지원금을 받게 된다. 대학교육은 스코틀랜드는 전액 무상(無償)이나 잉글랜드를 포함한 나머지는 연간 9,000파운드에 달한다. 대학과정은 대부분 3년 과정이며 대학원 석사과정은 2종류로 학습과정과 연구과정으로 각 1년씩이다. 박사과정은 대체로 3년 과정

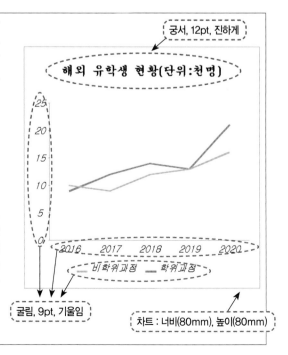

궁서, 12pt, 진하게

굴림, 9pt, 기울임

차트 : 너비(80mm), 높이(80mm)

03 다음 지시사항을 참고하여 문서를 작성해 보세요.

＊ 소스 파일 : 정복09_문제03.hwp
＊ 정답 파일 : 정복09_완성03.hwp

쪽 테두리 : 이중 실선, 머리말 포함

글상자 – 크기 : 너비(62mm), 높이(12mm), 테두리 : 이중 실선(1.00mm), 반원
채우기 : 색상(RGB:105,155,55), 위치 : 글자처럼 취급, 가운데 정렬
글자 모양 : 궁서체, 20pt, 진하게, 가운데 정렬

DIAT

그림A 삽입(바탕화면-KAIT-제출파일폴더)
너비(35mm), 높이(35mm)
위치 : 어울림(가로-쪽의 왼쪽:0.0mm,
세로-쪽의 위:24mm)

머리말(바탕, 9pt, 오른쪽 정렬)

모시의 특징

굴림체, 12pt, 진하게, 가운데 정렬

1. 모시의 특징
돋움, 12pt, 진하게

모시는 모시풀의 인피(靭皮) 섬유로 제작한 직물을 의미하며, 저마포라고 고문헌(古文獻)에 기록되어 있다. 삼국지, 후한서 등의 기록을 보면 삼한시대에서부터 모시풀을 재배하고 섬유를 생산해서 교역품으로도 이용되었다고 하고 있다. 고려시대에는 지위의 고하를 불문하고 널리 애용되었다. 모시풀은 습기가 높고 따뜻한 지방에서 성장하기 때문에 국내에서는 충청남도와 전라도 지역에서만 성장한다. 흡수와 습기의 발산이 빨라 여름철 옷감으로 이용된다. 또한 물에 강하고 천이 질겨 옷감을 주 용도로 사용하나 레이스(lace)나 커튼(curtain)외에 다양한 용도로 사용된다. 특히 한산의 세모시는 품질이 우수하고 섬세할 뿐 아니라 단아(端雅)하기로 유명하다.

2. 지역의 문화유산 보존
돋움, 12pt, 진하게

지리적(地理的) 표시(Geographical Indication)는 특정 상품의 품질과 특성이 원산지에 의해 생겼을 경우 그 지역 및 국가의 이름을 상표권으로 인정해 주는 제도로 현재 '세계무역기구(WTO)@' 협정에 규정되어 있다. 유럽연합의 경우 '원산지명칭보호(PDO)'와 '지리적표시보호(PGI)'로 운영하는데 PGI의 경우 생산, 제조, 처리과정 중 하나의 요건만 충족하면 된다. 이 요건을 충족하기 위해서는 해당 상품의 우수성이 국내외에 알려져 있는 '유명성', 해당 상품이 그 지역에서 생산한 시간이 긴 '역사성', 생산과 가공과정이 동시에 같은 지역에서 이루어져야 하는 '지역성', 그 상품의 특성이 그 지역의 자연 환경적 요인에 기인하는 '지리적 특성', 상품의 생산자들이 법인을 조직해야 하는 '조직화'의 5가지 요건을 갖춰야 한다. 이 제도의 기대효과는 상품의 품질 향상과 전문화 및 지역의 문화유산(文化遺産) 보존이다.

각주

된

유럽의 G.I. 현황

국가 명	품목 수
프랑스	322
스페인	262
포르투갈	176
이탈리아	124

위쪽 제목 셀 : 색상(RGB:233,174,43), 진하게
제목 셀 아래선 : 이중 실선(0.5mm)
글자 모양 : 바탕, 10pt, 가운데 정렬

궁서체, 11pt, 진하게

유럽의 G.I. 현황

돋움, 9pt, 기울임

차트 : 너비(80mm), 높이(90mm)

ⓐ 세계무역질서 및 협정의 이행을 감시하는 국제기구
굴림체, 9pt

쪽 번호 매기기, 一,二,三 순으로,
왼쪽 아래

- 二 -

2 페이지 작성하기

04 다음 지시사항을 참고하여 문서를 작성해 보세요.

* 소스 파일 : 정복09_문제04.hwp
* 정답 파일 : 정복09_완성04.hwp

쪽 테두리 : 이중 실선, 머리말 포함

글상자 - 크기 : 너비(50mm), 높이(12mm), 위치 : 테두리 : 이중 실선(1.00mm), 반원
채우기 : 색상(RGB:227,220,193), 위치 : 글자처럼 취급, 가운데 정렬
글자 모양 : 휴먼옛체, 18pt, 가운데 정렬

DIAT

그림B 삽입(바탕화면-KAIT-제출파일폴더)
너비(35mm), 높이(35mm)
위치 : 어울림(가로-쪽의 왼쪽:0.0mm,
세로-쪽의 위:24mm)

머리말(돋움, 9pt, 오른쪽 정렬)

스타트업이란

돋움체, 12pt, 진하게, 가운데 정렬

1. 스타트업이란? ← 휴먼고딕, 12pt, 진하게

설립한 지 얼마 되지 않은 신생 벤처기업을 의미하는 스타트업 기업은 미국 실리콘밸리에서 처음 생겨난 용어이다. 때문에 IT기술 기반(基盤) 웹 혹은 앱 서비스 회사라는 정의에 가까웠지만, 최근에는 굳이 IT분야에 국한(局限)되지 않는다. 창업과 다른 특징이 있다면 주로 혁신적인 기술이나 아이디어가 중심이거나 구현하는 데 있어서 기술 자체가 큰 역할을 차지한다는 점이다. 스타트업은 초기에 마일스톤(Milestone)을 적절히 세우는 것이 가장 중요하다. 이는 단기적 사업 ⟨기⟩ ⟨계⟩ 획이나 실적 목표를 의미하는데 제품 개발, 고객 확보, 투자(Investment) 유치 등과 관련이 깊다. 또한 ⟨단기간에⟩ ⟨아이디어를⟩ 시제품(試製品)으로 제조한 뒤 시장의 반응을 주기적으로 확인하여 적용하는 린스타트업을 통해 성공확률을 높이는 경영 방법을 실행하는 것이 중요하다.

2. 스타트업 유망 기술 ← 휴먼고딕, 12pt, 진하게

2017년은 그동안 신설된 스타트업들의 성과가 눈에 띄게 나타난 시기였다. 서비스 누적 거래액이 무려 백억 대를 넘는 스타트업들의 등장과 수백억의 매출을 기록하는 스타트업도 늘어나고 있는 추세(趨勢)이다. 전문가들은 메가트렌드⟨⊙⟩로 자리매김한 인공지능이야말로 스타트업이 혁신가치를 구현할 수 있는 유용한 도구가 될 것이라고 전망(Forecast)하였다. 이 외에도 비트코인, 블록체인, 지능형 애플리케이션 등이 이슈 분야이다. 2018년의 스타트업 유망 기술을 살펴보면 인공지능(人工知能)은 빠질 수 없는 분야이며 데이터베이스, 블록체인, 1인미디어 및 로보틱스(Robotics) 등이 주목할 만한 모델이다. 이 밖에도 미래의 스타트업을 이끌 기술 트렌드(Trends)로는 사물인터넷, 빅데이터, 딥러닝, 바이오 등이 급부상 중이다.

⟨각주⟩

⊙ 현대 사회에서 일어나고 있는 거대한 시대적 조류를 뜻함 ← 돋움체, 8pt

스타트업 기술 동향 연구 실적

기술유형	2010년	2020년
블록체인	765	8,620
자율주행차	540	4,680
1인미디어	1,370	3,800
e-커머스	6,800	1,200
인공지능	1,130	8,460

위쪽 제목 셀 : 색상(RGB:53,135,145), 진하게
제목 셀 아래선 : 이중 실선(0.5mm)
글자 모양 : 굴림, 10pt, 가운데 정렬

돋움체, 12pt, 진하게

스타트업 기술동향 연구 실적

블록체인
자율주행차
1인미디어
e-커머스
인공지능

0 2000 4000 6000 8000 10000

■ 2010년   ■ 2020년

궁서체, 9pt, 기울임

차트 : 너비(80mm), 높이(90mm)

쪽 번호 매기기, ①,②,③ 순으로,
오른쪽 아래

- ② -

05 다음 지시사항을 참고하여 문서를 작성해 보세요.

＊ 소스 파일 : 정복09_문제05.hwp
＊ 정답 파일 : 정복09_완성05.hwp

쪽 테두리 : 이중 실선, 머리말 포함

글상자 – 크기 : 너비(70mm), 높이(12mm), 테두리 : 이중 실선(1.00mm), 둥근 모양
채우기 : 색상(RGB:202,86,167), 위치 : 글자처럼 취급, 가운데 정렬
글자 모양 : 휴먼옛체, 20pt, 가운데 정렬

DIAT

그림C 삽입(바탕화면-KAIT-제출파일폴더)
너비(30mm), 높이(30mm)
위치 : 어울림(가로-쪽의 왼쪽:0.0mm,
세로-쪽의 위:24mm)

다양한 자전거

머리말(굴림, 9pt, 오른쪽 정렬)

중고딕, 12pt, 진하게, 가운데 정렬

1. 픽시 ← 돋움체, 12pt, 진하게

픽시(fixie)는 패션을 중시하는 젊은 층에서 선풍적인 인기를 끌고 있으며, 겉모양은 사이클과 큰 차이가 없다. 또한 올림픽 사이클 종목(種目), 경륜(競輪)ⒶⒶ 등 트랙에서 볼 수 있는 자전거들도 이 분류에 속한다. 페달링(pedaling)을 하지 않은 상태에서는 라쳇(ratchet) 소리를 내며 바퀴가 돌아가는 프리휠 자전거와 달리 페달과 바퀴가 고정되어 있어서 페달링을 하지 않으면 바퀴도 같이 멈춘다. 따라서 뒤로 페달링을 하면 후진도 가능하기 때문에 픽시는 따로 브레이크가 없거나 혹은 앞바퀴에만 있는 경우가 많다. 그리고 픽시는 대부분의 기어를 조정할 수 없는 싱글기어이기 때문에 익숙하지 않은 운전자에게는 몹시 위험(危險)할 수 있다.

각주

2. 미니벨로 ← 돋움체, 12pt, 진하게

디자인이 다양해서 선택의 폭이 넓은 미니벨로는 작다는 뜻의 미니와 불어로 바퀴 또는 자전거를 뜻하는 벨로가 합쳐진 말이다. 단어에서 알 수 있듯이 흔히 볼 수 있는 바퀴 사이즈보다 많이 작은 약 20인치 미만의 바퀴를 달고 있으며, 일반적으로 접이식인 경우가 많아 기능성보다는 도시에서의 편의성에 치중(置重)한다. 따라서 미니벨로는 접어서 운반(transport)을 하거나 보관이 안이하고, 대중교통(大衆交通)과의 연계가 가능하여 출퇴근 등 다양한 용도로 활용이 가능하다. 그리고 무게중심이 대부분 아래에 있어 안정감 있는 주행을 할 수 있다. 반면 바퀴가 작아 같은 거리를 가기 위해 일반 자전거보다 더 많은 바퀴의 회전이 필요하고 속도가 느리다. 또한 운전이 쉽지 않아 경사로에서 다소 위험하며 회전수가 많아지므로 구동 관련 부품(타이어, 휠, 변속 등)의 마모(abrasion)가 심하다는 단점을 갖고 있다.

용

전기 자전거 시장 규모(단위: 만대)

국가	2019	2020
북미	600	750
서유럽	1200	1400
아시아	2200	3100

위쪽 제목 셀 : 색상(RGB:53,135,145), 진하게
제목 셀 아래선 : 이중 실선(0.5mm)
글자 모양 : 바탕, 10pt, 가운데 정렬

돋움체, 11pt, 진하게

전기 자전거 시장 규모(단위: 만대)

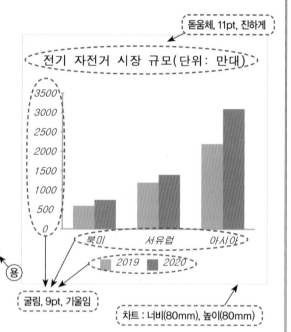

굴림, 9pt, 기울임

차트 : 너비(80mm), 높이(80mm)

Ⓐ 일정한 거리를 자전거를 타고 달려 빠르기를 겨루는 ← 돋움, 9pt
경기

쪽 번호 매기기, 가,나,다 순으로,
왼쪽 아래

- 나 -

2 페이지 작성하기

06 다음 지시사항을 참고하여 문서를 작성해 보세요.

* 소스 파일 : 정복09_문제06.hwp
* 정답 파일 : 정복09_완성06.hwp

쪽 테두리 : 이중 실선, 머리말 포함

글상자 - 크기 : 너비(70mm), 높이(12mm), 테두리 : 이중 실선(1.00mm), 둥근 모양
채우기 : 색상(RGB:105,155,55), 위치 : 글자처럼 취급, 가운데 정렬
글자 모양 : 휴먼옛체, 20pt, 가운데 정렬

DIAT

머리말(바탕, 9pt, 오른쪽 정렬)

그림D 삽입(바탕화면-KAIT-제출파일폴더)
너비(35mm), 높이(30mm)
위치 : 어울림(가로-쪽의 왼쪽:0.0mm,
세로-쪽의 위:24mm)

친환경 에너지

궁서체, 12pt, 진하게, 가운데 정렬

1. 풍력 에너지 ← 중고딕, 12pt, 진하게

풍력(風力) 발전은 바람의 운동 에너지가 프로펠러를 회전시키는 회전력으로 발전기를 가동시켜 전기를 만들어 내는 원리(原理)이다. 이러한 풍력 발전은 유지보수가 쉽고 운영비용이 저렴하며 매우 친환경적이다. 하지만 바람이란 존재가 항상 일정하게 부는 것이 아니며, 언제 어디서 얼마만큼 불어올지 예상하기 힘들다는 단점(weakness)도 있다. 이러한 단점은 기술로 조금씩 보완되어가고 있는데, 발전기 컨트롤 기술의 발전으로 일정한 바람을 가지고 만들어 낼 수 있는 전기 에너지 양이 점점 많아지고 있다. 풍력 에너지는 환경오염 물질을 발생시키지 않는 깨끗한 에너지이기 때문에 세계 각국에서 그 활용에 큰 관심을 보이고 있고, 최근 풍력 에너지의 약 30%로 발전기(generator)를 돌리는 에너지로 전환시킬 수 있다.

2. 지열 에너지 ← 중고딕, 12pt, 진하게

지열(地熱) 자원은 대부분 화산 활동지역에 넓게 분포(分布)한다. 특히 온천, 간헐천, 끓는 진흙탕, 분기공① 등은 가장 쉽게 개발할 수 있는 지열 자원이다. 고대(ancient)부터 로마인들은 온천을 욕실의 온수와 가정용 난방에 이용했으며, 현재 아이슬란드, 터키, 일본 등 많은 나라에서는 비슷한 방법으로 이용하고 지열을 있다. 1904년 이탈리아의 라데렐로(larderello)에서 최초로 지열을 이용해 전기를 생산한 것을 시작으로 20세기 후반에는 이탈리아, 뉴질랜드, 일본, 아이슬란드, 멕시코, 미국, 러시아 등에 지열 발전소가 건설되어 발전을 거듭하고 있다. 이들 발전소에서는 열수를 증기로 바꾸어 터빈(turbine)을 돌리고, 여기에서 생긴 기계적 에너지를 발전기(發電機)에 의해 전기 에너지로 바꾸게 된다.

각주

친환경 정책에 따르는 전원믹스(단위:웅)

종류	2019년	2020년
신재생에너지	10	16
원자력	65	81
천연가스	33	39
석탄화력	51	67

위쪽 제목 셀 : 색상(RGB:49,95,151), 진하게
제목 셀 아래선 : 이중 실선(0.5mm)
글자 모양 : 굴림, 10pt, 가운데 정렬

휴먼엑스포, 12pt, 진하게

친환경 정책에 따르는 전원믹스

신재생에너지
원자력
천연가스
석탄화력

0 10 20 30 40 50 60 70 80 90

2019년 2020년

바탕, 9pt, 기울임

차트 : 너비(80mm), 높이(90mm)

---

① 화산의 화구 또는 산의 중턱과 기슭에서 화산가스가 ← 돋움, 9pt
분출되어 나오는 구멍

쪽 번호 매기기, Ⅰ,Ⅱ,Ⅲ 순으로,
가운데 아래

- Ⅱ -

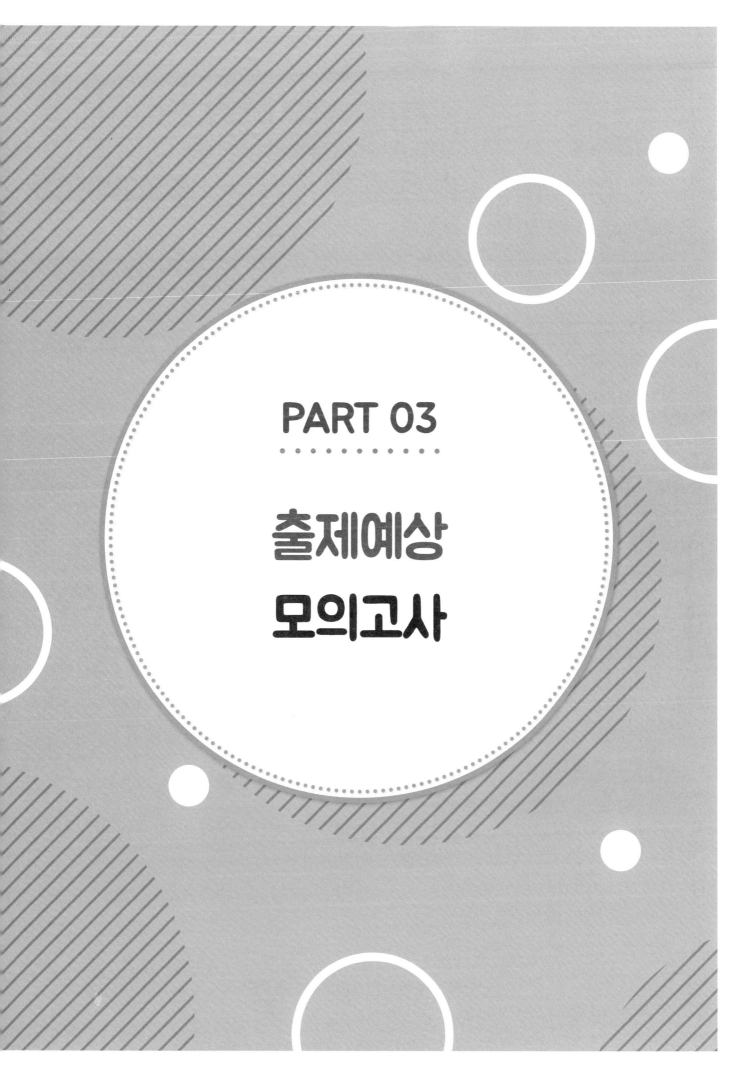

PART 03

출제예상
모의고사

디지털정보활용능력 출제예상 모의고사

☑ 시험과목 : 워드프로세서(한글)

☑ 시험일자 : 20XX. XX. XX. (X)

☑ 응시자 기재사항 및 감독위원 확인

한컴오피스 한글NEO 버전용

수검번호	DIW - XXXX -	감독위원 확인
성 명		

응시자 유의사항

1. 응시자는 신분증을 지참하여야 시험에 응시할 수 있으며, 시험이 종료될 때까지 신분증을 제시하지 못 할 경우 해당 시험은 0점 처리됩니다.

2. 시스템(PC작동여부, 네트워크 상태 등)의 이상여부를 반드시 확인하여야 하며, 시스템 이상이 있을시 감독위원에게 조치를 받으셔야 합니다.

3. 시험 중 부주의 또는 고의로 시스템을 파손한 경우는 응시자 부담으로 합니다.

4. 답안 전송 프로그램을 통해 다운로드 받은 파일을 이용하여 답안 파일을 작성하시기 바랍니다.

5. 작성한 답안 파일은 답안 전송 프로그램을 통하여 전송됩니다. 감독위원의 지시에 따라 주시기 바랍니다.

6. 다음 사항의 경우 실격(0점) 혹은 부정행위 처리됩니다.

　1) 답안 파일을 저장하지 않았거나, 저장한 파일이 손상되었을 경우

　2) 답안 파일을 지정된 폴더(바탕화면 – "KAIT" 폴더)에 저장하지 않았을 경우

　　※ 답안 전송 프로그램 로그인 시 바탕화면에 자동 생성됨

　3) 답안 파일을 다른 보조 기억장치(USB) 혹은 네트워크(메신저, 게시판 등)로 전송할 경우

　4) 휴대용 전화기 등 통신기기를 사용할 경우

7. 시험지에 제시된 글꼴이 응시 프로그램에 없는 경우, 반드시 감독위원에게 해당 내용을 통보한 뒤 조치를 받아야 합니다.

8. 시험의 완료는 작성이 완료된 답안을 저장하고, 답안 전송이 완료된 상태를 확인한 것으로 합니다. 답안 전송 확인 후 문제지는 감독위원에게 제출한 후 퇴실하여야 합니다.

9. 답안 전송이 완료된 경우에는 수정 또는 정정이 불가능합니다.

10. 시험 시행 후 결과는 홈페이지(www.ihd.or.kr)에서 확인하시기 바랍니다.

　1) 문제 및 정답 공개 : 20XX. XX. XX.(X)

　2) 합격자 발표 : 20XX. XX. XX.(X)

≪문제≫ 첨부된 문제를 다음의 조건을 적용하여 문서를 작성하시오.

① 문서는 A4(210mm×297mm) 크기, 세로 용지 방향으로 작성한다.

② 페이지 여백은 아래와 같이 설정한다.

왼쪽	오른쪽	위쪽	아래쪽	머리말	꼬리말	제본
20mm	20mm	20mm	20mm	10mm	10mm	0mm

③ 글자는 별도의 지시사항이 없는 한 바탕, 10pt, 양쪽 정렬, 줄 간격 160%로 작성한다.

④ 영문, 숫자 등은 별도의 지시가 없는 한 반각(1byte) 문자를 사용한다.

⑤ 특수 문자는 문자표(전각 기호)를 이용하여 작성한다.

⑥ 교정 부호 및 화살표로 기재된 지시사항대로 처리하되, ⌐‾‾‾‾‾¬→ 은 지시사항이므로 작성하지 않는다.

⑦ 1페이지에 [문제1]을 작성하고, 구역을 나누어 2페이지에 [문제2]를 작성한다.

　※ 해당 페이지에 작성하지 않거나 의도적으로 텍스트 작성을 하지 않은 경우 0점 처리

⑧ [문제2]는 문제지와 같이 2단으로 다단을 나누어 작성한다.

⑨ '그림 삽입' 시에는 반드시 "KAIT 수검 프로그램"을 통해 다운로드 한 그림 파일을 사용한다.

⑩ 차트의 범례는 기본 값으로 작성한다.

⑪ 총점 : 200점

　[공통 사항1(기본 설정, 용지 설정)] : 8점, [공통 사항2(오탈자)] : 40점

　[문제1] : 46점, [문제2] : 106점

⑫ 기타 특별히 지시되어 있지 않은 사항은 문제지에 준하여 작성한다.

글맵시 - 휴먼옛체, 채우기 : 색상(RGB:53,135,145)
크기 : 너비(140mm), 높이(20mm), 위치 : 글자처럼 취급, 가운데 정렬

머리말(돋움, 9pt, 오른쪽 정렬) → DIAT

장애인고용개선UCC공모전

기울임, 밑줄

한국장애인고용공단에선 *장애인의 고용 개선과 사회적인 공감대를 이끌어내어 잘못된 차별과 선입견을 없애고자* 매년 UCC 공모전을 개최하고 있습니다. 올해 개최하는 UCC 공모전의 주요 목적은 장애인 고용에 대한 사람들의 인식에 관한 이야기와 일상생활에서 장애인에 대한 편견이 없는 사회를 창의적으로 작품화하는 것입니다. 장애, 비장애인이 서로 불편을 느끼지 않고 함께 울고 웃으며 공감할 수 있는 이야기를 나타내는 것이 이번 공모전의 핵심 포인트입니다. 여러분들이 느꼈던 장애인에 대한 생각과 관련된 경험, 사회에서의 인식을 반영하여 표현하는 것이 도움이 됩니다. 따뜻한 감성과 창의적인 아이디어를 가진 여러분들의 많은 참여를 기대합니다.

문자표 → ◎ 주요내용 ◎

궁서, 가운데 정렬

1. 접수기간 : 2021. 07. 15.(목), 09:00 ~ 07. 26.(월), 18:00
2. 작품주제 : 장애인 고용 및 인식 개선의 내용을 담은 순수 창작 UCC 영상
3. 참가대상 : ***만 15세 이상 장애, 비장애인 누구나 참여가능*** ← 진하게, 기울임
4. 작품규격 : 러닝 타임 3분 이내 동영상(AVI, MP4, WMV 파일)으로 최대 500MB 이하
5. 제출방법 : UCC 파일, 작품응모신청서, 개인정보활용동의서, 서약서, 작품설명서 각 1부

문자표

※ 기타사항

- UCC 영상은 순수 창작물이어야 하며, 저작권을 침해하지 않아야 합니다.
- 금상 200만원, 은상 100만원, 동상 50만원이 지급되며, 작품은 홍보영상으로 사용될 예정입니다.
- 기타 자세한 사항은 한국장애인고용공단 홈페이지(http://www.ihd.or.kr)를 참고하시거나, 공모전 담당자(02-7777-1234)에게 문의하시기 바랍니다.

왼쪽여백 : 15pt
내어쓰기 : 10pt

2021. 05. 27. ← 14pt, 가운데 정렬

한국장애인고용공단 ← 휴먼옛체, 24pt, 가운데 정렬

- A -
쪽 번호 매기기, A,B,C 순으로,
왼쪽 아래

문제1은 1구역, 문제2는 2구역으로 나누어 답안 작성

쪽 테두리 : 이중 실선, 머리말 포함

글상자 - 크기 : 너비(50mm), 높이(12mm), 테두리 : 이중 실선(1.00mm), 둥근 모양
채우기 : 색상(RGB:233,174,43), 위치 : 글자처럼 취급, 가운데 정렬
글자 모양 : 휴먼고딕, 17pt, 가운데 정렬

DIAT

그림A 삽입(바탕화면-KAIT-제출파일폴더)
너비(35mm), 높이(30mm)
위치 : 어울림(가로-쪽의 왼쪽:0.0mm,
　　　　세로-쪽의 위:24mm)

머리말(돋움, 9pt, 오른쪽 정렬)

장애인의 날

돋움, 13pt, 진하게, 가운데 정렬

1. 장애인 기념일

궁서, 12pt, 진하게

장애인의 날은 장애인에 대한 이해를 깊게 하고, 장애인의 재활(Rehabilitation)의 욕을 고취하기 위한 목적으로 제정된 기념일(記念日)이다. 4월 20일로 정한 것은 4월이 1년 중 모든 만물이 소생하는 계절이어서 장애인(Disabled)의 재활의지를 부각시킬 수 있다는 점에 의미를 두었으며, 20일은 다수의 기념일과 중복을 피하기 위해서이다. 한편, 1981년 UN 총회는 완전한 장애인의 참여와 평등(Equality)을 주제로 세계 장애인의 해를 선포하면서 세계 모든 국가에서 기념사업을 추진하도록 권장했는데, 우리나라에서도 세계 장애인의 해 기념사업의 일환(一環)으로 1981년 4월 20일 제 1회 장애인의 날 기념행사를 서울 광화문 세종문화회관에서 '장애인 재활대회'라는 이름으로 개최(開催)하였다.

2. 장애인 종합 정책

궁서, 12pt, 진하게

장애인의 인간다운 삶과 권리의 보장을 위한 국가와 지방자치단체Ⓐ의 책임을 명백히 하고, 장애인복지대책과 관련된 사업을 종합적으로 추진하며, 장애인의 자립(Self-Reliance), 보호 및 수당 지급 등에 관하여 필요한 제반사항을 정함으로써 장애인의 복지 및 사회활동 참여 증진을 통하여 제정(制定)되었다(제1조). 장애인의 사회참여와 평등을 통한 사회통합(Social Integration)을 이루는 데 장애인 복지의 기본 이념을 두고, 장애인의 권리 및 차별금지, 장애 및 장애인에 대한 국가와 지방자치단체의 책임과 국민의 책임을 규정하고 있다. 장애인의 권익과 복지증진을 위하여 보건복지부 장관은 5년마다 장애인 종합정책 계획을 수립하여야 하며, 장애인 종합정책을 수립하고 그 정책의 이행을 평가하기 위한 목적으로 국무총리(國務總理) 소속 하에 장애인 정책조정위원회를 두도록 하고 있다.

각주

(복)

기업별 장애인 의무고용률

연도	정부기관(%)	민간기업(%)
2014년	1.82	1.24
2016년	2.19	1.98
2018년	2.40	2.61
2020년	3.07	3.27

위쪽 제목 셀 : 색상(RGB:202,86,167) , 진하게
제목 셀 아래선 : 이중 실선(0.5mm)
글자 모양 : 굴림, 10pt, 가운데 정렬

굴림체, 12pt, 진하게

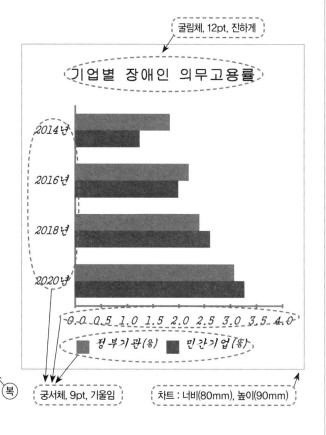

기업별 장애인 의무고용률

궁서체, 9pt, 기울임

차트 : 너비(80mm), 높이(90mm)

Ⓐ 자치행정의 주체로서 국가로부터 행정권을 부여받음

궁서체, 9pt

제 02 회 디지털정보활용능력 출제예상 모의고사

한컴오피스 한글NEO 버전용

☑ 시험과목 : 워드프로세서(한글)
☑ 시험일자 : 20XX. XX. XX. (X)
☑ 응시자 기재사항 및 감독위원 확인

수 검 번 호	DIW – XXXX –	감독위원 확인
성 명		

응시자 유의사항

1. 응시자는 신분증을 지참하여야 시험에 응시할 수 있으며, 시험이 종료될 때까지 신분증을 제시하지 못 할 경우 해당 시험은 0점 처리됩니다.

2. 시스템(PC작동여부, 네트워크 상태 등)의 이상여부를 반드시 확인하여야 하며, 시스템 이상이 있을시 감독위원에게 조치를 받으셔야 합니다.

3. 시험 중 부주의 또는 고의로 시스템을 파손한 경우는 응시자 부담으로 합니다.

4. 답안 전송 프로그램을 통해 다운로드 받은 파일을 이용하여 답안 파일을 작성하시기 바랍니다.

5. 작성한 답안 파일은 답안 전송 프로그램을 통하여 전송됩니다. 감독위원의 지시에 따라 주시기 바랍니다.

6. 다음 사항의 경우 실격(0점) 혹은 부정행위 처리됩니다.

   1) 답안 파일을 저장하지 않았거나, 저장한 파일이 손상되었을 경우

   2) 답안 파일을 지정된 폴더(바탕화면 – "KAIT" 폴더)에 저장하지 않았을 경우

   ※ 답안 전송 프로그램 로그인 시 바탕화면에 자동 생성됨

   3) 답안 파일을 다른 보조 기억장치(USB) 혹은 네트워크(메신저, 게시판 등)로 전송할 경우

   4) 휴대용 전화기 등 통신기기를 사용할 경우

7. 시험지에 제시된 글꼴이 응시 프로그램에 없는 경우, 반드시 감독위원에게 해당 내용을 통보한 뒤 조치를 받아야 합니다.

8. 시험의 완료는 작성이 완료된 답안을 저장하고, 답안 전송이 완료된 상태를 확인한 것으로 합니다. 답안 전송 확인 후 문제지는 감독위원에게 제출한 후 퇴실하여야 합니다.

9. 답안 전송이 완료된 경우에는 수정 또는 정정이 불가능합니다.

10. 시험 시행 후 결과는 홈페이지(www.ihd.or.kr)에서 확인하시기 바랍니다.

   1) 문제 및 정답 공개 : 20XX. XX. XX.(X)

   2) 합격자 발표 : 20XX. XX. XX.(X)

≪문제≫ 첨부된 문제를 다음의 조건을 적용하여 문서를 작성하시오.

① 문서는 A4(210mm×297mm) 크기, 세로 용지 방향으로 작성한다.

② 페이지 여백은 아래와 같이 설정한다.

왼쪽	오른쪽	위쪽	아래쪽	머리말	꼬리말	제본
20mm	20mm	20mm	20mm	10mm	10mm	0mm

③ 글자는 별도의 지시사항이 없는 한 바탕, 10pt, 양쪽 정렬, 줄 간격 160%로 작성한다.

④ 영문, 숫자 등은 별도의 지시가 없는 한 반각(1byte) 문자를 사용한다.

⑤ 특수 문자는 문자표(전각 기호)를 이용하여 작성한다.

⑥ 교정 부호 및 화살표로 기재된 지시사항대로 처리하되, ⸤⸻⸽⟶ 은 지시사항이므로 작성하지 않는다.

⑦ 1페이지에 [문제1]을 작성하고, 구역을 나누어 2페이지에 [문제2]를 작성한다.

　※ 해당 페이지에 작성하지 않거나 의도적으로 텍스트 작성을 하지 않은 경우 0점 처리

⑧ [문제2]는 문제지와 같이 2단으로 다단을 나누어 작성한다.

⑨ '그림 삽입' 시에는 반드시 "KAIT 수검 프로그램"을 통해 다운로드 한 그림 파일을 사용한다.

⑩ 차트의 범례는 기본 값으로 작성한다.

⑪ 총점 : 200점

　[공통 사항1(기본 설정, 용지 설정)] : 8점, [공통 사항2(오탈자)] : 40점

　[문제1] : 46점, [문제2] : 106점

⑫ 기타 특별히 지시되어 있지 않은 사항은 문제지에 준하여 작성한다.

산업혁명대응심포지엄

지금 우리나라에서 4차 산업혁명에 관심을 가지지 않는 사람이 없을 정도로 전 국민의 뜨거운 관심사가 되고 있습니다. 중소기업정책연구소와 한국정보융합학회가 공동으로 개최하는 *4차 산업혁명 대응방안 심포지엄*에 여러분을 초대합니다. 본 행사는 4차 산업혁명에 대응하는 핵심 소프트웨어 기술과 국가 정책을 주제로, 소프트웨어 역량 강화를 위해 최근 이슈가 되고 있는 소프트웨어 기술 현황을 공유할 수 있을 것으로 생각됩니다. 국내외 전문가들을 모시고 함께 소통하는 자리를 마련하고자 하오니 소프트웨어에 관심이 있으신 분들은 행사에 참여하여 소프트웨어 역량 강화에 힘이 되어 주시길 기대합니다.

■ 행사안내 ■

1. 일   정 : 2021. 06. 19.(토), 10:00 ~ 17:00
2. 장   소 : 서울시 서초구 강남대로 123 소프트타워 2층
3. 주   최 : 중소기업정책연구소, 한국정보융합학회
4. 등   록 : 사전등록 참가비는 무료이고, 인원이 초과될 경우 등록이 조기 마감될 수 있습니다.
5. 문   의 : **중소기업정책연구소 김민석 차장(02-429-1234)**

※ 기타사항
— – 본 행사는 인터넷, 모바일 방송을 통해 생중계로 보실 수 있으며, 실시간 방송은 중소기업정책연구소 홈페이지(http://www.ihd.or.kr)에 접속하시면 무료로 시청이 가능합니다.
— – 발표 자료와 명찰은 사전 등록자에 한하여 제공하며, 점심식사와 주차비는 무료로 지원합니다.
— – 상기 일정은 사정에 따라 변경될 수도 있습니다.

2021. 05. 27.

중소기업정책연구소

쪽 테두리 : 이중 실선, 머리말 포함

글상자 – 크기 : 너비(60mm), 높이(12mm), 테두리 : 이중 실선(1.00mm), 반원
채우기 : 색상(RGB:202,86,167), 위치 : 글자처럼 취급, 가운데 정렬
글자 모양 : 궁서체, 20pt, 가운데 정렬

DIAT

머리말(돋움, 9pt, 오른쪽 정렬)

그림B 삽입(바탕화면-KAIT-제출파일폴더)
너비(35mm), 높이(30mm)
위치 : 어울림(가로-쪽의 왼쪽:0.0mm,
세로-쪽의 위:23mm)

산업혁명의 미래

중고딕, 12pt, 진하게, 가운데 정렬

1. 산업혁명의 변화 ← 돋움, 12pt, 진하게

인공지능, 로봇기술, 생명과학이 주도하는 차세대 산업혁명을 말한다. 1784년 영국에서 시작된 증기기관(蒸氣機關)과 기계화로 대표되는 1차 산업혁명, 1870년 전기를 이용한 대량생산(Mass Production)이 본격화된 2차 산업혁명, 1969년 인터넷이 이끈 컴퓨터 정보화 및 자동화(Automation) 생산시스템이 주도한 3차 산업혁명에 이어 로봇이나 인공지능①을 통해 실재(實在)와 가상이 통합되고 사람을 자동적, 지능적으로 제어할 수 있는 시스템 구축이 기대되는 산업상의 변화를 4차 산업혁명이라고 일컫는다. 4차 산업혁명은 3차 산업혁명의 정보통신기술 기반 위에서 만들어지며 융합(融合)과 네트워크가 가장 큰 특징이라고 할 수 있는데, 산업 간의 경계가 허물어지고 대량의 정보를 다양한 기기들이 공유할 수 있기 때문이다.

각주

2. 일상생활의 변화 ← 돋움, 12pt, 진하게

4차 산업혁명(Industrial Revolution) 시대를 기술적으로 표현한다면, 사물인터넷을 통해 수집된 빅데이터를 인공지능(Artificial Intelligence)이 분석, 처리하는 스마트 세상이라고 할 수 있다. 다시 말해 정보화 혁명의 확장(擴張)을 뛰어넘는 아날로그의 완전한 디지털화, 인공지능화를 의미한다. 어디에서든지 모바일, 인터넷과 연결하여 기기를 조작하고 정보를 만들어낼 수 있다. 개인비서 로봇이 맞추어 출근시간에 자율 주행 택시를 예약해주고 차량을 타자마자 목적지까지 예상 소요시간과 오후 일기예보를 알려주는 일상은 가까운 미래에 우리가 마주하게 될 현실이 될 것이다. 사물인터넷(Internet of Things)을 통한 일상생활의 자동화도 주목된다. 4차 산업혁명 시대에는 거의 모든 현실세계의 사물이 지능을 갖춘 사물인터넷으로 진화(進化)할 것이다.

국가별 4차 산업혁명 투자금액

국가	투자금액(억 달러)
독일	32
한국	14
미국	47
일본	23

위쪽 제목 셀 : 색상(RGB:233,174,43) , 진하게
제목 셀 아래선 : 이중 실선(0.5mm)
글자 모양 : 돋움체, 10pt, 가운데 정렬

차트의 값 축 지정

궁서체, 12pt, 진하게

국가별 4차 산업혁명 투자금액

투자금액(억 달러)

돋움체, 9pt, 기울임

차트 : 너비(80mm), 높이(90mm)

---

① 인간의 능력을 컴퓨터 프로그램으로 실현한 기술 ← 굴림체, 9pt

쪽 번호 매기기, Ⅰ,Ⅱ,Ⅲ 순으로,
가운데 아래

제03회 디지털정보활용능력 출제예상 모의고사

☑ 시험과목 : 워드프로세서(한글)
☑ 시험일자 : 20XX. XX. XX. (X)
☑ 응시자 기재사항 및 감독위원 확인

한컴오피스 한글NEO 버전용

수 검 번 호	DIW - XXXX -	감독위원 확인
성 명		

응시자 유의사항

1. 응시자는 신분증을 지참하여야 시험에 응시할 수 있으며, 시험이 종료될 때까지 신분증을 제시하지 못 할 경우 해당 시험은 0점 처리됩니다.

2. 시스템(PC작동여부, 네트워크 상태 등)의 이상여부를 반드시 확인하여야 하며, 시스템 이상이 있을시 감독위원에게 조치를 받으셔야 합니다.

3. 시험 중 부주의 또는 고의로 시스템을 파손한 경우는 응시자 부담으로 합니다.

4. 답안 전송 프로그램을 통해 다운로드 받은 파일을 이용하여 답안 파일을 작성하시기 바랍니다.

5. 작성한 답안 파일은 답안 전송 프로그램을 통하여 전송됩니다. 감독위원의 지시에 따라 주시기 바랍니다.

6. 다음 사항의 경우 실격(0점) 혹은 부정행위 처리됩니다.
   1) 답안 파일을 저장하지 않았거나, 저장한 파일이 손상되었을 경우
   2) 답안 파일을 지정된 폴더(바탕화면 – "KAIT" 폴더)에 저장하지 않았을 경우
      ※ 답안 전송 프로그램 로그인 시 바탕화면에 자동 생성됨
   3) 답안 파일을 다른 보조 기억장치(USB) 혹은 네트워크(메신저, 게시판 등)로 전송할 경우
   4) 휴대용 전화기 등 통신기기를 사용할 경우

7. 시험지에 제시된 글꼴이 응시 프로그램에 없는 경우, 반드시 감독위원에게 해당 내용을 통보한 뒤 조치를 받아야 합니다.

8. 시험의 완료는 작성이 완료된 답안을 저장하고, 답안 전송이 완료된 상태를 확인한 것으로 합니다. 답안 전송 확인 후 문제지는 감독위원에게 제출한 후 퇴실하여야 합니다.

9. 답안 전송이 완료된 경우에는 수정 또는 정정이 불가능합니다.

10. 시험 시행 후 결과는 홈페이지(www.ihd.or.kr)에서 확인하시기 바랍니다.
    1) 문제 및 정답 공개 : 20XX. XX. XX.(X)
    2) 합격자 발표 : 20XX. XX. XX.(X)

≪문제≫ 첨부된 문제를 다음의 조건을 적용하여 문서를 작성하시오.

① 문서는 A4(210mm×297mm) 크기, 세로 용지 방향으로 작성한다.

② 페이지 여백은 아래와 같이 설정한다.

왼쪽	오른쪽	위쪽	아래쪽	머리말	꼬리말	제본
20mm	20mm	20mm	20mm	10mm	10mm	0mm

③ 글자는 별도의 지시사항이 없는 한 바탕, 10pt, 양쪽 정렬, 줄 간격 160%로 작성한다.

④ 영문, 숫자 등은 별도의 지시가 없는 한 반각(1byte) 문자를 사용한다.

⑤ 특수 문자는 문자표(전각 기호)를 이용하여 작성한다.

⑥ 교정 부호 및 화살표로 기재된 지시사항대로 처리하되, ┈┈┈┈→ 은 지시사항이므로 작성하지 않는다.

⑦ 1페이지에 [문제1]을 작성하고, 구역을 나누어 2페이지에 [문제2]를 작성한다.

　※ 해당 페이지에 작성하지 않거나 의도적으로 텍스트 작성을 하지 않은 경우 0점 처리

⑧ [문제2]는 문제지와 같이 2단으로 다단을 나누어 작성한다.

⑨ '그림 삽입' 시에는 반드시 "KAIT 수검 프로그램"을 통해 다운로드 한 그림 파일을 사용한다.

⑩ 차트의 범례는 기본 값으로 작성한다.

⑪ 총점 : 200점

　[공통 사항1(기본 설정, 용지 설정)] : 8점, [공통 사항2(오탈자)] : 40점

　[문제1] : 46점, [문제2] : 106점

⑫ 기타 특별히 지시되어 있지 않은 사항은 문제지에 준하여 작성한다.

지구의날기념교육행사

서울시에서는 47회인 지구의 날을 맞이하여 오는 20일까지를 기후변화 집중교육 기간으로 정하여 학생들에게 *기후변화의 현실과 대처 방법의 중요성을 일깨우고자* 체험과 함께하는 행사를 마련하였습니다. 국내의 대표적인 환경 단체인 한국기후환경공단에서 마련한 기후변화 전문 강사의 초청강연이 있을 예정이며, 국내 기상기후에 관심 있는 작가들의 다양한 작품들을 만날 수 있는 소중한 시간이 될 것입니다. 그 외에 부대행사로 대체 에너지를 사용한 자전거 체험 및 온실가스 1인 1톤 줄이기 캠페인 운동에 동참할 수 있는 시간도 마련하였습니다. 미래의 꿈인 청소년 여러분들의 많은 참여 바랍니다.

◎ 행사안내 ◎

1. 행 사 명 : 제 1회 지구의 날 기념 교육 행사
2. 행사일시 : 2021. 07. 06.(화) ~ 07. 07.(수)까지(10:00 ~ 19:00)
3. 행사장소 : *서울 종로구 광화문광장 일대*
4. 행사주관 : 서울시청 환경과, 한국기후환경공단, EBS교육방송
5. 참여대상 : 대한민국 청소년이라면 누구나(만 10세 이상부터 참여 가능)

※ 기타사항
　- 부대행사 체험 희망 인원이 많을 경우 대기시간이 발생할 수 있습니다.
　- 당일 학생증을 지참하시고 단, 초등학생인 경우 부모님과 동반 입장이 가능합니다.
　- 행사에 대한 자세한 사항은 EBS교육방송 홈페이지(http://www.ihd.or.kr) 또는 서울시청 환경과 (02-789-4321)로 문의하시기 바랍니다.

2021. 06. 24.

EBS교육방송

쪽 테두리 : 이중 실선, 머리말 포함

글상자 - 크기 : 너비(60mm), 높이(12mm), 테두리 : 이중 실선(1.00mm), 반원
채우기 : 색상(RGB:53,135,145), 위치 : 글자처럼 취급, 가운데 정렬
글자 모양 : 견고딕, 18pt, 진하게, 가운데 정렬

DIAT

그림C 삽입(바탕화면-KAIT-제출파일폴더)
너비(35mm), 높이(35mm)
위치 : 어울림(가로-쪽의 왼쪽:0.0mm,
세로-쪽의 위:24mm)

돋움체, 12pt, 진하게, 가운데 정렬

기후변화 대처방법

1. 기후변화의 요인

굴림, 12pt, 진하게

기후변화란 10년 정도에 걸쳐 나타나는 기후(氣候)의 평균적인 변화를 일컫는 말이다. 이러한 변화를 가져오는 원인은 그 성격이 자연적인 요인과 외적인 요인으로 나뉠 수 있다. 즉, 태양과 지구와의 관계 변화와 화산활동, 해양변동과 같이 자연적인 영향(Influence)을 받는다. 인위적인 기후변화 요인 중 가장 큰 영향(影響)을 끼치는 것은 지표면 상태의 변화와 온실기체의 증가이다. 산업화(Industrialization) 이후 빠른 속도로 광대한 지역의 삼림(森林)이 파괴됨에 따라 급증하기 시작한 이산화탄소, 메탄, 아산화질소, 프레온가스 등은 온실 효과(Greenhouse Effect)를 발생시키는 주요 원인이 된다.

2. 기후변화 속 우리의 노력

굴림, 12pt, 진하게

각주

기후변화는 화분㉠이나 빙하 코어, 해양의 퇴적물 등에서 그 증거를 찾을 수 있는데 이는 지속적인 가뭄이나 폭염, 혹한을 발생시켜 우리의 삶을 위협한다. 실제 무한히 공급(Supply)되어야 할 물의 양과 질이 낮아지는 것은 물론 식량 확보에도 위협(Threat)을 받고, 전염병(傳染病)의 발생률이 높아져 건강에 이상을 가져올 것이다. 기후 변화는 비단(非但) 우리나라만의 문제는 아니다. 이에 대응하기 위해 UN 기후변화협약 195개국은 지난 2015년 체결하고 파리협정을 탄소 배출(排出)을 줄이기 위한 다양한 방법을 모색 중이다. 국내에서는 각급 학교를 중심으로 각종 기관에서 기후변화에 대한 빠른 대처를 하고자 기후변화 적응 교육에 적극적으로 힘쓰고 있다. 기후변화에 대처하는 방법으로 가장 효과적인 것은 우리의 작은 생활 습관을 바꾸고 실천하는 것이다. 육류나 유제품의 소비를 줄이는 식습관을 실천한다면 탄소 배출 절감의 효과를 불러올 수 있을 것이다.

기후변화 속 사건 및 사고 유형

셀의 너비 조절

사건 및 사고 유형	발생 예측(만건)
자연 재해	1,600
식량 부족	870
전염병	1,420
기타	680

위쪽 제목 셀 : 색상(RGB:105,155,55), 진하게
제목 셀 아래선 : 이중 실선(0.5mm)
글자 모양 : 굴림, 10pt, 가운데 정렬

궁서, 12pt, 진하게

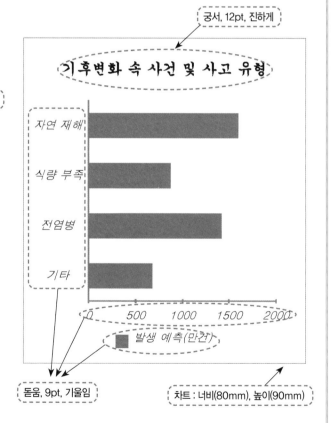

기후변화 속 사건 및 사고 유형

돋움, 9pt, 기울임

차트 : 너비(80mm), 높이(90mm)

㉠ 종자식물 수술의 화분낭 속에 들어 있는 꽃의 가루

돋움체, 9pt

쪽 번호 매기기, ①,②,③ 순으로,
가운데 아래

제04회 디지털정보활용능력 출제예상 모의고사

☑ 시험과목 : 워드프로세서(한글)

☑ 시험일자 : 20XX. XX. XX. (X)

☑ 응시사 기재사항 및 감독위원 확인

한컴오피스 한글NEO 버전용

수 검 번 호	DIW - XXXX -	감독위원 확인
성 명		

응시자 유의사항

1. 응시자는 신분증을 지참하여야 시험에 응시할 수 있으며, 시험이 종료될 때까지 신분증을 제시하지 못 할 경우 해당 시험은 0점 처리됩니다.

2. 시스템(PC작동여부, 네트워크 상태 등)의 이상여부를 반드시 확인하여야 하며, 시스템 이상이 있을시 감독위원에게 조치를 받으셔야 합니다.

3. 시험 중 부주의 또는 고의로 시스템을 파손한 경우는 응시자 부담으로 합니다.

4. 답안 전송 프로그램을 통해 다운로드 받은 파일을 이용하여 답안 파일을 작성하시기 바랍니다.

5. 작성한 답안 파일은 답안 전송 프로그램을 통하여 전송됩니다. 감독위원의 지시에 따라 주시기 바랍니다.

6. 다음 사항의 경우 실격(0점) 혹은 부정행위 처리됩니다.

   1) 답안 파일을 저장하지 않았거나, 저장한 파일이 손상되었을 경우

   2) 답안 파일을 지정된 폴더(바탕화면 – "KAIT" 폴더)에 저장하지 않았을 경우

      ※ 답안 전송 프로그램 로그인 시 바탕화면에 자동 생성됨

   3) 답안 파일을 다른 보조 기억장치(USB) 혹은 네트워크(메신저, 게시판 등)로 전송할 경우

   4) 휴대용 전화기 등 통신기기를 사용할 경우

7. 시험지에 제시된 글꼴이 응시 프로그램에 없는 경우, 반드시 감독위원에게 해당 내용을 통보한 뒤 조치를 받아야 합니다.

8. 시험의 완료는 작성이 완료된 답안을 저장하고, 답안 전송이 완료된 상태를 확인한 것으로 합니다. 답안 전송 확인 후 문제지는 감독위원에게 제출한 후 퇴실하여야 합니다.

9. 답안 전송이 완료된 경우에는 수정 또는 정정이 불가능합니다.

10. 시험 시행 후 결과는 홈페이지(www.ihd.or.kr)에서 확인하시기 바랍니다.

    1) 문제 및 정답 공개 : 20XX. XX. XX.(X)

    2) 합격자 발표 : 20XX. XX. XX.(X)

Korea Association for ICT promotion
한국정보통신진흥협회 KAIT

≪문제≫ 첨부된 문제를 다음의 조건을 적용하여 문서를 작성하시오.

① 문서는 A4(210mm×297mm) 크기, 세로 용지 방향으로 작성한다.

② 페이지 여백은 아래와 같이 설정한다.

왼쪽	오른쪽	위쪽	아래쪽	머리말	꼬리말	제본
20mm	20mm	20mm	20mm	10mm	10mm	0mm

③ 글자는 별도의 지시사항이 없는 한 바탕, 10pt, 양쪽 정렬, 줄 간격 160%로 작성한다.

④ 영문, 숫자 등은 별도의 지시가 없는 한 반각(1byte) 문자를 사용한다.

⑤ 특수 문자는 문자표(전각 기호)를 이용하여 작성한다.

⑥ 교정 부호 및 화살표로 기재된 지시사항대로 처리하되, ⌐⋯⋯⋯⌐→ 은 지시사항이므로 작성하지 않는다.

⑦ 1페이지에 [문제1]을 작성하고, 구역을 나누어 2페이지에 [문제2]를 작성한다.

※ 해당 페이지에 작성하지 않거나 의도적으로 텍스트 작성을 하지 않은 경우 0점 처리

⑧ [문제2]는 문제지와 같이 2단으로 다단을 나누어 작성한다.

⑨ '그림 삽입' 시에는 반드시 "KAIT 수검 프로그램"을 통해 다운로드 한 그림 파일을 사용한다.

⑩ 차트의 범례는 기본 값으로 작성한다.

⑪ 총점 : 200점

[공통 사항1(기본 설정, 용지 설정)] : 8점, [공통 사항2(오탈자)] : 40점

[문제1] : 46점, [문제2] : 106점

⑫ 기타 특별히 지시되어 있지 않은 사항은 문제지에 준하여 작성한다.

글맵시 – 궁서체, 채우기 : 색상(RGB:199,82,82)
크기 : 너비(100mm), 높이(20mm), 위치 : 글자처럼 취급, 가운데 정렬

DIAT

머리말(굴림, 9pt, 오른쪽 정렬)

자녀의올바른독서를위한특강

진하게, 기울임

경기중앙교육도서관에서는 *지역주민 여러분들의 문화적 소양과 생활의 만족도를 높이기 위하여* 다양한 교육 프로그램을 마련하는데 주력하고 있습니다. 오는 7~8월은 '독서와 체험의 달'로 지정하여 올바른 독서 교육과 관련한 많은 특강과 체험을 준비하였습니다. 특히 이번에는 평소 자녀의 독서 교육이 어려웠던 경험이 있거나, 효과적인 독서 방법에 관심 있는 학부모 여러분들을 위한 특강을 마련하였습니다. 약 20여 년 넘게 국내 청소년들의 독서교육을 위하여 다양한 방면에서 활동하고 있는 저명한 교수님의 특강을 통하여 소중한 자녀분들의 올바른 독서교육을 실천해주시기 바랍니다.

문자표 ◆ 특강안내 ◆

궁서, 가운데 정렬

1. 주   제 : "자녀의 독서 습관, 이대로 좋은가?"
2. 일   시 : 2021년 07월 06일(화), 10시 ~ 12시
3. 장   소 : 경기중앙교육도서관 별관 대강당
4. 대   상 : *자녀의 독서교육에 관심 있는 지역주민 누구나*   기울임, 밑줄
5. 신청방법 : 홈페이지(http://www.ihd.or.kr)에서 온라인 신청

문자표

※ 기타사항

 - 특강에 참여하신 모든 분께 소책자 및 소정의 기념품을 제공해 드립니다.
 - 경기 수원시 지역주민 여러분의 참여만 가능하며 당일 특강 참여시 신분증을 지참하시고, 자녀와의 동반 입장이 가능합니다.
 - 기타 자세한 사항은 경기중앙교육도서관 홍보부(02-123-4567)에 문의하여 주시기 바랍니다.

왼쪽여백 : 10pt
내어쓰기 : 10pt

2021. 06. 24.   12pt, 가운데 정렬

경기중앙교육도서관   휴먼옛체, 20pt, 가운데 정렬

쪽 테두리 : 이중 실선, 머리말 포함

글상자 - 크기 : 너비(60mm), 높이(12mm), 테두리 : 이중 실선(1.00mm), 둥근 모양
채우기 : 색상(RGB:202,86,167), 위치 : 글자처럼 취급, 가운데 정렬
글자 모양 : 견고딕, 24pt, 기울임, 가운데 정렬

DIAT

그림D 삽입(바탕화면-KAIT-제출파일폴더)
너비(30mm), 높이(35mm)
위치 : 어울림(가로-쪽의 왼쪽:0.0mm,
세로-쪽의 위:24mm)

머리말(굴림, 9pt, 오른쪽 정렬)

독서의 발견

굴림체, 11pt, 진하게, 가운데 정렬

1. 독서의 필요성 ← 굴림체, 11pt, 진하게

현대 사회를 일컬어 지식 정보 사회라고 한다. 지식과 정보가 새로운 가치(價値)를 생산하는 사회에서, 독서는 단순히 정보를 습득하는 데 그치지 않는다. 책에 담긴 인류 문화를 수용됨 으로써 새로운 문화를 창조할 (함)

수 있는 힘과 능력을 갖게 한다. 또한 올바른 가치관(Values) 정립(定立)과 빠르게 변화하는 시대에 대응할 수 있도록 도와준다. 인터넷(Internet)을 통해 얻을 수 있는 방대한 양의 일반적인 정보가 아닌, 생각의 힘을 기를 수 있는 독서는 우리 생활에서 반드시 필요한 부분이다. 일반적으로 독서가 우리에게 주는 긍정적인 효과는 뇌 기능 향상, 집중력 상승, 스트레스(Stress) 완화(緩和) 뿐 아니라 지식의 축적과 통찰력(Insight)을 길러 주기도 한다.

2. 독서 전략의 장점 ← 굴림체, 11pt, 진하게

각주

독서광인 모택동①은 독서는 읽고, 쓰고, 낭독하는 것이라고 하였다. 일반적으로 글을 읽을 때에는 자신만의 전략(戰略)을 세우는 것이 효과적이다. 전문적인 독서 방법으로 널리 알려진 'SQ3R' 전략은 '훑어보기-질문 만들기-읽기-확인하기-재검토하기' 순으로 독서하는 방법이다. 또는 '주제 통합적 글 읽기' 등이 있다. 이러한 독서 전략들은 목적을 분명히 하고 독서의 절차를 명료하게 함으로써 독서 효과를 높이는 장점(Advantage)이 있다. 또한 하나의 독서는 과제를 해결하는 것으로 그치지 않는다는 점을 알아야 한다. 독서한 부분은 어떠한 내용이든 독자(讀者)의 마음에 저장되기 때문이다. 여기서 중요한 것은 이렇게 저장된 내용을 다른 상황에 얼마나 활용할 수 있는지에 대한 능력이다. 보다 올바른 독서를 위해서는 자신에게 적합하고 효과적인 독서 전략을 찾고 그것을 몸에 익히는 것이 매우 중요하다.

굴림체, 11pt, 진하게, 가운데 정렬

올바른 독서를 통한 성장 효과

효과	비율(%)
뇌 기능 향상	48.7
집중력 상승	36.1
스트레스 완화	13.5
지식의 축적	8.7
통찰력 생성	6.8

위쪽 제목 셀 : 색상(RGB:227,220,193)
제목 셀 아래선 : 이중 실선(0.5mm)
글자 모양 : 바탕체, 10pt, 가운데 정렬

궁서체, 12pt, 진하게

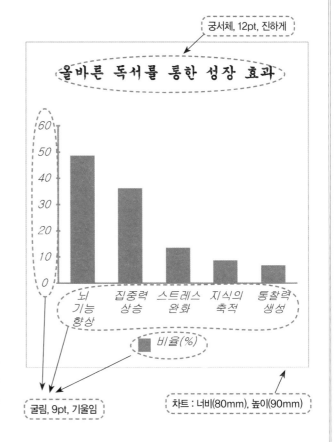

올바른 독서를 통한 성장 효과

비율(%)

굴림, 9pt, 기울임

차트 : 너비(80mm), 높이(90mm)

---

① 중국의 정치가로써 문화혁명을 이끈 마오쩌둥 ← 돋움, 9pt

쪽 번호 매기기, ①,②,③ 순으로,
가운데 아래

- ② -

☑ 시험과목 : 워드프로세서(한글)
☑ 시험일자 : 20XX. XX. XX. (X)
☑ 응시자 기재사항 및 감독위원 확인

한컴오피스 한글NEO 버전용

수 검 번 호	DIW - XXXX -	감독위원 확인
성 명		

응시자 유의사항

1. 응시자는 신분증을 지참하여야 시험에 응시할 수 있으며, 시험이 종료될 때까지 신분증을 제시하지 못 할 경우 해당 시험은 0점 처리됩니다.

2. 시스템(PC작동여부, 네트워크 상태 등)의 이상여부를 반드시 확인하여야 하며, 시스템 이상이 있을시 감독위원에게 조치를 받으셔야 합니다.

3. 시험 중 부주의 또는 고의로 시스템을 파손한 경우는 응시자 부담으로 합니다.

4. 답안 전송 프로그램을 통해 다운로드 받은 파일을 이용하여 답안 파일을 작성하시기 바랍니다.

5. 작성한 답안 파일은 답안 전송 프로그램을 통하여 전송됩니다. 감독위원의 지시에 따라 주시기 바랍니다.

6. 다음 사항의 경우 실격(0점) 혹은 부정행위 처리됩니다.
   1) 답안 파일을 저장하지 않았거나, 저장한 파일이 손상되었을 경우
   2) 답안 파일을 지정된 폴더(바탕화면 – "KAIT" 폴더)에 저장하지 않았을 경우
      ※ 답안 전송 프로그램 로그인 시 바탕화면에 자동 생성됨
   3) 답안 파일을 다른 보조 기억장치(USB) 혹은 네트워크(메신저, 게시판 등)로 전송할 경우
   4) 휴대용 전화기 등 통신기기를 사용할 경우

7. 시험지에 제시된 글꼴이 응시 프로그램에 없는 경우, 반드시 감독위원에게 해당 내용을 통보한 뒤 조치를 받아야 합니다.

8. 시험의 완료는 작성이 완료된 답안을 저장하고, 답안 전송이 완료된 상태를 확인한 것으로 합니다. 답안 전송 확인 후 문제지는 감독위원에게 제출한 후 퇴실하여야 합니다.

9. 답안 전송이 완료된 경우에는 수정 또는 정정이 불가능합니다.

10. 시험 시행 후 결과는 홈페이지(www.ihd.or.kr)에서 확인하시기 바랍니다.

    1) 문제 및 정답 공개 : 20XX. XX. XX.(X)
    2) 합격자 발표 : 20XX. XX. XX.(X)

Korea Association for ICT promotion
한국정보통신진흥협회 **KAIT**

≪문제≫ 첨부된 문제를 다음의 조건을 적용하여 문서를 작성하시오.

① 문서는 A4(210mm×297mm) 크기, 세로 용지 방향으로 작성한다.

② 페이지 여백은 아래와 같이 설정한다.

왼쪽	오른쪽	위쪽	아래쪽	머리말	꼬리말	제본
20mm	20mm	20mm	20mm	10mm	10mm	0mm

③ 글자는 별도의 지시사항이 없는 한 바탕, 10pt, 양쪽 정렬, 줄 간격 160%로 작성한다.

④ 영문, 숫자 등은 별도의 지시가 없는 한 반각(1byte) 문자를 사용한다.

⑤ 특수 문자는 문자표(전각 기호)를 이용하여 작성한다.

⑥ 교정 부호 및 화살표로 기재된 지시사항대로 처리하되, ⬚⬚⬚⬚⬚➔ 은 지시사항이므로 작성하지 않는다.

⑦ 1페이지에 [문제1]을 작성하고, 구역을 나누어 2페이지에 [문제2]를 작성한다.

　　※ 해당 페이지에 작성하지 않거나 의도적으로 텍스트 작성을 하지 않은 경우 0점 처리

⑧ [문제2]는 문제지와 같이 2단으로 다단을 나누어 작성한다.

⑨ '그림 삽입' 시에는 반드시 "KAIT 수검 프로그램"을 통해 다운로드 한 그림 파일을 사용한다.

⑩ 차트의 범례는 기본 값으로 작성한다.

⑪ 총점 : 200점

　　[공통 사항1(기본 설정, 용지 설정)] : 8점, [공통 사항2(오탈자)] : 40점

　　[문제1] : 46점, [문제2] : 106점

⑫ 기타 특별히 지시되어 있지 않은 사항은 문제지에 준하여 작성한다.

글맵시 - 견고딕, 채우기 : 색상(RGB:49,95,151)
크기 : 너비(110mm), 높이(20mm), 위치 : 글자처럼 취급, 가운데 정렬

머리말(굴림, 9pt, 오른쪽 정렬)

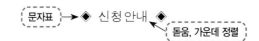

2021년청년사회적경제캠프

기울임, 밑줄

한국사회적기업진흥원에서는 우리나라 청년들이 *사회적 경제를 직접, 간접적으로 체험하고 즐기며 함께 문제를 찾고 해결하기 위해* 생각하고 더불어 자기만의 소셜 비즈니스 모델을 만들 수 있도록, 다양한 교육 프로그램을 준비하고 있습니다. 금년 청년사회적경제캠프는 2박 3일의 일정으로 보다 체계적인 교육을 준비하였습니다. 또한 각 진로 희망자들의 캠프 일정을 구분하고, 실무적인 환경을 접할 수 있도록 계획하여 참여자들로 하여금 높은 만족도를 기대할 수 있을 것입니다. 또한 협업을 통한 프로젝트, 진로특강, 기업가들의 멘토링 등 다양한 체험 프로그램을 준비하였으니 많은 관심과 참여를 기다립니다.

문자표 ━▶ ◆ 신청안내 ◆

돋움, 가운데 정렬

1. 일   시 : 2021. 07. 26.(월) ~ 07. 28.(수)
2. 장   소 : 하이서울유스호스텔
3. 대   상 : 소셜아이디어와 사회적 문제해결에 관심있는 청년 누구나
4. 신청일시 : 2021. 07. 24.(토) 09:00 ~ 18:00
5. 신청방법 : <u>**한국사회적기업진흥원 홈페이지(http://www.ihd.or.kr) 참조**</u> ◀ 진하게, 밑줄

문자표

※ 기타사항

── - 신청 인원이 많은 경우 조기 마감될 수 있습니다.
── - 캠프 수료자가 '2021년 소셜벤처 아이디어 경연대회'에 참가 시 우대할 예정입니다.
── - 본 캠프는 참가비가 2만원이며, 캠프 수료시 100% 전액 환불 예정입니다.

왼쪽여백 : 10pt
내어쓰기 : 10pt

2021. 07. 19. ◀ 11pt, 가운데 정렬

한국사회적기업진흥원 ◀ 궁서, 24pt, 가운데 정렬

쪽 번호 매기기, ─,二,三 순으로,
왼쪽 아래

- - -

문제1은 1구역, 문제2는 2구역으로 나누어 답안 작성

쪽 테두리 : 이중 실선, 머리말 포함

글상자 - 크기 : 너비(70mm), 높이(12mm), 테두리 : 이중 실선(1.00mm), 반원
채우기 : 색상(RGB:105,155,55), 위치 : 글자처럼 취급, 가운데 정렬
글자 모양 : 휴먼옛체, 20pt, 진하게, 가운데 정렬

DIAT

그림A 삽입(바탕화면-KAIT-제출파일폴더)
너비(35mm), 높이(35mm)
위치 : 어울림(가로-쪽의 왼쪽:0.0mm,
세로-쪽의 위:24mm)

머리말(굴림, 9pt, 오른쪽 정렬)

차세대 경제인 양성

궁서, 12pt, 진하게, 가운데 정렬

1. 현대사회의 경제 ← 중고딕, 12pt, 진하게

이 시대의 청소년(靑少年)들
이 속해 있는 경제 환경은
소비를 자극하고 부추기는
TV와 인터넷 등을 통해 걸
러지지 않은 경제 관련 정보
들을 흡수(吸收)하는 상황이
다. 게다가 최근에는 스마트
폰의 기프티콘을 사용하는 방법으로 오직 소비만
을 위한 손쉽고 편리한 방식의 결제수단까지 생
겨나고 있다. 우리나라 대부분의 부모들은 조기
(早期) 교육에 적극적이지만 경제 교육에는 다소
소극적인 경향이 있다. 하지만 미래에 성인으로
생활하는 데 있어 모든 것에는 경제(Economy)를
빼놓을 수 없다. 현대사회에서 개인은 경제적으로
지속 가능한 생활이 필수이며, 금융상 합리적인
판단력과 현명한 선택이 필요하다. 따라서 이른
경제교육을 통하여 앞으로의 금융 계획(Plan)을
스스로 세울 수 있어야 한다.

2. 올바른 경제교육 ← 중고딕, 12pt, 진하게

올바른 경제교육을 위해서는 경제학적 개념과 원
리 교육에 치중(置重)했던 과거에서 벗어나 학교
를 중심으로 개인 금융교육, 창업교육Ⓐ 등 다양
한 교육의 영역을 확대하고 시작해야 할 필요로
있다. 또한 경제교육 과목의 비중을 확대하는 노
력이 필요하다. 사회 과목과 연계하여 경제교육의
내용과 구성, 학습방식 등의 보충 자료(資料)를
개발하는 것이 중요하다. 학교별 경제교육의 의무
화 비율을 살펴보았을 때 나이가 어릴 때에 비해
나이가 높아져 감에 따라 의무화 찬성 비율이 낮
게 나타났다. 어릴 때부터 용돈(Pocket money)
과 경제에 관한 경험하면 교육을 돈에 관한 올바
른 태도와 선택(Choice)을 배워 건전한 소비습관
을 가질 수 있다. 또한 경제생활 중 선택할 상황
을 마주하였을 때 현명한 결정을 위해 끊임없이
사고하는 방법을 스스로 터득하게 된다.

각주

(가)

학교별 경제교육 의무화 찬성비율(%)

학교	2010년	2020년
초등학교	41.7	58.2
중학교	31.2	33.8
고등학교	20.5	21.4

위쪽 제목 셀 : 색상(RGB:202,86,167), 진하게
제목 셀 아래선 : 이중 실선(0.5mm)
글자 모양 : 돋움, 10pt, 가운데 정렬

굴림체, 11pt, 진하게

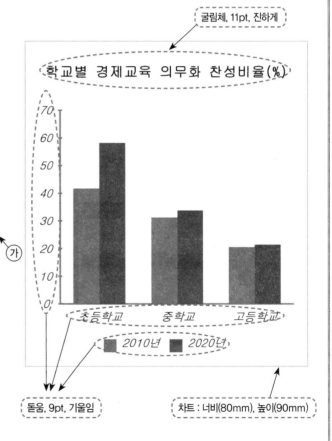

학교별 경제교육 의무화 찬성비율(%)

돋움, 9pt, 기울임

차트 : 너비(80mm), 높이(90mm)

_____

Ⓐ 사회적 수요에 따른 성공 창업을 위한 교육 전반을 말함 ← 굴림, 8pt

- 二 ← 쪽 번호 매기기, 一,二,三 순으로,
왼쪽 아래

디지털정보활용능력 출제예상 모의고사

☑ 시험과목 : 워드프로세서(한글)
☑ 시험일자 : 20XX. XX. XX. (X)
☑ 응시자 기재사항 및 감독위원 확인

수 검 번 호	DIW - XXXX -	감독위원 확인
성 명		

응시자 유의사항

1. 응시자는 신분증을 지참하여야 시험에 응시할 수 있으며, 시험이 종료될 때까지 신분증을 제시하지 못 할 경우 해당 시험은 0점 처리됩니다.

2. 시스템(PC작동여부, 네트워크 상태 등)의 이상여부를 반드시 확인하여야 하며, 시스템 이상이 있을시 감독위원에게 조치를 받으셔야 합니다.

3. 시험 중 부주의 또는 고의로 시스템을 파손한 경우는 응시자 부담으로 합니다.

4. 답안 전송 프로그램을 통해 다운로드 받은 파일을 이용하여 답안 파일을 작성하시기 바랍니다.

5. 작성한 답안 파일은 답안 전송 프로그램을 통하여 전송됩니다. 감독위원의 지시에 따라 주시기 바랍니다.

6. 다음 사항의 경우 실격(0점) 혹은 부정행위 처리됩니다.

    1) 답안 파일을 저장하지 않았거나, 저장한 파일이 손상되었을 경우

    2) 답안 파일을 지정된 폴더(바탕화면 – "KAIT" 폴더)에 저장하지 않았을 경우

       ※ 답안 전송 프로그램 로그인 시 바탕화면에 자동 생성됨

    3) 답안 파일을 다른 보조 기억장치(USB) 혹은 네트워크(메신저, 게시판 등)로 전송할 경우

    4) 휴대용 전화기 등 통신기기를 사용할 경우

7. 시험지에 제시된 글꼴이 응시 프로그램에 없는 경우, 반드시 감독위원에게 해당 내용을 통보한 뒤 조치를 받아야 합니다.

8. 시험의 완료는 작성이 완료된 답안을 저장하고, 답안 전송이 완료된 상태를 확인한 것으로 합니다. 답안 전송 확인 후 문제지는 감독위원에게 제출한 후 퇴실하여야 합니다.

9. 답안 전송이 완료된 경우에는 수정 또는 정정이 불가능합니다.

10. 시험 시행 후 결과는 홈페이지(www.ihd.or.kr)에서 확인하시기 바랍니다.

    1) 문제 및 정답 공개 : 20XX. XX. XX.(X)

    2) 합격자 발표 : 20XX. XX. XX.(X)

≪문제≫ 첨부된 문제를 다음의 조건을 적용하여 문서를 작성하시오.

① 문서는 A4(210mm×297mm) 크기, 세로 용지 방향으로 작성한다.

② 페이지 여백은 아래와 같이 설정한다.

왼쪽	오른쪽	위쪽	아래쪽	머리말	꼬리말	제본
20mm	20mm	20mm	20mm	10mm	10mm	0mm

③ 글자는 별도의 지시사항이 없는 한 바탕, 10pt, 양쪽 정렬, 줄 간격 160%로 작성한다.

④ 영문, 숫자 등은 별도의 지시가 없는 한 반각(1byte) 문자를 사용한다.

⑤ 특수 문자는 문자표(전각 기호)를 이용하여 작성한다.

⑥ 교정 부호 및 화살표로 기재된 지시사항대로 처리하되, ⌈⌉→ 은 지시사항이므로 작성하지 않는다.

⑦ 1페이지에 [문제1]을 작성하고, 구역을 나누어 2페이지에 [문제2]를 작성한다.

　※ 해당 페이지에 작성하지 않거나 의도적으로 텍스트 작성을 하지 않은 경우 0점 처리

⑧ [문제2]는 문제지와 같이 2단으로 다단을 나누어 작성한다.

⑨ '그림 삽입' 시에는 반드시 "KAIT 수검 프로그램"을 통해 다운로드 한 그림 파일을 사용한다.

⑩ 차트의 범례는 기본 값으로 작성한다.

⑪ 총점 : 200점

　[공통 사항1(기본 설정, 용지 설정)] : 8점, [공통 사항2(오탈자)] : 40점

　[문제1] : 46점, [문제2] : 106점

⑫ 기타 특별히 지시되어 있지 않은 사항은 문제지에 준하여 작성한다.

글맵시 - 휴먼옛체, 채우기 : 색상(RGB:233,174,43)
크기 : 너비(120mm), 높이(20mm), 위치 : 글자처럼 취급, 가운데 정렬

DIAT

머리말(궁서, 9pt, 오른쪽 정렬)

제5회8090키덜트월드

진하게, 밑줄

아이들과 같은 감성과 취미를 지닌 어른들을 위하여 마련한 자리인 '제 5회 8090 키덜트월드'가 고양 KINTEX 전시장에서 개최됩니다. 3~40대들이 유년시절에 즐기던 장난감, 만화, 식품 등을 전시할 예정이며, 다양한 체험 프로그램도 준비되어 있습니다. 골목길 솜사탕 가게와 딱지치기, 만화영화 캐릭터를 직접 보고 제작하는 체험과 함께 키덜트페어를 즐길 수 있습니다. 또한 200여 종의 피규어와 실력 있는 작가들의 완성도 높은 작품들도 만나볼 수 있습니다. 마치 타임머신을 타고 실제 1980~90년대로 돌아간 듯 무료한 일상생활에 선물과 같은 시간이 될 것입니다. 여러분들의 많은 관심과 참여 바랍니다.

문자표 → ☆ 행사개요 ☆

굴림, 가운데 정렬

1. 행사일시 : 2021년 8월 5일(목) ~ 10일(화) 10:00 ~ 18:00
2. 행사장소 : 고양 KINTEX 제3전시장 A홀
3. 참가대상 : 8090의 추억을 가지고 있는 대한민국 국민 누구나
4. 사전등록 : *KINTEX 홈페이지(http://www.ihd.or.kr)의 공지사항을 통해 등록* ← 진하게, 기울임
5. 부대행사 : 추억의 게임 대전, 딱지치기 왕, 피규어 제작 체험

문자표

※ 기타사항
 - 자세한 사항은 이메일로 발송된 행사 안내 팸플릿을 참고해 주시기 바랍니다.
 - 만 55세 이상의 어르신은 행사 당일 등록이 가능하며, 입장료가 무료입니다.
 - 매일 선착순 50명에 한하여 나만의 추억거리가 되는 물건을 가져오신 분께는 피규어 1종을 무료로 드립니다.

왼쪽여백 : 11pt
내어쓰기 : 12pt

2021. 07. 22. ← 12pt, 가운데 정렬

8090키덜트동아리 ← 중고딕, 24pt, 가운데 정렬

문제1은 1구역, 문제2는 2구역으로 나누어 답안 작성

쪽 번호 매기기, A,B,C 순으로,
오른쪽 아래

- A -

쪽 테두리 : 이중 실선, 머리말 포함

글상자 – 크기 : 너비(60mm), 높이(12mm), 테두리 : 이중 실선(1.00mm), 반원
채우기 : 색상(RGB:49,95,151), 위치 : 글자처럼 취급, 가운데 정렬
글자 모양 : 견고딕, 18pt, 진하게, 가운데 정렬

DIAT

그림B 삽입(바탕화면-KAIT-제출파일폴더)
너비(35mm), 높이(35mm)
위치 : 어울림(가로-쪽의 왼쪽:0.0mm,
세로-쪽의 위:23mm)

머리말(궁서, 9pt, 오른쪽 정렬)

굴림체, 12pt, 진하게, 가운데 정렬

키덜트의 시선

1. 키덜트의 의미

휴먼옛체, 12pt, 진하게

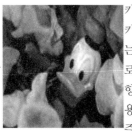

키덜트란 어린이를 의미하는 키드(Kid)와 어른을 의미하는 어덜트(Adult)의 합성어로, 아이들 같은 감성과 취향을 지닌 어른을 지칭하는 용어이다. 유년시절 자신이 즐기던 장난감이나 만화 등에 향수를 느껴 이를 다시 찾는 성향을 보이는데, 시간이 갈수록 이들이 새로운 시장을 형성해가고 있는 것이다. 갑자기 생겨난 신조어(新造語) 같지만 사실 키덜트는 2000년대 초반부터 사용된 단어이다. 다만 그 당시에는 부정적인 의미로 비주류 문화에 속해 잘 알려지지 못했다. 실제 많은 키덜트족들이 과거의 행복한 순간이 그리워지는 동시에 현실이 너무 힘들고 지쳐 과거를 떠올리는 경향(傾向)을 보였다. 그 중 하나가 경제적 여유가 생긴 성인이 되어 고가의 장난감을 구입하는 패턴(Pattern)을 보이는 것인데 이는 키덜트의 등장 배경과 일맥상통㉮한다.

각주

2. 키덜트의 인식변화

휴먼옛체, 12pt, 진하게

서울 마포구에 위치한 체험형 테마파크인 로봇 뮤지엄에서는 추억의 만화영화 '로봇 태권브이'를 만날 수 있다. 태권브이의 과거뿐만 아니라 현재, 미래의 모습까지 체험(體驗)할 수 있도록 시뮬레이션실을 설계하여 가족 단위로 방문하는 어른들의 만족도를 높였다. 서울 인사동에는 국내 최고의 장난감 박물관(博物館)이 자리 잡고 있어 주말이면 전국 각지에서 많은 관람객들이 찾아온다. 시대의 흐름에 따라 대한 키덜트에 인식 또한 긍정적(Positive)으로 바뀌는 사람들이 늘어나고 있다. 불과 10년 전에 조사한 결과(結果)에서는 키덜트에 대한 이미지를 주로 철없거나 외로움으로 꼽았다. 하지만 최근 조사 자료에 따르면 동심과 순수함, 개성 등이 키덜트의 대표적인 이미지로 나타남에 따라 인식 변화를 찾을 수 있다.

키덜트에 대한 사람들의 인식변화(%)

인식	2012년	2020년
철없음	52.8	11.6
외로움	46.1	21.5
개성있음	26.4	39.2
순수함	15.7	43.9
동심	12.9	57.8

위쪽 제목 셀 : 색상(RGB:233,174,43), 진하게
제목 셀 아래선 : 이중 실선(0.5mm)
글자 모양 : 돋움, 10pt, 가운데 정렬

바탕체, 11pt, 진하게

키덜트에 대한 사람들의 인식변화(%)

철없음 외로움 개성있음 순수함 동심

— 2012년 — 2020년

돋움체, 9pt, 기울임

차트 : 너비(80mm), 높이(90mm)

㉮ 사고방식, 상태, 성질 따위가 통하거나 비슷해짐

굴림체, 9pt

쪽 번호 매기기, A,B,C 순으로,
오른쪽 아래

- B -

제07회 ▶ 디지털정보활용능력 출제예상 모의고사

☑ 시험과목 : 워드프로세서(한글)

☑ 시험일자 : 20XX. XX. XX. (X)

☑ 응시자 기재사항 및 감독위원 확인

한컴오피스 한글NEO 버전용

수 검 번 호	DIW - XXXX -	감독위원 확인
성 명		

응시자 유의사항

1. 응시자는 신분증을 지참하여야 시험에 응시할 수 있으며, 시험이 종료될 때까지 신분증을 제시하지 못 할 경우 해당 시험은 0점 처리됩니다.

2. 시스템(PC작동여부, 네트워크 상태 등)의 이상여부를 반드시 확인하여야 하며, 시스템 이상이 있을시 감독위원에게 조치를 받으셔야 합니다.

3. 시험 중 부주의 또는 고의로 시스템을 파손한 경우는 응시자 부담으로 합니다.

4. 답안 전송 프로그램을 통해 다운로드 받은 파일을 이용하여 답안 파일을 작성하시기 바랍니다.

5. 작성한 답안 파일은 답안 전송 프로그램을 통하여 전송됩니다. 감독위원의 지시에 따라 주시기 바랍니다.

6. 다음 사항의 경우 실격(0점) 혹은 부정행위 처리됩니다.

   1) 답안 파일을 저장하지 않았거나, 저장한 파일이 손상되었을 경우

   2) 답안 파일을 지정된 폴더(바탕화면 – "KAIT" 폴더)에 저장하지 않았을 경우

      ※ 답안 전송 프로그램 로그인 시 바탕화면에 자동 생성됨

   3) 답안 파일을 다른 보조 기억장치(USB) 혹은 네트워크(메신저, 게시판 등)로 전송할 경우

   4) 휴대용 전화기 등 통신기기를 사용할 경우

7. 시험지에 제시된 글꼴이 응시 프로그램에 없는 경우, 반드시 감독위원에게 해당 내용을 통보한 뒤 조치를 받아야 합니다.

8. 시험의 완료는 작성이 완료된 답안을 저장하고, 답안 전송이 완료된 상태를 확인한 것으로 합니다. 답안 전송 확인 후 문제지는 감독위원에게 제출한 후 퇴실하여야 합니다.

9. 답안 전송이 완료된 경우에는 수정 또는 정정이 불가능합니다.

10. 시험 시행 후 결과는 홈페이지(www.ihd.or.kr)에서 확인하시기 바랍니다.

    1) 문제 및 정답 공개 : 20XX. XX. XX.(X)

    2) 합격자 발표 : 20XX. XX. XX.(X)

Korea Association for ICT promotion
한국정보통신진흥협회 KAIT

≪문제≫　첨부된 문제를 다음의 조건을 적용하여 문서를 작성하시오.

① 문서는 A4(210mm×297mm) 크기, 세로 용지 방향으로 작성한다.

② 페이지 여백은 아래와 같이 설정한다.

왼쪽	오른쪽	위쪽	아래쪽	머리말	꼬리말	제본
20mm	20mm	20mm	20mm	10mm	10mm	0mm

③ 글자는 별도의 지시사항이 없는 한 바탕, 10pt, 양쪽 정렬, 줄 간격 160%로 작성한다.

④ 영문, 숫자 등은 별도의 지시가 없는 한 반각(1byte) 문자를 사용한다.

⑤ 특수 문자는 문자표(전각 기호)를 이용하여 작성한다.

⑥ 교정 부호 및 화살표로 기재된 지시사항대로 처리하되, ⸂⸃➞ 은 지시사항이므로 작성하지 않는다.

⑦ 1페이지에 [문제1]을 작성하고, 구역을 나누어 2페이지에 [문제2]를 작성한다.

　※ 해당 페이지에 작성하지 않거나 의도적으로 텍스트 작성을 하지 않은 경우 0점 처리

⑧ [문제2]는 문제지와 같이 2단으로 다단을 나누어 작성한다.

⑨ '그림 삽입' 시에는 반드시 "KAIT 수검 프로그램"을 통해 다운로드 한 그림 파일을 사용한다.

⑩ 차트의 범례는 기본 값으로 작성한다.

⑪ 총점 : 200점

　[공통 사항1(기본 설정, 용지 설정)] : 8점, [공통 사항2(오탈자)] : 40점

　[문제1] : 46점, [문제2] : 106점

⑫ 기타 특별히 지시되어 있지 않은 사항은 문제지에 준하여 작성한다.

글맵시 - 견고딕, 채우기 : 색상(RGB:202,86,167)
크기 : 너비(120mm), 높이(20mm), 위치 : 글자처럼 취급, 가운데 정렬

DIAT

머리말(궁서, 9pt, 오른쪽 정렬)

월드크래프트비어페스티벌안내

진하게, 밑줄

월드 크래프트 비어 페스티벌은 **국내외 맥주 및 크래프트 맥주와 관련된 설비, 부대용품 등 소비와 산업 전반**을 아우르는 국내 최대 맥주 전문행사입니다. 이번 페스티벌을 통해서 관람객들은 다양한 양조장의 마스터에게 맥주에 대한 소개를 듣고 함께 시음을 할 수 있으며, 맛있는 음식, 라이브공연, 토크콘서트 등을 동시에 즐길 수 있습니다. 또한, 이번 페스티벌의 참가한 기업들은 세미나, 클래스 등 다양한 프로그램들을 통해 소비자들에게 브랜드에 대한 직접적인 홍보를 할 수 있습니다. 또한, 온라인과 오프라인을 이용한 홍보채널을 마련해 관련업계 간의 효율적인 프로모션 기회와 협력을 얻을 수 있습니다.

문자표 ▶ ◈ 행사안내 ◈

궁서, 가운데 정렬

1. 행 사 명 : 월드 크래프트 비어 페스티벌
2. 행사일시 : 2021. 8. 23.(월) ~ 25.(수), 11:00 ~ 21:00
3. 행사장소 : 여의도 63컨벤션센터
4. 사전등록 : *2021. 8. 16.(월) 18:00까지 온라인으로 등록(http://www.ihd.or.kr)* ◀ 진하게, 기울임
5. 행사주관 : 한국수제맥주협회, 와인인터내셔널, 한국크래프트맥주수입협회

문자표

※ 기타사항

- 행사 프로그램 및 품목 : 비어 심포지엄과 토크쇼, 브랜드 세미나, 비어 클래스, 홈브루잉 맥주 경연대회, 크래프트 비어 관련설비, 부대용품, 관련식품 등
- 행사기간 중 15:00 ~ 21:00 까지 맥주 페스티벌 참가비는 15,000원/1인
- 온라인으로 사전 등록한 관람객들에게 300cc 맥주잔 증정

왼쪽여백 : 10pt
내어쓰기 : 12pt

2021. 8. 9. ◀ 12pt, 가운데 정렬

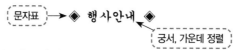

휴먼옛체, 25pt, 진하게, 가운데 정렬

쪽 번호 매기기, 갑,을,병 순으로,
왼쪽 아래

문제1은 1구역, 문제2는 2구역으로 나누어 답안 작성

- 갑 -

쪽 테두리 : 이중 실선, 머리말 포함

글상자 - 크기 : 너비(70mm), 높이(12mm), 테두리 : 이중 실선(1.00mm), 둥근 모양
채우기 : 색상(RGB:227,220,193), 위치 : 글자처럼 취급, 가운데 정렬
글자 모양 : 휴먼옛체, 20pt, 가운데 정렬

DIAT

머리말(궁서, 9pt, 오른쪽 정렬)

그림C 삽입(바탕화면-KAIT-제출파일폴더)
너비(35mm), 높이(25mm)
위치 : 어울림(가로-쪽의 왼쪽:0.0mm,
세로-쪽의 위:24mm)

휴먼고딕, 12pt, 진하게, 가운데 정렬

다양한 발효 방법

1. 상면 발효
궁서, 12pt, 진하게

에일(Ale)은 맥주의 발효(醱酵) 과정에서 사카로마이세스 세레비지에㉮라는 효모(酵母)가 맥주 위로 거품처럼 떠오르는 상면(上面) 발효 맥주로 인류 문명 발생 이전부터 만들어진 맥주이다. 상면 발효 맥주가 오래전부터 만들어질 수 있었던 이유는 발효온도를 인위적으로 설정할 수 있는 기술이 없어도 가능했기 때문이며, 유럽에서는 지역마다 다양한 형태로 발전해 오고 있다. 상면 발효 맥주는 10도에서 25도 사이의 상온에서 발효하기 때문에 효모와 부유단백질 등이 맥주에 떠있어 일반적으로 색이 진하고 이산화탄소가 적으며 과일향이나 꽃향기와 같은 풍부한 향을 갖고 있고, 알코올 도수도 높은 편이다. 독일의 바이스비어(Weissbier)나 쾰쉬, 영국의 에일, 스타우트, 포터(Porter) 같은 맥주가 상면 발효 맥주에 속한다.

각주

2. 하면 발효
궁서, 12pt, 진하게

라거(Lager)는 하면(下面) 발효 맥주로 19세기 중반에 처음 만들어진 맥주이다. 상면 발효 맥주보다 낮은 온도인 섭씨 12도 전후에서 발효하며, 발효 과정에서 사카로마이세스 카를스베르겐시스라는 효모가 바닥으로 가라앉는다. 독일의 양조사인 조셉 그롤이 체코의 필센 지방에 있는 양조장(釀造場)에서 처음으로 양조에 성공했는데, 이 양조장의 지하 저장고가 서늘했기 때문에 양조가 가능했다. 하면 발효 맥주는 저온에서 발효를 하기 때문에 바닥에 가라앉은 효모와 부유 단백질을 제거하기 때문에 맑은 황금색을 띠는 것이 일반적이며, 깨끗하고 부드러운 맛과 향이 특징이다. 전 세계 맥주의 70%를 차지하고 있으며 라거가 대표적이다. 양조법에 따라서는 드라이 맥주, 디허스크(Dehusk) 맥주, 아이스 맥주로 구분된다.

맥주 종류별 호프와 몰트 향의 강도

맥주	호프향	몰트향
포터	40	60
헤페바이젠	40	80
저먼 라거	80	60
페일 에일	60	80
아메리칸 라거	80	80

위쪽 제목 셀 : 색상(RGB:53,135,145), 진하게
제목 셀 아래선 : 이중 실선(0.5mm)
글자 모양 : 굴림, 10pt, 가운데 정렬

돋움체, 12pt, 진하게

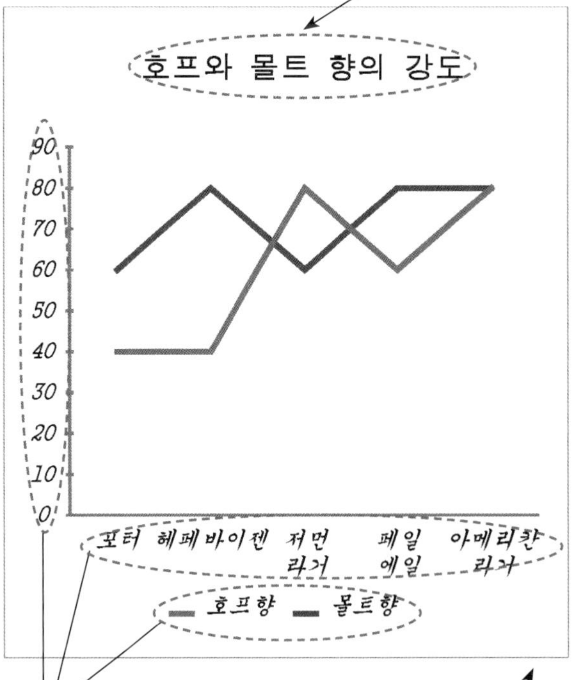

호프와 몰트 향의 강도

90
80
70
60
50
40
30
20
10
0

포터 헤페바이젠 저먼 라거 페일 에일 아메리칸 라거

■ 호프향   ■ 몰트향

궁서체, 9pt, 기울임

차트 : 너비(80mm), 높이(90mm)

㉮ 발효 중 탄산가스와 함께 발효액의 표면에 뜨는 성질이 있는 효모
중고딕, 9pt

디지털정보활용능력 출제예상 모의고사

☑ 시험과목 : 워드프로세서(한글)

☑ 시험일자 : 20XX. XX. XX. (X)

☑ 응시자 기재사항 및 감독위원 확인

수 검 번 호	DIW - XXXX -	감독위원 확인
성 명		

응시자 유의사항

1. 응시자는 신분증을 지참하여야 시험에 응시할 수 있으며, 시험이 종료될 때까지 신분증을 제시하지 못 할 경우 해당 시험은 0점 처리됩니다.

2. 시스템(PC작동여부, 네트워크 상태 등)의 이상여부를 반드시 확인하여야 하며, 시스템 이상이 있을시 감독위원에게 조치를 받으셔야 합니다.

3. 시험 중 부주의 또는 고의로 시스템을 파손한 경우는 응시자 부담으로 합니다.

4. 답안 전송 프로그램을 통해 다운로드 받은 파일을 이용하여 답안 파일을 작성하시기 바랍니다.

5. 작성한 답안 파일은 답안 전송 프로그램을 통하여 전송됩니다. 감독위원의 지시에 따라 주시기 바랍니다.

6. 다음 사항의 경우 실격(0점) 혹은 부정행위 처리됩니다.
   1) 답안 파일을 저장하지 않았거나, 저장한 파일이 손상되었을 경우
   2) 답안 파일을 지정된 폴더(바탕화면 - "KAIT" 폴더)에 저장하지 않았을 경우
      ※ 답안 전송 프로그램 로그인 시 바탕화면에 자동 생성됨
   3) 답안 파일을 다른 보조 기억장치(USB) 혹은 네트워크(메신저, 게시판 등)로 전송할 경우
   4) 휴대용 전화기 등 통신기기를 사용할 경우

7. 시험지에 제시된 글꼴이 응시 프로그램에 없는 경우, 반드시 감독위원에게 해당 내용을 통보한 뒤 조치를 받아야 합니다.

8. 시험의 완료는 작성이 완료된 답안을 저장하고, 답안 전송이 완료된 상태를 확인한 것으로 합니다. 답안 전송 확인 후 문제지는 감독위원에게 제출한 후 퇴실하여야 합니다.

9. 답안 전송이 완료된 경우에는 수정 또는 정정이 불가능합니다.

10. 시험 시행 후 결과는 홈페이지(www.ihd.or.kr)에서 확인하시기 바랍니다.
    1) 문제 및 정답 공개 : 20XX. XX. XX.(X)
    2) 합격자 발표 : 20XX. XX. XX.(X)

≪문제≫ 첨부된 문제를 다음의 조건을 적용하여 문서를 작성하시오.

① 문서는 A4(210mm×297mm) 크기, 세로 용지 방향으로 작성한다.

② 페이지 여백은 아래와 같이 설정한다.

왼쪽	오른쪽	위쪽	아래쪽	머리말	꼬리말	제본
20mm	20mm	20mm	20mm	10mm	10mm	0mm

③ 글자는 별도의 지시사항이 없는 한 바탕, 10pt, 양쪽 정렬, 줄 간격 160%로 작성한다.

④ 영문, 숫자 등은 별도의 지시가 없는 한 반각(1byte) 문자를 사용한다.

⑤ 특수 문자는 문자표(전각 기호)를 이용하여 작성한다.

⑥ 교정 부호 및 화살표로 기재된 지시사항대로 처리하되, ⌐‥‥‥‥⌐→ 은 지시사항이므로 작성하지 않는다.

⑦ 1페이지에 [문제1]을 작성하고, 구역을 나누어 2페이지에 [문제2]를 작성한다.

　　※ 해당 페이지에 작성하지 않거나 의도적으로 텍스트 작성을 하지 않은 경우 0점 처리

⑧ [문제2]는 문제지와 같이 2단으로 다단을 나누어 작성한다.

⑨ '그림 삽입' 시에는 반드시 "KAIT 수검 프로그램"을 통해 다운로드 한 그림 파일을 사용한다.

⑩ 차트의 범례는 기본 값으로 작성한다.

⑪ 총점 : 200점

　　[공통 사항1(기본 설정, 용지 설정)] : 8점, [공통 사항2(오탈자)] : 40점

　　[문제1] : 46점, [문제2] : 106점

⑫ 기타 특별히 지시되어 있지 않은 사항은 문제지에 준하여 작성한다.

DIAT

더좋은선택유도,넛지정책공모전

서울시에서는 연초 진행된 2021 경제정책방향 원탁회의를 통해 행동경제학의 '넛지 이론'을 정부 정책에도 도입하기로 발표하였습니다. 교통, 복지, 주거 등 다양한 생활 분야에 활발한 넛지 정책을 도입하여 시민 여러분의 삶의 질을 향상시킬 수 있도록 노력할 것입니다. 기존의 성공적인 해외 사례를 벤치마킹하여 연구할 것이며 이미 효과가 검증된 정책 일부는 확대 적용하기로 하였습니다. 이와 관련하여 시민 여러분들의 의견을 최대한 수용하고자 시민과 함께하는 넛지 정책 공모전을 마련하였습니다. 평소 기발하고 톡톡 튀는 아이디어를 가지신 분들은 이번 넛지 정책 공모전에 많은 관심과 참여 바랍니다.

○ 참여안내 ○

1. 공모전명 : 더 좋은 선택 유도, 넛지 정책 공모전
2. 기   간 : 2021. 4. 26.(월) ~ 5. 26.(수)
3. 대   상 : 현재 서울에 거주중인 남녀노소 누구나
4. 참여방법 : 홈페이지 공지사항의 양식을 다운받아 이메일 접수 혹은 직접 제출
5. 참여기관 : 서울시 정책홍보관, 한국기획재정부, 한국자동차, 대한텔레콤

※ 기타사항
- 심사를 통과하여 우수작으로 선정되면 소정의 상품과 상금이 지급됩니다.
- 공모전과 관련한 자세한 사항 및 심사 기준은 홈페이지(http://www.ihd.or.kr)의 공지사항을 통해 확인하실 수 있습니다.
- 기타 궁금하신 사항은 한국기획재정부 기획재정담당관(02-123-4567)으로 문의하시기 바랍니다.

2021. 03. 25.

한국기획재정부

쪽 테두리 : 이중 실선, 머리말 포함

글상자 - 크기 : 너비(50mm), 높이(12mm), 테두리 : 이중 실선(1.00mm), 둥근 모양
채우기 : 색상(RGB:53,135,145), 위치 : 글자처럼 취급, 가운데 정렬
글자 모양 : 휴먼옛체, 17pt, 가운데 정렬

그림D 삽입(바탕화면-KAIT-제출파일폴더)
너비(35mm), 높이(40mm)
위치 : 어울림(가로-쪽의 왼쪽:0.0mm,
　　　세로-쪽의 위:24mm)

DIAT

머리말(굴림, 9pt, 오른쪽 정렬)

넛지 효과의 성공

휴먼옛체, 12pt, 진하게, 가운데 정렬

1. 검증된 넛지 효과 ← 돋움, 12pt, 진하게

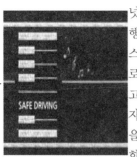

넛지 효과란 2009년 미국의 행동경제학자와 하버드대 로스쿨 교수가 제시한 이론으로, 강요(强要)에 의하지 않고 유연하게 개입함으로써 자연스러운 선택으로 유도함을 의미한다. 이는 작은 변화나 자극으로 그 이상의 커다란 변화(Change)를 일으킬 수 있는 힘의 효과(效果)를 기대하는 것이다. 보통 일반적인 기업들의 마케팅뿐만 아니라 밀접한 일상생활에 국가정책에도 응용할 수 있어 최근 각광(脚光)을 받고 있다. 경기도의 한 초등학교 인근 횡단보도에 노란색의 발자국 마크를 표시한 결과 교통사고가 30%가량 감소한 사례를 통해 이른바 '넛지 정책'의 성공적인 효과는 검증(Verification)되었다.

2. 착한 캠페인, 넛지 ← 돋움, 12pt, 진하게

평소와 같이 인터넷 검색을 하는 도중 쉽게 만나는 광고 팝업창이나 드라마에서 자주 만나는 PPL(Product Placement)Ⓐ 광고들은 소비자의 입장에서 다소 거부감이 들 수 있다. 따라서 많은 기업들이 소비자들로 하여금 자발적으로 캠페인이나 광고물에 흥미를 느끼도록 넛지 마케팅(Marketing)을 적극 실시하고 있다. 한 외국계 자동차 회사에서 실시한 친환경 프로젝트를 살펴보면 소리가 나는 피아노계단을 제작해 에스컬레이터 사용률을 줄임으로써 친환경적인 인식을 제고(提高)하는데 큰 역할을 하였다. 남아프리카공화국의 한 비영리 단체는 질병 예방 운동을 위해 손씻기 캠페인을 진행하였다. 다만 씻으라는 강요 대신, 비누 안에 장난감을 넣어 아이들의 호기심(好奇心)을 자극함으로써 질병 발생률이 70%나 감소하는 등 성공적으로 캠페인 활동을 이어나갈 수 있었다. 이렇듯 사회적으로 공공성을 지니고 있는 넛지 마케팅은 착한 캠페인으로도 불린다.

각주

국내.외 넛지 마케팅 적용 분야(건)

분야	국내	국외
교통	113	341
복지	238	410
환경	298	751
의료	104	265

위쪽 제목 셀 : 색상(RGB:202,86,167), 진하게
제목 셀 아래선 : 이중 실선(0.5mm)
글자 모양 : 바탕, 10pt, 가운데 정렬

굴림체, 13pt, 진하게

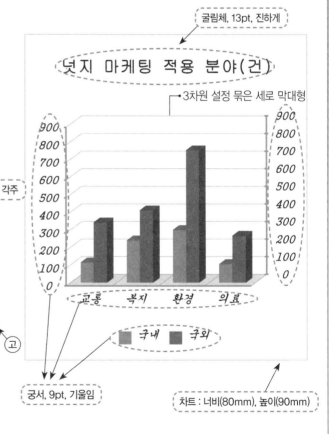

넛지 마케팅 적용 분야(건)

3차원 설정 묶은 세로 막대형

국내　국외

궁서, 9pt, 기울임

차트 : 너비(80mm), 높이(90mm)

Ⓐ 영화나 드라마 속에 소품으로 등장하는 상품을 일컫는 것 ← 굴림, 8pt

- B - 쪽 번호 매기기, A,B,C 순으로, 왼쪽 아래

제09회 ▶ 디지털정보활용능력 출제예상 모의고사

☑ 시험과목 : 워드프로세서(한글)

☑ 시험일자 : 20XX. XX. XX. (X)

☑ 응시자 기재사항 및 감독위원 확인

한컴오피스 한글NEO 버전용

수 검 번 호	DIW - XXXX -	감독위원 확인
성 명		

응시자 유의사항

1. 응시자는 신분증을 지참하여야 시험에 응시할 수 있으며, 시험이 종료될 때까지 신분증을 제시하지 못 할 경우 해당 시험은 0점 처리됩니다.

2. 시스템(PC작동여부, 네트워크 상태 등)의 이상여부를 반드시 확인하여야 하며, 시스템 이상이 있을시 감독위원에게 조치를 받으셔야 합니다.

3. 시험 중 부주의 또는 고의로 시스템을 파손한 경우는 응시자 부담으로 합니다.

4. 답안 전송 프로그램을 통해 다운로드 받은 파일을 이용하여 답안 파일을 작성하시기 바랍니다.

5. 작성한 답안 파일은 답안 전송 프로그램을 통하여 전송됩니다. 감독위원의 지시에 따라 주시기 바랍니다.

6. 다음 사항의 경우 실격(0점) 혹은 부정행위 처리됩니다.

　　1) 답안 파일을 저장하지 않았거나, 저장한 파일이 손상되었을 경우

　　2) 답안 파일을 지정된 폴더(바탕화면 – "KAIT" 폴더)에 저장하지 않았을 경우

　　　※ 답안 전송 프로그램 로그인 시 바탕화면에 자동 생성됨

　　3) 답안 파일을 다른 보조 기억장치(USB) 혹은 네트워크(메신저, 게시판 등)로 전송할 경우

　　4) 휴대용 전화기 등 통신기기를 사용할 경우

7. 시험지에 제시된 글꼴이 응시 프로그램에 없는 경우, 반드시 감독위원에게 해당 내용을 통보한 뒤 조치를 받아야 합니다.

8. 시험의 완료는 작성이 완료된 답안을 저장하고, 답안 전송이 완료된 상태를 확인한 것으로 합니다. 답안 전송 확인 후 문제지는 감독위원에게 제출한 후 퇴실하여야 합니다.

9. 답안 전송이 완료된 경우에는 수정 또는 정정이 불가능합니다.

10. 시험 시행 후 결과는 홈페이지(www.ihd.or.kr)에서 확인하시기 바랍니다.

　　1) 문제 및 정답 공개 : 20XX. XX. XX.(X)

　　2) 합격자 발표 : 20XX. XX. XX.(X)

Korea Association for ICT promotion
한국정보통신진흥협회 KAIT

≪문제≫ 첨부된 문제를 다음의 조건을 적용하여 문서를 작성하시오.

① 문서는 A4(210mm×297mm) 크기, 세로 용지 방향으로 작성한다.

② 페이지 여백은 아래와 같이 설정한다.

왼쪽	오른쪽	위쪽	아래쪽	머리말	꼬리말	제본
20mm	20mm	20mm	20mm	10mm	10mm	0mm

③ 글자는 별도의 지시사항이 없는 한 바탕, 10pt, 양쪽 정렬, 줄 간격 160%로 작성한다.

④ 영문, 숫자 등은 별도의 지시가 없는 한 반각(1byte) 문자를 사용한다.

⑤ 특수 문자는 문자표(전각 기호)를 이용하여 작성한다.

⑥ 교정 부호 및 화살표로 기재된 지시사항대로 처리하되, ⟨┈┈┈┈⟩→ 은 지시사항이므로 작성하지 않는다.

⑦ 1페이지에 [문제1]을 작성하고, 구역을 나누어 2페이지에 [문제2]를 작성한다.
　※ 해당 페이지에 작성하지 않거나 의도적으로 텍스트 작성을 하지 않은 경우 0점 처리

⑧ [문제2]는 문제지와 같이 2단으로 다단을 나누어 작성한다.

⑨ '그림 삽입' 시에는 반드시 "KAIT 수검 프로그램"을 통해 다운로드 한 그림 파일을 사용한다.

⑩ 차트의 범례는 기본 값으로 작성한다.

⑪ 총점 : 200점
　[공통 사항1(기본 설정, 용지 설정)] : 8점, [공통 사항2(오탈자)] : 40점
　[문제1] : 46점, [문제2] : 106점

⑫ 기타 특별히 지시되어 있지 않은 사항은 문제지에 준하여 작성한다.

글맵시 – 휴먼옛체, 채우기 : 색상(RGB:233,174,43)
크기 : 너비(100mm), 높이(20mm), 위치 : 글자처럼 취급, 가운데 정렬

DIAT
머리말(궁서, 9pt, 오른쪽 정렬)

기울임, 밑줄

2021년 5월에 개최하는 세계경제포럼의 의제는 바로 '4차 산업혁명'으로 세계적 관심사가 되었습니다. 이에, 국립과학관 스마트로봇 코딩스쿨에서는 초등학생과 중학생을 대상으로 *4차 산업혁명 이후 교육적 대안으로 떠오르는 코딩 및 메이커 관련 이해를 높이기 위하여* 알고리즘 및 로봇을 이용한 스크래치 프로그래밍 배우기, 휴머노이드 시연 및 개발과정 강연 등, '2021년 로봇 코딩 및 메이커 과정'을 개설하여 운영할 예정입니다. 미래 산업을 주도할 로봇분야의 인재로 성장하길 원하는 학생들에게 더없이 좋은 기회가 될 것입니다. 2021년 12월까지 진행되는 이번 행사에 많은 관심과 참여를 부탁드립니다.

문자표 ➡ ◉ 과정안내 ◉
돋움, 가운데 정렬

1. 운영기간 : 2021년 10월 ~ 12월까지
2. 모집대상 : 초등(4-6학년) 및 중학생으로 개인이나 단체 접수 가능
3. 운영형태 : 통학형(토, 일), 숙박형(1박 2일)
4. 주요내용 : 로봇 코딩 및 메이커 과정, 진로특강, 전시관 탐방 등
5. 접수 및 상담 : **스마트로봇 코딩스쿨(전화 02-1234-4567) 및 홈페이지(http://www.ihd.or.kr)** ◀ 진하게, 밑줄

문자표

※ 기타사항

— - 알고리즘이 무엇인지 알고, 문제 해결을 위한 순서도 작성 방법을 학습합니다.
— - 햄스터 로봇과 스크래치 소프트웨어를 이용하여 프로그래밍을 학습합니다.
— - 진로특강은 휴머노이드 로봇 대회 최다 수상 로봇업체의 대표가 휴머노이드 시연 및 개발과정, 로봇개발자로 성장할 수 있는 노하우가 담긴 강연을 할 예정입니다.

왼쪽여백 : 10pt
내어쓰기 : 12pt

2021. 08. 26. ◀ 11pt, 가운데 정렬

스마트로봇 코딩스쿨 ◀ 돋움, 24pt, 가운데 정렬

문제1은 1구역, 문제2는 2구역으로 나누어 답안 작성

쪽 번호 매기기, 1,2,3 순으로, 가운데 아래

- 1 -

쪽 테두리 : 이중 실선, 머리말 포함

글상자 - 크기 : 너비(70mm), 높이(12mm), 테두리 : 이중 실선(1.00mm), 둥근 모양
채우기 : 색상(RGB:227,220,193), 위치 : 글자처럼 취급, 가운데 정렬
글자 모양 : 돋움체, 20pt, 가운데 정렬

DIAT

그림A 삽입(바탕화면-KAIT-제출파일폴더)
너비(35mm), 높이(30mm)
위치 : 어울림(가로-쪽의 왼쪽:0.0mm,
세로-쪽의 위:24mm)

머리말(궁서, 9pt, 오른쪽 정렬)

돋움체, 12pt, 진하게, 가운데 정렬

코딩교육의 필요성

1. 코딩교육의 등장
굴림, 12pt, 진하게

전 세계적으로 뜨거운 열풍이 불고 있는 일명 코딩 교육은 21세기를 살아가는 모든 사람들에게 필수적인 교육(敎育) 항목이 되고 있다. 오바마 전 미국 대통령은 "비디오 게임을 사지만 말고 직접 만드세요. 휴대폰을 갖고 놀지만 말고 프로그램을 만드세요."라고 말했고, 애플(apple)의 창업자 스티브 잡스는 "이 나라 모든 사람들은 코딩을 배워야 합니다. 코딩은 생각하는 방법을 가르쳐 줍니다."라고 했다. 그 이유는 인공지능(人工知能), 사물인터넷, 지능형 로봇, 빅 데이터 분석 및 활용 등, 정보통신 기술을 바탕으로 한 소프트웨어가 앞으로 다가올 4차 산업혁명 시대를 대변하기 때문이다. 그리고 '알파고'와 같은 인공지능이나 최근 각광을 받고 있는 빅 데이터, 기계 학습 등 미래 산업의 기술 개발을 위한 코딩 기술이 현대와 미래 산업의 핵심적인 도구이기 때문이다.

2. 4차 산업혁명의 이해
굴림, 12pt, 진하게

스위스 다보스에서 열린 세계경제포럼(WEF)은 '4차 산업혁명의 이해'를 주요 의제로 설정했다. 그간 저성장, 불평등(不平等), 지속 가능성 등 경제 위기 문제를 다루어 온 다보스포럼에서 과학(科學) 기술 분야가 의제로 꼽힌 것은 포럼 창립 이래 최초였다. 이후 제4차 산업혁명은 전 세계적으로 주요 등장하게 화두로 되었으며, 포럼 이후 세계의 많은 미래학자와 연구기관에서 이에 따른 산업사회 변화를 논의하기 시작했다. WEF㉮ 회장인 클라우스 슈밥(Klaus Schwab)은 자신의 책 '4차 산업혁명(産業革命)'에서 "우리는 지금까지 우리가 살아왔고 일하고 있던 삶의 방식을 근본적으로 바꿀 기술 혁명의 직전에 와 있다. 이 변화의 규모와 범위, 복잡성 등은 이전에 인류가 경험했던 것과는 전혀 다를 것이다."라고 말했다.

각주

궁서, 9pt, 기울임

월별 참가 학생 수(단위 : 명)

월별	초등학생	중학생
7월	46	28
8월	52	34
9월	40	22
10월	32	16

위쪽 제목 셀 : 색상(RGB:105,155,55), 진하게
제목 셀 아래선 : 이중 실선(0.5mm)
글자 모양 : 굴림, 10pt, 가운데 정렬

돋움체, 12pt, 진하게

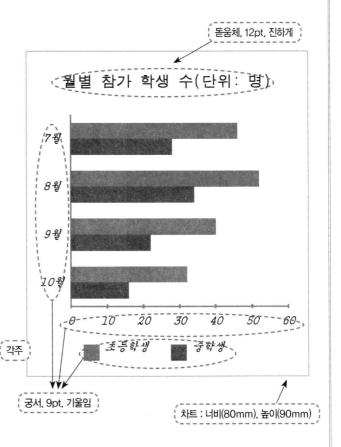

차트 : 너비(80mm), 높이(90mm)

㉮ World Economic Forum 궁서, 9pt

제10회 ▶ 디지털정보활용능력 출제예상 모의고사

☑ 시험과목 : 워드프로세서(한글)
☑ 시험일자 : 20XX. XX. XX. (X)
☑ 응시자 기재사항 및 감독위원 확인

한컴오피스 한글NEO 버전용

수 검 번 호	DIW - XXXX -	감독위원 확인
성 명		

응시자 유의사항

1. 응시자는 신분증을 지참하여야 시험에 응시할 수 있으며, 시험이 종료될 때까지 신분증을 제시하지 못 할 경우 해당 시험은 0점 처리됩니다.

2. 시스템(PC작동여부, 네트워크 상태 등)의 이상여부를 반드시 확인하여야 하며, 시스템 이상이 있을시 감독위원에게 조치를 받으셔야 합니다.

3. 시험 중 부주의 또는 고의로 시스템을 파손한 경우는 응시자 부담으로 합니다.

4. 답안 전송 프로그램을 통해 다운로드 받은 파일을 이용하여 답안 파일을 작성하시기 바랍니다.

5. 작성한 답안 파일은 답안 전송 프로그램을 통하여 전송됩니다. 감독위원의 지시에 따라 주시기 바랍니다.

6. 다음 사항의 경우 실격(0점) 혹은 부정행위 처리됩니다.
   1) 답안 파일을 저장하지 않았거나, 저장한 파일이 손상되었을 경우
   2) 답안 파일을 지정된 폴더(바탕화면 - "KAIT" 폴더)에 저장하지 않았을 경우
      ※ 답안 전송 프로그램 로그인 시 바탕화면에 자동 생성됨
   3) 답안 파일을 다른 보조 기억장치(USB) 혹은 네트워크(메신저, 게시판 등)로 전송할 경우
   4) 휴대용 전화기 등 통신기기를 사용할 경우

7. 시험지에 제시된 글꼴이 응시 프로그램에 없는 경우, 반드시 감독위원에게 해당 내용을 통보한 뒤 조치를 받아야 합니다.

8. 시험의 완료는 작성이 완료된 답안을 저장하고, 답안 전송이 완료된 상태를 확인한 것으로 합니다. 답안 전송 확인 후 문제지는 감독위원에게 제출한 후 퇴실하여야 합니다.

9. 답안 전송이 완료된 경우에는 수정 또는 정정이 불가능합니다.

10. 시험 시행 후 결과는 홈페이지(www.ihd.or.kr)에서 확인하시기 바랍니다.
    1) 문제 및 정답 공개 : 20XX. XX. XX.(X)
    2) 합격자 발표 : 20XX. XX. XX.(X)

Korea Association for ICT promotion
한국정보통신진흥협회 **KAIT**

≪문제≫ 첨부된 문제를 다음의 조건을 적용하여 문서를 작성하시오.

① 문서는 A4(210mm×297mm) 크기, 세로 용지 방향으로 작성한다.

② 페이지 여백은 아래와 같이 설정한다.

왼쪽	오른쪽	위쪽	아래쪽	머리말	꼬리말	제본
20mm	20mm	20mm	20mm	10mm	10mm	0mm

③ 글자는 별도의 지시사항이 없는 한 바탕, 10pt, 양쪽 정렬, 줄 간격 160%로 작성한다.

④ 영문, 숫자 등은 별도의 지시가 없는 한 반각(1byte) 문자를 사용한다.

⑤ 특수 문자는 문자표(전각 기호)를 이용하여 작성한다.

⑥ 교정 부호 및 화살표로 기재된 지시사항대로 처리하되, ⌐⁃⁃⁃⁃⁃⁃⁃¬→ 은 지시사항이므로 작성하지 않는다.

⑦ 1페이지에 [문제1]을 작성하고, 구역을 나누어 2페이지에 [문제2]를 작성한다.
　 ※ 해당 페이지에 작성하지 않거나 의도적으로 텍스트 작성을 하지 않은 경우 0점 처리

⑧ [문제2]는 문제지와 같이 2단으로 다단을 나누어 작성한다.

⑨ '그림 삽입' 시에는 반드시 "KAIT 수검 프로그램"을 통해 다운로드 한 그림 파일을 사용한다.

⑩ 차트의 범례는 기본 값으로 작성한다.

⑪ 총점 : 200점
　 [공통 사항1(기본 설정, 용지 설정)] : 8점, [공통 사항2(오탈자)] : 40점
　 [문제1] : 46점, [문제2] : 106점

⑫ 기타 특별히 지시되어 있지 않은 사항은 문제지에 준하여 작성한다.

글맵시 – 견고딕, 채우기 : 색상(RGB:199,82,82)
크기 : 너비(120mm), 높이(20mm), 위치 : 글자처럼 취급, 가운데 정렬

머리말(바탕, 9pt, 오른쪽 정렬) → DIAT

2021국제만화애니메이션페스티벌

진하게, 기울임

2021년 국제 만화 애니메이션 페스티벌은 *만화 및 애니메이션 전시와 국제애니메이션 영화제로 구성된 26년의 긴 역사를 지닌 세계 유일의 국제 만화 애니메이션 페스티벌*입니다. 1995년 1회를 시작으로 작년에는 국제 행사로서의 위상을 확립하며 신기술과 만화, 애니메이션의 결합 가능성을 선보이며 현재 세계 만화 애니메이션 페스티벌의 큰 축을 담당하며 성장해왔습니다. 이번 페스티벌에는 2021년 트렌드인 참여, 공유, 경험 등을 기반으로 관객이 만화와 애니메이션을 새로운 방식으로 공감할 수 있도록 웹툰 및 가상현실, 증강현실과 같은 디지털 콘텐츠를 수용하여 다양한 프로그램을 구성하였습니다.

문자표 → ◑ 행사안내 ◐

중고딕, 가운데 정렬

1. 행사일시 : 2021. 12. 23.(목) ~ 12. 29.(수), 09:00 ~ 18:00
2. 행사장소 : 서울 코엑스 메가박스
3. 행사내용 : <u>SICAF와 함께하는 모험을 주제로 만화와 애니메이션 체험 중심의 소통형 페스티벌</u>
4. 부대행사 : 개막작, 무대인사 및 GV, 마스터클래스, 시상식 등
5. 행사주관 : 서울특별시, 한국만화가협회, 한국애니메이션제작자협회, 서울애니메이션센터

진하게, 밑줄

문자표

※ 기타사항
— – 2021. 12. 20.(월) 18:00까지 온라인으로 사전 등록(http://www.ihd.or.kr)하실 수 있습니다.
— – 사전 등록을 마치신 분들은 행사장 입구에 설치된 부스에 방문하셔서 등록 확인절차를 마치고 명찰과 소정의 사은품을 수령한 후 지정된 행사장에 입장하실 수 있습니다.
— – 현장 등록 시 사은품은 받으실 수 없습니다.

왼쪽여백 : 15pt
내어쓰기 : 12pt

2021. 12. 16. ◄ 12pt, 가운데 정렬

한국애니메이션제작자협회 ◄ 휴먼옛체, 25pt, 가운데 정렬

글상자 - 크기 : 너비(70mm), 높이(12mm), 테두리 : 이중 실선(1.00mm), 둥근 모양
채우기 : 색상(RGB:202,86,167), 위치 : 글자처럼 취급, 가운데 정렬
글자 모양 : 휴먼옛체, 20pt, 가운데 정렬

머리말(바탕, 9pt, 오른쪽 정렬)

DIAT

그림B 삽입(바탕화면-KAIT-제출파일폴더)
너비(35mm), 높이(30mm)
위치 : 어울림(가로-쪽의 왼쪽:0.0mm,
세로-쪽의 위:24mm)

다양한 애니메이션

돋움체, 12pt, 진하게, 가운데 정렬

1. 클레이 애니메이션

중고딕, 12pt, 진하게

클레이 애니메이션은 1908년에 처음으로 제작되었다. 그 이후 1920년대부터 미국 영화에 자주 등장하였으나, 이때만 해도 조각상들의 움직임을 표현하는 정도에 그쳤다. 1950년대에 이르러 중요한 예술매체로 인식하기 시작되었고, 광고(advertising)와 영화에 본격적으로 도입되기 시작하였다. 클레이 애니메이션(clay animation)은 찰흙과 같이 점성(粘性)이 있는 소재를 이용해 인형을 만들고, 이 인형의 형태를 변형해 가면서 조금씩 촬영(撮影)하는 형식의 애니메이션 기법이다. 하지만 애니메이션을 쉽게 촬영하기 위해서는 잘 축조되고, 쉽게 건조되는 것을 방지하기 사전에 위해 점토에 화학성분을 첨가하거나 점토 대용제품을 활용한다. 아드망 스튜디오의 월레스와 그로밋 시리즈는 점토를 대신하여 프래스티신(plasticine)㉠을 사용하였다.

각주

2. 셀 애니메이션

중고딕, 12pt, 진하게

셀 애니메이션(cell animation)은 셀 위에 여러 장의 그림을 그리고 이것을 카메라로 촬영하여 움직임을 만드는 애니메이션의 한 형태(形態)이다. 즉, 작화가 여러 장의 셀 위에 그린 연속적인 그림을 한 프레임씩 끊어서 촬영한 후 정상 속도로 재생함으로써 연속적인 움직임을 창조(創造)하는 방식이다. 여기서 셀이라는 말은 셀룰리오스 [로] 아세테이트로 된 투명판을 의미하지만 현재는 투명한 플라스틱지를 의미한다. 이러한 애니메이션 원리는 필름 카메라(film camera)의 기본 속성을 이용한 것으로, 필름 카메라가 포착하는 영상은 사실 정지된 이미지며 그 자체가 움직이는 것이 아니다. 따라서 필름 카메라는 1초에 24장의 연속적인 정지 영상(映像)을 기록하는데 이것이 재생될 때 사람들은 이미지가 움직이는 것으로 인식하게 된다.

_____

㉠ 고무질 성분을 화학적으로 처리한 고무찰흙 ← 돋움, 9pt

국내 개봉 애니메이션 관객 수

애니메이션	관객 수(단위: 천 명)
겨울왕국	10296
쿵푸팬더 2	5062
인사이드 아웃	4967
주토피아	4703
쿵푸팬더	4673

위쪽 제목 셀 : 색상(RGB:105,155,55), 진하게
제목 셀 아래선 : 이중 실선(0.5mm)
글자 모양 : 굴림, 10pt, 가운데 정렬

휴먼고딕, 12pt, 진하게

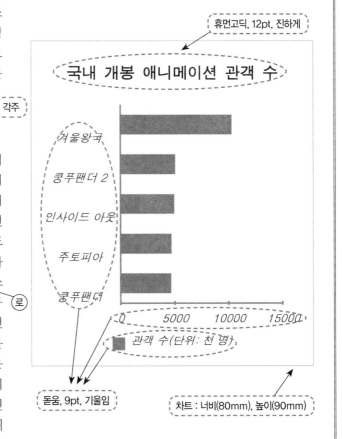

국내 개봉 애니메이션 관객 수

돋움, 9pt, 기울임

차트 : 너비(80mm), 높이(90mm)

디지털정보활용능력 출제예상 모의고사

☑ 시험과목 : 워드프로세서(한글)
☑ 시험일자 : 20XX. XX. XX. (X)
☑ 응시자 기재사항 및 감독위원 확인

한컴오피스 한글NEO 버전용

수 검 번 호	DIW - XXXX -	감독위원 확인
성 명		

응시자 유의사항

1. 응시자는 신분증을 지참하여야 시험에 응시할 수 있으며, 시험이 종료될 때까지 신분증을 제시하지 못 할 경우 해당 시험은 0점 처리됩니다.

2. 시스템(PC작동여부, 네트워크 상태 등)의 이상여부를 반드시 확인하여야 하며, 시스템 이상이 있을시 감독위원에게 조치를 받으셔야 합니다.

3. 시험 중 부주의 또는 고의로 시스템을 파손한 경우는 응시자 부담으로 합니다.

4. 답안 전송 프로그램을 통해 다운로드 받은 파일을 이용하여 답안 파일을 작성하시기 바랍니다.

5. 작성한 답안 파일은 답안 전송 프로그램을 통하여 전송됩니다. 감독위원의 지시에 따라 주시기 바랍니다.

6. 다음 사항의 경우 실격(0점) 혹은 부정행위 처리됩니다.
   1) 답안 파일을 저장하지 않았거나, 저장한 파일이 손상되었을 경우
   2) 답안 파일을 지정된 폴더(바탕화면 – "KAIT" 폴더)에 저장하지 않았을 경우
      ※ 답안 전송 프로그램 로그인 시 바탕화면에 자동 생성됨
   3) 답안 파일을 다른 보조 기억장치(USB) 혹은 네트워크(메신저, 게시판 등)로 전송할 경우
   4) 휴대용 전화기 등 통신기기를 사용할 경우

7. 시험지에 제시된 글꼴이 응시 프로그램에 없는 경우, 반드시 감독위원에게 해당 내용을 통보한 뒤 조치를 받아야 합니다.

8. 시험의 완료는 작성이 완료된 답안을 저장하고, 답안 전송이 완료된 상태를 확인한 것으로 합니다. 답안 전송 확인 후 문제지는 감독위원에게 제출한 후 퇴실하여야 합니다.

9. 답안 전송이 완료된 경우에는 수정 또는 정정이 불가능합니다.

10. 시험 시행 후 결과는 홈페이지(www.ihd.or.kr)에서 확인하시기 바랍니다.
    1) 문제 및 정답 공개 : 20XX. XX. XX.(X)
    2) 합격자 발표 : 20XX. XX. XX.(X)

Korea Association for ICT promotion
한국정보통신진흥협회 **KAIT**

≪문제≫ 첨부된 문제를 다음의 조건을 적용하여 문서를 작성하시오.

① 문서는 A4(210mm×297mm) 크기, 세로 용지 방향으로 작성한다.

② 페이지 여백은 아래와 같이 설정한다.

왼쪽	오른쪽	위쪽	아래쪽	머리말	꼬리말	제본
20mm	20mm	20mm	20mm	10mm	10mm	0mm

③ 글자는 별도의 지시사항이 없는 한 바탕, 10pt, 양쪽 정렬, 줄 간격 160%로 작성한다.

④ 영문, 숫자 등은 별도의 지시가 없는 한 반각(1byte) 문자를 사용한다.

⑤ 특수 문자는 문자표(전각 기호)를 이용하여 작성한다.

⑥ 교정 부호 및 화살표로 기재된 지시사항대로 처리하되, ⌐ ̄ ̄ ̄ ̄ ̄⌐→ 은 지시사항이므로 작성하지 않는다.

⑦ 1페이지에 [문제1]을 작성하고, 구역을 나누어 2페이지에 [문제2]를 작성한다.

　※ 해당 페이지에 작성하지 않거나 의도적으로 텍스트 작성을 하지 않은 경우 0점 처리

⑧ [문제2]는 문제지와 같이 2단으로 다단을 나누어 작성한다.

⑨ '그림 삽입' 시에는 반드시 "KAIT 수검 프로그램"을 통해 다운로드 한 그림 파일을 사용한다.

⑩ 차트의 범례는 기본 값으로 작성한다.

⑪ 총점 : 200점

　[공통 사항1(기본 설정, 용지 설정)] : 8점, [공통 사항2(오탈자)] : 40점

　[문제1] : 46점, [문제2] : 106점

⑫ 기타 특별히 지시되어 있지 않은 사항은 문제지에 준하여 작성한다.

글맵시 – 휴먼옛체, 채우기 : 색상(RGB:49,95,151)
크기 : 너비(120mm), 높이(20mm), 위치 : 글자처럼 취급, 가운데 정렬

2021한국국제가구박람회

2021년 한국국제가구 박람회는 매년 새로운 가구의 트렌드를 선보이고 있습니다. _올해는 가정용 가구, 사무용 가구, 조명, 가구 설비 및 액세서리 등의 전시회를 준비_ 하였습니다. 특히 올해 58번째로 개최되는 가정용 가구 박람회는 가구 및 디자인 분야의 국제 벤치마크행사입니다. 전 세계의 2,000여 업체가 6만 여 평 규모로 침실, 주방, 거실, 아동용 가구 등을 전시하는 이곳에서 과거와 현재 그리고 미래 가구의 트렌드를 확인하실 수 있습니다. 인테리어에 관심이 있는 개인이나 가구 산업에 관심 있는 기업 모두 많은 참여를 부탁합니다.

문자표 → ◀ 행사안내 ▶
굴림, 가운데 정렬

1. 행 사 명 : 2021 킨텍스 가구 박람회
2. 행사일시 : 2021. 10. 21.(목) ~ 10. 25.(월), 10:00 ~ 17:00
3. 행사장소 : 일산 킨텍스
4. 사전등록 : _2021. 10. 11.(월) 18:00까지 온라인으로 등록(http://www.ihd.or.kr)_ ← 진하게, 기울임
5. 행사주관 : 대한가구산업협동조합연합회, 한국가구산업협회, 산업통상자원부

문자표

※ 기타사항
 — - 주요 전시 품목 : 침실, 침대, 옷장, 다이닝 룸, 홀 가구, 아동가구, 비정기 가구, 테이블 및 의자, 등나무가구, 정원가구 등
 — - 입장객을 대상으로 소정의 사은품을 증정합니다.
 — - 행사장에서 상품을 구매하시면 20% 할인을 헤드립니다.

왼쪽여백 : 15pt
내어쓰기 : 12pt

2021. 09. 23. ← 13pt, 가운데 정렬

한국가구산업협회 ← 중고딕, 25pt, 가운데 정렬

문제1은 1구역, 문제2는 2구역으로 나누어 답안 작성

쪽 번호 매기기, 갑,을,병 순으로, 오른쪽 아래
→ - 갑 -

쪽 테두리 : 이중 실선, 머리말 포함

글상자 – 크기 : 너비(70mm), 높이(12mm), 테두리 : 이중 실선(1.00mm), 둥근 모양
채우기 : 색상(RGB:49,95,151), 위치 : 글자처럼 취급, 가운데 정렬
글자 모양 : 휴먼고딕, 20pt, 가운데 정렬

DIAT

그림C 삽입(바탕화면–KAIT–제출파일폴더)
너비(30mm), 높이(30mm)
위치 : 어울림(가로–쪽의 왼쪽:0.0mm,
세로–쪽의 위:24mm)

머리말(돋움체, 9pt, 오른쪽 정렬)

세계 가구 브랜드

궁서체, 12pt, 진하게, 가운데 정렬

1. 이케아 ← 굴림체, 12pt, 진하게

이케아(IKEA)는 스웨덴의 가구 제조 기업(企業)으로 스칸디나비아 특유의 디자인과 저렴한 가격, 그리고 소비자가 직접 운반하고 조립하는 제품 판매로 발전하고 유명해진 기업이다. 이케아는 1943년 잉바르 캄프라드(Ingvar Kamprad)가 스웨덴에서 만들었으며 현재는 네덜란드에 등록된 재단(財團)이 운영하고 있다. 이케아 홀딩이 모든 이케아 그룹의 모회사이며 여기에 속한 중요한 회사는 가구의 디자인과 제품 ㉚ 발 및 제작을 하는 스웨드우드(Swedwood)가 있 ㉙ 다. 또 인터 이케아 시스템즈는 이케아의 콘셉트와 등록상표(登錄商標)를 소유하고 있으며, 전 세계의 ㉛ 여기에서 이루어진다. 이케아 그룹은 이에 속한 가장 큰 회사이다. 이케아는 한국에 2014년 12월 18일 진출하여 이케아 광명점을 오픈하였으며, 2017년 10월 고양점 오픈에 이어 2020년까지 한국에 총 6개의 매장을 오픈할 계획을 갖고 있다고 밝혔다.

2. 퍼시스 ← 굴림체, 12pt, 진하게

퍼시스(FURSYS)는 주로 사무용 가구를 제조(製造)와 유통(流通)하는 코스피 상장 기업이다. 사무용 가구 시장 점유율 1위로 매출 구성이 대부분 사무용 가구에서 나오고 있다. 회사에서 쓰는 가구는 철제가구 일색이었을 때, 퍼시스는 사무용 가구에 나무와 플라스틱 소재를 도입하고 조립 해체가 가능한 모듈화된 방식을 사용하여 사무 공간을 효율적으로 활용할 수 있게 했다. 자체브랜드인 퍼시스만으로 제품을 유통하며 OEM ⓐ 생산은 하지 않는다. 대한민국 내에 200여 개에 이르는 대리점으로 유통망을 구축하고 있으며 해외에는 중동과 중남미 등 40여 개국에 자체 브랜드를 수출하고 있다. 계약은 주로 고객사 또는 정부가 관계된 국책 사업에 입찰하는 방식이다.

각주

ⓐ 주문자의 상표를 부착하여 판매용 상품을 제작 ← 굴림, 9pt

가구 브랜드 및 소비자 평판지수

브랜드	브랜드지수	소비자지수
한샘	469.0	203.2
이케아	459.8	170.3
시몬스	141.9	33.9
보루네오	129.7	21.1
퍼시스	108.2	52.8

위쪽 제목 셀 : 색상(RGB:233,174,43), 진하게
제목 셀 아래선 : 이중 실선(0.5mm)
글자 모양 : 돋움, 10pt, 가운데 정렬

휴먼엑스포, 12pt, 진하게

가구 브랜드 및 소비자 평판지수

바탕, 9pt, 기울임

차트 : 너비(80mm), 높이(90mm)

쪽 번호 매기기, 갑,을,병 순으로,
오른쪽 아래

- 을 -

제12회 ▶ 디지털정보활용능력 출제예상 모의고사

☑ 시험과목 : 워드프로세서(한글)
☑ 시험일자 : 20XX. XX. XX. (X)
☑ 응시자 기재사항 및 감독위원 확인

한컴오피스 한글NEO 버전용

수검번호	DIW - XXXX -	감독위원 확인
성 명		

응시자 유의사항

1. 응시자는 신분증을 지참하여야 시험에 응시할 수 있으며, 시험이 종료될 때까지 신분증을 제시하지 못 할 경우 해당 시험은 0점 처리됩니다.

2. 시스템(PC작동여부, 네트워크 상태 등)의 이상여부를 반드시 확인하여야 하며, 시스템 이상이 있을시 감독위원에게 조치를 받으셔야 합니다.

3. 시험 중 부주의 또는 고의로 시스템을 파손한 경우는 응시자 부담으로 합니다.

4. 답안 전송 프로그램을 통해 다운로드 받은 파일을 이용하여 답안 파일을 작성하시기 바랍니다.

5. 작성한 답안 파일은 답안 전송 프로그램을 통하여 전송됩니다. 감독위원의 지시에 따라 주시기 바랍니다.

6. 다음 사항의 경우 실격(0점) 혹은 부정행위 처리됩니다.
   1) 답안 파일을 저장하지 않았거나, 저장한 파일이 손상되었을 경우
   2) 답안 파일을 지정된 폴더(바탕화면 – "KAIT" 폴더)에 저장하지 않았을 경우
      ※ 답안 전송 프로그램 로그인 시 바탕화면에 자동 생성됨
   3) 답안 파일을 다른 보조 기억장치(USB) 혹은 네트워크(메신저, 게시판 등)로 전송할 경우
   4) 휴대용 전화기 등 통신기기를 사용할 경우

7. 시험지에 제시된 글꼴이 응시 프로그램에 없는 경우, 반드시 감독위원에게 해당 내용을 통보한 뒤 조치를 받아야 합니다.

8. 시험의 완료는 작성이 완료된 답안을 저장하고, 답안 전송이 완료된 상태를 확인한 것으로 합니다. 답안 전송 확인 후 문제지는 감독위원에게 제출한 후 퇴실하여야 합니다.

9. 답안 전송이 완료된 경우에는 수정 또는 정정이 불가능합니다.

10. 시험 시행 후 결과는 홈페이지(www.ihd.or.kr)에서 확인하시기 바랍니다.
    1) 문제 및 정답 공개 : 20XX. XX. XX.(X)
    2) 합격자 발표 : 20XX. XX. XX.(X)

Korea Association for ICT promotion
한국정보통신진흥협회 KAIT

≪문제≫　첨부된 문제를 다음의 조건을 적용하여 문서를 작성하시오.

① 문서는 A4(210mm×297mm) 크기, 세로 용지 방향으로 작성한다.

② 페이지 여백은 아래와 같이 설정한다.

왼쪽	오른쪽	위쪽	아래쪽	머리말	꼬리말	제본
20mm	20mm	20mm	20mm	10mm	10mm	0mm

③ 글자는 별도의 지시사항이 없는 한 바탕, 10pt, 양쪽 정렬, 줄 간격 160%로 작성한다.

④ 영문, 숫자 등은 별도의 지시가 없는 한 반각(1byte) 문자를 사용한다.

⑤ 특수 문자는 문자표(전각 기호)를 이용하여 작성한다.

⑥ 교정 부호 및 화살표로 기재된 지시사항대로 처리하되, ⌐⎺⎺⎺⎺⎺⌐⟶ 은 지시사항이므로 작성하지 않는다.

⑦ 1페이지에 [문제1]을 작성하고, 구역을 나누어 2페이지에 [문제2]를 작성한다.

※ 해당 페이지에 작성하지 않거나 의도적으로 텍스트 작성을 하지 않은 경우 0점 처리

⑧ [문제2]는 문제지와 같이 2단으로 다단을 나누어 작성한다.

⑨ '그림 삽입' 시에는 반드시 "KAIT 수검 프로그램"을 통해 다운로드 한 그림 파일을 사용한다.

⑩ 차트의 범례는 기본 값으로 작성한다.

⑪ 총점 : 200점

[공통 사항1(기본 설정, 용지 설정)] : 8점, [공통 사항2(오탈자)] : 40점

[문제1] : 46점, [문제2] : 106점

⑫ 기타 특별히 지시되어 있지 않은 사항은 문제지에 준하여 작성한다.

글맵시 - 휴먼옛체, 채우기 : 색상(RGB:199,82,82)
크기 : 너비(120mm), 높이(20mm), 위치 : 글자처럼 취급, 가운데 정렬

머리말(돋움, 9pt, 오른쪽 정렬) ➡ DIAT

빅데이터분석심포지엄

진하게, 밑줄

현대 생활 속에서 데이터는 비정형과 정형 등 다양한 형태로 존재하며, 이 데이티를 **다양한 분석 방법을 통해 분석하면 데이터 속의 숨은 지식**을 얻을 수 있습니다. 하지만 데이터 분석 방법을 모른다면 이러한 지식을 얻기란 힘들 것입니다. 빅 데이터 분석 심포지엄에선 분석 방법에 대해 처음 접근하고자 하는 분들을 대상으로 눈높이에 맞춰서 데이터 분석이 무엇인지 이해할 수 있도록 기초 단계부터 쉽게 알려드리고자 기획하게 되었습니다. 빅 데이터 분석 방법에 관심 있는 대학생, 구직자, 직장인 등 모든 분들의 많은 관심과 참여를 부탁드립니다.

문자표 ➡ ☆ 교육안내 ☆

중고딕, 가운데 정렬

1. 교 육 명 : 빅 데이터 분석 심포지엄
2. 교육일시 : 2021. 10. 14.(목) ~ 10. 18.(월), 10:00 ~ 17:00
3. 교육장소 : 판교 빅파이센터 교육장, 멀티캠퍼스 교육센터
4. 신청방법 : *2021. 09. 28.(화) 18:00까지 온라인으로만 등록(http://www.ihd.or.kr)* ⬅ 진하게, 기울임
5. 교 육 비 : 교육생 전액 무료

문자표

※ 기타사항
- 교육 프로그램 : 데이터 분석도구, 자료 분석 방법, 데이터 분석 사례 등
- 교육신청을 마친 분들은 기간 내에 관련 서류를 데이터분석센터 교육담당자에게 제출하셔야 교육 신청이 처리됩니다.
- 우수 교육 수료자를 대상으로 상품을 증정합니다.

왼쪽여백 : 15pt
내어쓰기 : 12pt

2021. 09. 02. ⬅ 13pt, 가운데 정렬

멀티캠퍼스 교육센터 ⬅ 휴먼옛체, 25pt, 가운데 정렬

쪽 테두리 : 이중 실선, 머리말 포함

글상자 - 크기 : 너비(70mm), 높이(12mm), 테두리 : 이중 실선(1.00mm), 반원
채우기 : 색상(RGB:233,174,43), 위치 : 글자처럼 취급, 가운데 정렬
글자 모양 : 휴먼옛체, 20pt, 가운데 정렬

DIAT

머리말(돋움, 9pt, 오른쪽 정렬)

그림D 삽입(바탕화면-KAIT-제출파일폴더)
너비(30mm), 높이(30mm)
위치 : 어울림(가로-쪽의 왼쪽:0.0mm,
세로-쪽의 위:24mm)

프로그래밍 언어

궁서체, 12pt, 진하게, 가운데 정렬

1. 파이썬 ◀ 휴먼옛체, 12pt, 진하게

파이썬은 고급 프로그래밍 언어의 일종으로 귀도 판 로썸(Guido van Rossum)에 의해 1991년에 발표되었다. 플랫폼이 독립적이며 인터프리터식, 객체지향적, 동적 타이핑 대화형 언어이다. 문법이 매우 쉬워서 프로그래밍 초보자들이 처음 프로그래밍을 배울 때 추천되는 언어로 미국의 공과 대학에서는 컴퓨터 프로그래밍 입문 수업으로 파이썬을 많이 사용하기도 한다. 다양한 플랫폼에서 쓸 수 있고 라이브러리(모듈)가 풍부하여, 대학을 비롯한 여러 교육 기관, 연구 기관 및 기업 등에서 이용이 증가하고 있다. 파이썬은 비영리의 파이썬 소프트웨어 재단(財團)이 관리하며, 무료로 누구나 다운받아 사용 가능하다. 무료로 제공되는 프로그램이지만 도움말 문서도 정리가 잘 되어 있으며, 유니코드 문자열(로)(을) 지원해서 영어 이외에 다양한 언어의 문자 처리도 가능하다는 장점 등으로 많은 개발자들에게 좋은 평가를 받고 있다.

2. R ◀ 휴먼옛체, 12pt, 진하게

R 프로그래밍 언어는 통계(統計) 계산과 그래픽을 위한 프로그래밍 언어이자 소프트웨어 환경으로 뉴질랜드 오클랜드 대학의 로버트 젠틀맨(Robert Gentleman)과 로스 이하카(Ross Ihaka)에 의해 시작되어 현재는 R 코어 팀이 개발(開發)하고 있다. R은 다양한 통계 기법과 수치 해석 기법, 분석 기법을 지원하며, 또한 사용자가 제작한 패키지를 추가하여 기능을 확장(擴張)할 수 있다. 핵심적인 프로그램의 패키지는 설치와 동시에 함께 설치되며, 추가적인 패키지는 CRAN㉠을 통해 사용자가 선택적으로 설치할 수 있다. R은 통계 계산과 소프트웨어 개발을 위한 환경이 필요한 일부 통계학자와 연구자들뿐만 아니라, 행렬 계산(計算)을 위한 도구로서도 사용될 수 있다.

각주

―――――――――――――――――
㉠ 11,220개 이상의 패키지를 내려 받을 수 있음 ◀ 굴림, 9pt

프로그래밍 언어 점유율

프로그래밍 언어	점유율(%)
Java	14.9
C	12.7
C++	6.4
Python	5.8
C#	5.0

위쪽 제목 셀 : 색상(RGB:105,155,55), 진하게
제목 셀 아래선 : 이중 실선(0.5mm)
글자 모양 : 중고딕, 10pt, 가운데 정렬

휴먼고딕, 12pt, 진하게

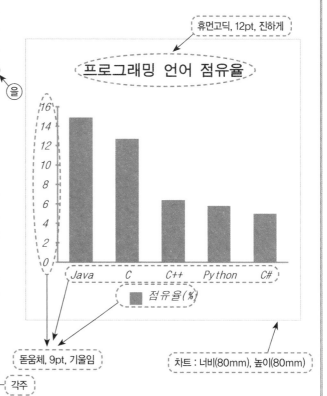

프로그래밍 언어 점유율

점유율(%)

돋움체, 9pt, 기울임

차트 : 너비(80mm), 높이(80mm)

쪽 번호 매기기, ①,②,③ 순으로,
오른쪽 아래

제13회 ▶ 디지털정보활용능력 출제예상 모의고사

☑ 시험과목 : 워드프로세서(한글)

☑ 시험일자 : 20XX. XX. XX. (X)

☑ 응시자 기재사항 및 감독위원 확인

한컴오피스 한글NEO 버전용

수 검 번 호	DIW - XXXX -	감독위원 확인
성 명		

응시자 유의사항

1. 응시자는 신분증을 지참하여야 시험에 응시할 수 있으며, 시험이 종료될 때까지 신분증을 제시하지 못 할 경우 해당 시험은 0점 처리됩니다.

2. 시스템(PC작동여부, 네트워크 상태 등)의 이상여부를 반드시 확인하여야 하며, 시스템 이상이 있을시 감독위원에게 조치를 받으셔야 합니다.

3. 시험 중 부주의 또는 고의로 시스템을 파손한 경우는 응시자 부담으로 합니다.

4. 답안 전송 프로그램을 통해 다운로드 받은 파일을 이용하여 답안 파일을 작성하시기 바랍니다.

5. 작성한 답안 파일은 답안 전송 프로그램을 통하여 전송됩니다. 감독위원의 지시에 따라 주시기 바랍니다.

6. 다음 사항의 경우 실격(0점) 혹은 부정행위 처리됩니다.

   1) 답안 파일을 저장하지 않았거나, 저장한 파일이 손상되었을 경우

   2) 답안 파일을 지정된 폴더(바탕화면 – "KAIT" 폴더)에 저장하지 않았을 경우

      ※ 답안 전송 프로그램 로그인 시 바탕화면에 자동 생성됨

   3) 답안 파일을 다른 보조 기억장치(USB) 혹은 네트워크(메신저, 게시판 등)로 전송할 경우

   4) 휴대용 전화기 등 통신기기를 사용할 경우

7. 시험지에 제시된 글꼴이 응시 프로그램에 없는 경우, 반드시 감독위원에게 해당 내용을 통보한 뒤 조치를 받아야 합니다.

8. 시험의 완료는 작성이 완료된 답안을 저장하고, 답안 전송이 완료된 상태를 확인한 것으로 합니다. 답안 전송 확인 후 문제지는 감독위원에게 제출한 후 퇴실하여야 합니다.

9. 답안 전송이 완료된 경우에는 수정 또는 정정이 불가능합니다.

10. 시험 시행 후 결과는 홈페이지(www.ihd.or.kr)에서 확인하시기 바랍니다.

    1) 문제 및 정답 공개 : 20XX. XX. XX.(X)

    2) 합격자 발표 : 20XX. XX. XX.(X)

Korea Association for ICT promotion
한국정보통신진흥협회 KAIT

≪문제≫ 첨부된 문제를 다음의 조건을 적용하여 문서를 작성하시오.

① 문서는 A4(210mm×297mm) 크기, 세로 용지 방향으로 작성한다.

② 페이지 여백은 아래와 같이 설정한다.

왼쪽	오른쪽	위쪽	아래쪽	머리말	꼬리말	제본
20mm	20mm	20mm	20mm	10mm	10mm	0mm

③ 글자는 별도의 지시사항이 없는 한 바탕, 10pt, 양쪽 정렬, 줄 간격 160%로 작성한다.

④ 영문, 숫자 등은 별도의 지시가 없는 한 반각(1byte) 문자를 사용한다.

⑤ 특수 문자는 문자표(전각 기호)를 이용하여 작성한다.

⑥ 교정 부호 및 화살표로 기재된 지시사항대로 처리하되, ⎧⎯⎯⎯⎯⎯⎫→ 은 지시사항이므로 작성하지 않는다.

⑦ 1페이지에 [문제1]을 작성하고, 구역을 나누어 2페이지에 [문제2]를 작성한다.

　※ 해당 페이지에 작성하지 않거나 의도적으로 텍스트 작성을 하지 않은 경우 0점 처리

⑧ [문제2]는 문제지와 같이 2단으로 다단을 나누어 작성한다.

⑨ '그림 삽입' 시에는 반드시 "KAIT 수검 프로그램"을 통해 다운로드 한 그림 파일을 사용한다.

⑩ 차트의 범례는 기본 값으로 작성한다.

⑪ 총점 : 200점

　[공통 사항1(기본 설정, 용지 설정)] : 8점, [공통 사항2(오탈자)] : 40점

　[문제1] : 46점, [문제2] : 106점

⑫ 기타 특별히 지시되어 있지 않은 사항은 문제지에 준하여 작성한다.

글맵시 - 돋움체, 채우기 : 색상(RGB:233,174,43)
크기 : 너비(120mm), 높이(20mm), 위치 : 글자처럼 취급, 가운데 정렬

머리말(굴림, 9pt, 오른쪽 정렬) ➞ DIAT

웅진공주문화체험행사안내

진하게, 밑줄

공주는 백제 문주왕 원년 한강유역의 한성에서 웅진(현재의 공주)으로 천도한 후 성왕 16년(538년)에 부여로 천도할 때까지 60여 년간 백제의 대표적인 도성이었습니다. 특히 공산성과 송산리고분군 등 백제역사유적지구는 <u>유네스코 세계문화유산으로 등재된 우리문화의 자랑</u>입니다. 국립공주박물관은 충청남도의 역사와 백제문화를 체계적으로 보존관리하기 위해 1946년 국립박물관 공주분관으로 개관한 후 1975년 국립공주박물관으로 개칭하여 현재에 이르고 있습니다. 웅진 백제의 문화를 직접 체험할 수 있는 전시실과 다양한 문화행사와 교육프로그램을 통해 소중한 경험을 할 수 있도록 노력하고 있습니다.

문자표 ➞ ★ 행사안내 ★

굴림체, 가운데 정렬

1. 행사시간 : 09:00 ~ 18:00(매주 월요일, 설날 및 추석 당일은 휴관)
2. 위   치 : *충청남도 공주시 관광단지길 34 국립공주박물관 (웅진동 360번지)* ◀ 진하게, 기울임
3. 문화행사 : 큐레이터와의 대화, 어린이 공연, 음악회, 주말가족영화관
4. 교육안내 : 주말박물관 교실 (예약 필수)
5. 관람비용 : 무료, 기획전시는 유료

문자표

※ 기타사항
- 단체 예약은 홈페이지(http://www.ihd.or.kr)에서 방문 전에 하시기 바랍니다.
- 관내 정기점검 작업으로 박물관 누리집(홈페이지) 서비스가 2021년 3월 18일 01:00시부터 07:00시까지 일시 중단됨을 알려드립니다.
- 기타 교육과 관련된 안내는 교육정보팀(전화: 041-800-0001)에 문의하시기 바랍니다.

왼쪽여백 : 10pt
내어쓰기 : 12pt

2021. 02. 25. ◀ 12pt, 가운데 정렬

충청남도공주시장 ◀ 휴먼옛체, 22pt, 가운데 정렬

문제1은 1구역, 문제2는 2구역으로 나누어 답안 작성

쪽 번호 매기기, 가,나,다 순으로, 가운데 아래

- 가 -

쪽 테두리 : 이중 실선, 머리말 포함

글상자 - 크기 : 너비(70mm), 높이(12mm), 테두리 : 이중 실선(1.00mm), 반원
채우기 : 색상(RGB:105,155,55), 위치 : 글자처럼 취급, 가운데 정렬
글자 모양 : 휴먼옛체, 20pt, 가운데 정렬

DIAT

머리말(굴림, 9pt, 오른쪽 정렬)

그림A 삽입(바탕화면-KAIT-제출파일폴더)
너비(35mm), 높이(35mm)
위치 : 어울림(가로-쪽의 왼쪽:0.0mm,
　　　세로-쪽의 위:24mm)

백제의 문화유산

중고딕, 12pt, 진하게, 가운데 정렬

1. 삼국시대의 백제

굴림체, 12pt, 진하게

삼국사기(三國史記)에는 고구려를 건국한 공명(孔明)왕의 셋째 아들 온조가 현 한강 유역에 위례성을 건설하고 나라를 세웠다고 전해진다. 이후 그와 함께 했던 비류가 죽고 온조 아래 백성이 통합된 후 국명을 '모든 백성이 즐겨 따랐다'는 뜻의 백제(百濟)라고 하였다. 백제는 B.C. 18년에 건국되어 A.C. 660년 멸망할 때까지 31명의 왕이 제위하며 약 700여 년간 이어졌던 한반도의 고대국가이다. 475년 고구려의 침략으로 도읍(都邑)을 웅진(현 공주)으로 이전하기 전까지를 한성시대로 보며 웅진에서의 시기를 웅진시대, 그리고 사비(현 부여)로 이전한 이후의 시기를 사비시대로 구분한다. 백제는 중국 뿐 아니라 일본과도 많은 교류를 하였는데 학문과 기술이 뛰어난 사람을 박사라 칭하는 제도를 운영하기도 했다.

2. 세계문화유산의 백제

굴림체, 12pt, 진하게

유네스코에서는 인류 전체가 보호해야할 보편적(普遍的) 가치가 있는 문화유산, 자연유산, 복합유산을 1972년 '세계유산협약'을 기준으로 세계유산(World Heritage)으로 지정하고 있다. 백제 후기의 찬란했던 문화를 보여 주는 공주, 부여 그리고 익산을 아우르는 일대 지역이 백제역사유적지구로 2015년 세계문화유산으로 등재되었다. 공주의 대표적인 유산은 웅진성과 연관된 공산성, 송산리 고분군이 있고 부여의 경우 사비성과 관련된 관북리 유적 및 부소산성, 정림사지, 능산리고분군, 익산시의 왕궁리 유적, 미륵사지① 등이 있다. 이 역사적 지역의 가치는 중국의 문화와 예술 및 종교를 백제 고유의 문화로 재탄생 시켰을 뿐 아니라 이를 다시 발전시켜 일본 등에 영향을 준 사실을 잘 알 수 있게 보여주는 역사적인 기록물들이기 때문이다.

각주

세계유산 최다 보유국

나라	등재 수
이탈리아	53
중국	52
스페인	46
프랑스	43
독일	42

위쪽 제목 셀 : 색상(RGB:53,135,145), 진하게
제목 셀 아래선 : 이중 실선(0.5mm)
글자 모양 : 돋움, 10pt, 가운데 정렬

바탕, 12pt, 진하게

세계유산 최다 보유국

이탈리아
중국
스페인
프랑스
독일

0　10　20　30　40　50　60

등재 수

돋움, 9pt, 기울임

차트 : 너비(80mm), 높이(90mm)

---

① 백제시대 가장 큰 사찰로 미륵사지석탑이 있다.　굴림, 9pt

쪽 번호 매기기, 가,나,다 순으로,
가운데 아래

- 나 -

제14회 ▶ 디지털정보활용능력 출제예상 모의고사

☑ 시험과목 : 워드프로세서(한글)
☑ 시험일자 : 20XX. XX. XX. (X)
☑ 응시자 기재사항 및 감독위원 확인

한컴오피스 한글NEO 버전용

수 검 번 호	DIW − XXXX −	감독위원 확인
성 명		

응시자 유의사항

1. 응시자는 신분증을 지참하여야 시험에 응시할 수 있으며, 시험이 종료될 때까지 신분증을 제시하지 못 할 경우 해당 시험은 0점 처리됩니다.

2. 시스템(PC작동여부, 네트워크 상태 등)의 이상여부를 반드시 확인하여야 하며, 시스템 이상이 있을시 감독위원에게 조치를 받으셔야 합니다.

3. 시험 중 부주의 또는 고의로 시스템을 파손한 경우는 응시자 부담으로 합니다.

4. 답안 전송 프로그램을 통해 다운로드 받은 파일을 이용하여 답안 파일을 작성하시기 바랍니다.

5. 작성한 답안 파일은 답안 전송 프로그램을 통하여 전송됩니다. 감독위원의 지시에 따라 주시기 바랍니다.

6. 다음 사항의 경우 실격(0점) 혹은 부정행위 처리됩니다.

   1) 답안 파일을 저장하지 않았거나, 저장한 파일이 손상되었을 경우
   2) 답안 파일을 지정된 폴더(바탕화면 – "KAIT" 폴더)에 저장하지 않았을 경우
      ※ 답안 전송 프로그램 로그인 시 바탕화면에 자동 생성됨
   3) 답안 파일을 다른 보조 기억장치(USB) 혹은 네트워크(메신저, 게시판 등)로 전송할 경우
   4) 휴대용 전화기 등 통신기기를 사용할 경우

7. 시험지에 제시된 글꼴이 응시 프로그램에 없는 경우, 반드시 감독위원에게 해당 내용을 통보한 뒤 조치를 받아야 합니다.

8. 시험의 완료는 작성이 완료된 답안을 저장하고, 답안 전송이 완료된 상태를 확인한 것으로 합니다. 답안 전송 확인 후 문제지는 감독위원에게 제출한 후 퇴실하여야 합니다.

9. 답안 전송이 완료된 경우에는 수정 또는 정정이 불가능합니다.

10. 시험 시행 후 결과는 홈페이지(www.ihd.or.kr)에서 확인하시기 바랍니다.

    1) 문제 및 정답 공개 : 20XX. XX. XX.(X)
    2) 합격자 발표 : 20XX. XX. XX.(X)

한국정보통신진흥협회 KAIT
Korea Association for ICT promotion

≪문제≫ 첨부된 문제를 다음의 조건을 적용하여 문서를 작성하시오.

① 문서는 A4(210mm×297mm) 크기, 세로 용지 방향으로 작성한다.

② 페이지 여백은 아래와 같이 설정한다.

왼쪽	오른쪽	위쪽	아래쪽	머리말	꼬리말	제본
20mm	20mm	20mm	20mm	10mm	10mm	0mm

③ 글자는 별도의 지시사항이 없는 한 바탕, 10pt, 양쪽 정렬, 줄 간격 160%로 작성한다.

④ 영문, 숫자 등은 별도의 지시가 없는 한 반각(1byte) 문자를 사용한다.

⑤ 특수 문자는 문자표(전각 기호)를 이용하여 작성한다.

⑥ 교정 부호 및 화살표로 기재된 지시사항대로 처리하되, ⌐⌐⌐⌐⌐⌐⌐→ 은 지시사항이므로 작성하지 않는다.

⑦ 1페이지에 [문제1]을 작성하고, 구역을 나누어 2페이지에 [문제2]를 작성한다.
　※ 해당 페이지에 작성하지 않거나 의도적으로 텍스트 작성을 하지 않은 경우 0점 처리

⑧ [문제2]는 문제지와 같이 2단으로 다단을 나누어 작성한다.

⑨ '그림 삽입' 시에는 반드시 "KAIT 수검 프로그램"을 통해 다운로드 한 그림 파일을 사용한다.

⑩ 차트의 범례는 기본 값으로 작성한다.

⑪ 총점 : 200점
　[공통 사항1(기본 설정, 용지 설정)] : 8점, [공통 사항2(오탈자)] : 40점
　[문제1] : 46점, [문제2] : 106점

⑫ 기타 특별히 지시되어 있지 않은 사항은 문제지에 준하여 작성한다.

글맵시 - 휴먼엣체, 채우기 : 색상(RGB:53,135,145)
크기 : 너비(90mm), 높이(20mm), 위치 : 글자처럼 취급, 가운데 정렬

머리말(굴림, 9pt, 오른쪽 정렬) → DIAT

충남서천생태전시관안내

진하게, 밑줄

지금까지 자연생태계는 인류의 급격한 산업화과정으로 인해 많은 자연환경이 파괴되어 수많은 동식물이 멸종하고 있습니다. 우리가 살아가는 **지구는 다양한 생물이 공존하며 살아가야 건강한 생태계**가 유지될 수 있습니다. 이러한 노력의 하나가 바로 생물의 다양성을 목적으로 우리가 해야 할 일을 찾아가는 것입니다. 생물의 다양성을 지키기 위해서는 동식물이 서식하는 환경을 체계적으로 보전하고 또한 지속 가능한 이용을 할 수 있도록 우리 스스로 동식물에 대해 알아가는 노력이라 할 수 있습니다. 조류생태 전시관에서는 조류에 관한 정보 뿐 아니라 서식지에 대한 다양한 정보를 제공하고 있습니다.

문자표 → ● 관람안내 ●
굴림체, 가운데 정렬

1. 관람시간 : 10:00 ~ 18:00 (매주 월요일, 설날 및 추석 당일은 휴관)
2. 관람위치 : 충남 서천군 마서면 장산로 916
3. 외부행사 : 서천습지여행, 사계절탐조여행, 서천철새여행, 서천금강하구철새여행
4. 교육안내 : 자연환경해설가이드, 갯벌생태안내인양성과정
5. 관람비용 : *홈페이지(http://www.ihd.or.kr)의 [전시관안내]에서 확인* 기울임, 밑줄

문자표

※ 프로그램 안내
- 휴먼테라스(1F) : 기획전시실, 버드 북카페, 선상데크
- 에코라운지(2F) : 에코라운지, 철새 파라다이스 금강하구 갯벌, 버드 시네마
- 버드디스커버리 : 철새 이동 경로판, 버드다큐, 버드스쿨, 신나는 철새모험 – 버드스쿨 일정은 문화 관광과(전화: 041-000-4001)에 문의바랍니다.

왼쪽여백 : 10pt
내어쓰기 : 12pt

2021. 10. 15. ← 12pt, 가운데 정렬

충남서천군수 ← 돋움, 24pt, 가운데 정렬

쪽 번호 매기기, Ⅰ,Ⅱ,Ⅲ 순으로, 왼쪽 아래

문제1은 1구역, 문제2는 2구역으로 나누어 답안 작성

쪽 테두리 : 이중 실선, 머리말 포함

글상자 - 크기 : 너비(70mm), 높이(12mm), 테두리 : 이중 실선(1.00mm), 둥근 모양
채우기 : 색상(RGB:105,155,55), 위치 : 글자처럼 취급, 가운데 정렬
글자 모양 : 휴먼옛체, 20pt, 가운데 정렬

DIAT

머리말(굴림, 9pt, 오른쪽 정렬)

그림B 삽입(바탕화면-KAIT-제출파일폴더)
너비(35mm), 높이(35mm)
위치 : 어울림(가로-쪽의 왼쪽:0.0mm,
세로-쪽의 위:24mm)

멸종위기 야생동물

돋움체, 12pt, 진하게, 가운데 정렬

1. 멸종위기 생물등급 ← 굴림체, 12pt, 진하게

멸종(滅種)의 위기에 처한 동물에 대한 보호를 하고 생물 다양성(多樣性)을 위해 세계자연보전연맹(IUCN)에서는 1966년 처음으로 멸종 위험이 높은 생물을 선정하고 종의 분포 및 서식 현황을 붉은 색 표지의 책으로 출간하였다. 현재 각 종의 상황을 각각 평가 작업을 하지 않은 NE 등급에서부터 멸종을 의미하는 EX 등급, 멸종에 직면한 EW 등급 등 총 9단계로 분류하고 있다. 중국은 2011년 이후로 적색(赤色) 목록을 발간하고 있다. 국내의 기준은 멸종위기에 처한 경우 1급으로 분류 하고, 멸종 위기에 처할 우려가 있는 경우 2급으로 분류한다. 해양수산부에서는 생존의 위협을 받거나 보존해야 하는 생물 77종을 지정해 관리하고 있다.

굴림체, 12pt, 진하게

2. 다양한 조류가 서식하는 서천

서천에는 내륙습지, 논 습지뿐 아니라 연안습지까지 다양한 자연환경이 잘 보존되어 있다. 여름에 찾아오는 여름 철새, 겨울에 찾아오는 겨울 철새뿐 아니라 나그네새(passage migrant birds)① 외에도 한반도에서 자생(自生)하는 텃새 등 조류가 서식(棲息)하기에 좋은 환경을 갖추고 있다. 천연기념물로 지정된 새로는 노랑부리백로, 큰고니, 개리, 저어새, 노랑부리저어새, 검은머리물떼새 등이 있고, 현재까지 확인된 나그네새는 약 38종이며 여름 철새는 약 33종, 그리고 겨울 철새는 약 47종 정도이고 31종이나 텃새도 있다. 이 중 멸종위기 1급으로 지정된 새는 넓적부리도요, 청다리도요사촌이 있고, 2급으로 지정된 새는 검은머리갈매기, 알락꼬리마도요, 큰 기러기, 희목물떼새 등이 있다. 다양한 종이 서식하기 위한 환경을 보존하기 위하여 서천군에서는 지속적인 조류 모니터링을 수행하고 있다.

각주

멸종위기 야생동물 지정현황

구분	1급	2급
포유류	11	9
조류	12	49
어류	9	16

위쪽 제목 셀 : 색상(RGB:202,86,167), 진하게
제목 셀 아래선 : 이중 실선(0.5mm)
글자 모양 : 중고딕, 10pt, 가운데 정렬

궁서체, 12pt, 진하게

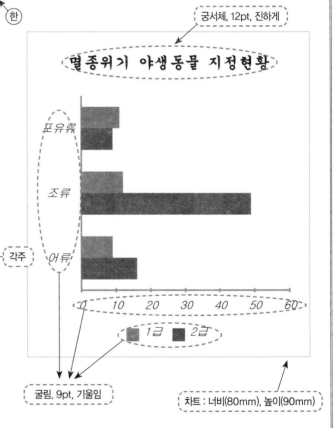

궁서체, 12pt, 진하게 → 멸종위기 야생동물 지정현황

굴림, 9pt, 기울임

차트 : 너비(80mm), 높이(90mm)

① 번식지에서 월동지로 봄과 가을에 통과하는 새 ← 굴림체, 9pt

제15회 ▶ 디지털정보활용능력 출제예상 모의고사

☑ 시험과목 : 워드프로세서(한글)

☑ 시험일자 : 20XX. XX. XX. (X)

☑ 응시자 기재사항 및 감독위원 확인

한컴오피스 한글NEO 버전용

수검번호	DIW − XXXX −	감독위원 확인
성 명		

응시자 유의사항

1. 응시자는 신분증을 지참하여야 시험에 응시할 수 있으며, 시험이 종료될 때까지 신분증을 제시하지 못 할 경우 해당 시험은 0점 처리됩니다.

2. 시스템(PC작동여부, 네트워크 상태 등)의 이상여부를 반드시 확인하여야 하며, 시스템 이상이 있을시 감독위원에게 조치를 받으셔야 합니다.

3. 시험 중 부주의 또는 고의로 시스템을 파손한 경우는 응시자 부담으로 합니다.

4. 답안 전송 프로그램을 통해 다운로드 받은 파일을 이용하여 답안 파일을 작성하시기 바랍니다.

5. 작성한 답안 파일은 답안 전송 프로그램을 통하여 전송됩니다. 감독위원의 지시에 따라 주시기 바랍니다.

6. 다음 사항의 경우 실격(0점) 혹은 부정행위 처리됩니다.

   1) 답안 파일을 저장하지 않았거나, 저장한 파일이 손상되었을 경우

   2) 답안 파일을 지정된 폴더(바탕화면 − "KAIT" 폴더)에 저장하지 않았을 경우

      ※ 답안 전송 프로그램 로그인 시 바탕화면에 자동 생성됨

   3) 답안 파일을 다른 보조 기억장치(USB) 혹은 네트워크(메신저, 게시판 등)로 전송할 경우

   4) 휴대용 전화기 등 통신기기를 사용할 경우

7. 시험지에 제시된 글꼴이 응시 프로그램에 없는 경우, 반드시 감독위원에게 해당 내용을 통보한 뒤 조치를 받아야 합니다.

8. 시험의 완료는 작성이 완료된 답안을 저장하고, 답안 전송이 완료된 상태를 확인한 것으로 합니다. 답안 전송 확인 후 문제지는 감독위원에게 제출한 후 퇴실하여야 합니다.

9. 답안 전송이 완료된 경우에는 수정 또는 정정이 불가능합니다.

10. 시험 시행 후 결과는 홈페이지(www.ihd.or.kr)에서 확인하시기 바랍니다.

    1) 문제 및 정답 공개 : 20XX. XX. XX.(X)

    2) 합격자 발표 : 20XX. XX. XX.(X)

≪문제≫ 첨부된 문제를 다음의 조건을 적용하여 문서를 작성하시오.

① 문서는 A4(210mm×297mm) 크기, 세로 용지 방향으로 작성한다.

② 페이지 여백은 아래와 같이 설정한다.

왼쪽	오른쪽	위쪽	아래쪽	머리말	꼬리말	제본
20mm	20mm	20mm	20mm	10mm	10mm	0mm

③ 글자는 별도의 지시사항이 없는 한 바탕, 10pt, 양쪽 정렬, 줄 간격 160%로 작성한다.

④ 영문, 숫자 등은 별도의 지시가 없는 한 반각(1byte) 문자를 사용한다.

⑤ 특수 문자는 문자표(전각 기호)를 이용하여 작성한다.

⑥ 교정 부호 및 화살표로 기재된 지시사항대로 처리하되, ⌐⋯⋯⋯⋯¬→ 은 지시사항이므로 작성하지 않는다.

⑦ 1페이지에 [문제1]을 작성하고, 구역을 나누어 2페이지에 [문제2]를 작성한다.
　※ 해당 페이지에 작성하지 않거나 의도적으로 텍스트 작성을 하지 않은 경우 0점 처리

⑧ [문제2]는 문제지와 같이 2단으로 다단을 나누어 작성한다.

⑨ '그림 삽입' 시에는 반드시 "KAIT 수검 프로그램"을 통해 다운로드 한 그림 파일을 사용한다.

⑩ 차트의 범례는 기본 값으로 작성한다.

⑪ 총점 : 200점
　[공통 사항1(기본 설정, 용지 설정)] : 8점, [공통 사항2(오탈자)] : 40점
　[문제1] : 46점, [문제2] : 106점

⑫ 기타 특별히 지시되어 있지 않은 사항은 문제지에 준하여 작성한다.

제7회전국고등학생미술실기대회

전국 고등학생 미술 실기대회를 통하여 창의성과 개성이 존중되는 미래사회에 능동적으로 대처하고 창작활동에 *꿈과 재능을 가진 유능하고 창의적인 예술인재를 조기에 발굴하여 육성하고자 합니다.* 또한, 학생들에게 대회에 참여하여 표현의 즐거움과 생활 속의 미를 향유할 수 있는 미술 잔치 한마당을 제공하여 건전한 취미활동 조장 및 미술 인구의 저변 확대에 기여하고자 합니다. 올해 7회를 맞이한 전국 고등학생 미술 실기대회를 아래와 같이 개최하오니 미술에 관심 있는 학생들이 참가하여 감성을 키우고 심미안을 향상시킬 수 있는 기회가 되길 바랍니다. 많은 학생들의 관심과 참여를 부탁드립니다.

◇ 대회안내 ◇

1. 참가자격 : 전국 고등학교에 재학 중인 학생 누구나
2. 대회일시 : 2021년 9월 21일 화요일 09:00 ~ 13:00
3. 대회장소 : 한국종합예술원 본관
4. 접수기간 : 2021년 9월 2일(목) ~ 2021년 9월 9일(목)
5. 참가신청 : *대회 홈페이지에 온라인 접수(http://www.ihd.or.kr)*

※ 기타사항
 - 응시부분은 풍경(수채화, 한국화), 정물(수채화, 한국화, 소묘), 조소(인체두상), 발상과 표현 중 선택
 - 접수증은 홈페이지에서 본인이 직접 출력하여 지참하고, 대회당일 사진이 부착된 신분증(주민등록증, 여권, 학생증, 청소년증 등)과 접수증을 지참해야 응시할 수 있음
 - 결과 발표는 2021년 10월 18일(월) 개별통지 및 대회 홈페이지에 공지(시상식 포함)

2021. 08. 26.

한국종합예술원

- A -

다양한 표현기법

1. 창의적인 표현기법

현대(現代) 회화에서는 창의적인 표현을 위한, 새로운 표현 방법을 끊임없이 연구하여 여러 가지 다양한 기법을 창출하고 있다. 양동이에 물을 담은 후, 그 위에 유성 잉크나 유채 물감을 떨어뜨리고 저으면 여러 가지 색이 섞이며 재미있는 모양이 떠오른다. 이 때 종이를 수면에 댔다가 들어내면, 종이에 필연적이고도 예상치 않은 다양한 무늬가 찍혀 나온다. 이런 표현 방법을 마블링(marbling)이라 한다. 데칼코마니는 접었다 편 종이의 한 쪽 면에 물감을 둘렀다가 칠하고 펴면 우연의 형태를 볼 수 있다. 또 다른 방법으로 붓을 사용하지 않고 물감을 화면에 흘리거나 뿌리는 방법(方法), 종이를 미리 물에 적시거나 물감을 칠하고 마르기 전에 그 위에 또 다른 물감을 칠하면 물감이 번지게 되어 기묘한 효과를 나타내는 방법도 있다.

2. 의도적인 표현기법

작가(作家)가 의도적으로 표현하는 방법 중 파피에 콜레는 신문지(新聞紙), 상표, 벽지, 차표 등의 인쇄물이나 판화 등에 붙여 새로운 조형 효과와 입체감을 주는 표현(表現) 방법이다. 이와 비슷한 표현 방법으로 모자이크(mosaic)가 있다. 모자이크는 색지나 돌, 색유리 등 작은 조각들을 늘어놓아 일정한 형상이나 모양을 표현하는 예술이다. 옛 메소포타미아(mesopotamia)에서 그 기원을 찾을 수 있으나 고대 로마는 기법과 표현을 발전시켜 비잔틴 미술에 모자이크의 번영을 가져오게 하였다. 이와 비슷하게 색유리를 작은 조각으로 이어 붙여 형상을 만들고 창에 달아 조명 효과를 살리는 스테인드 글라스(stained glass) 표현 방법은 중세 고딕 건축⊙의 넓고 큰 창의 장식 및 실내조명을 위해 사용된 표현 방법으로 현대에도 창문이나 칸막이, 문 등에 많이 이용되고 있다.

⊙ 중세 시대 말 유럽에서 번성한 건축 양식의 하나

6회 대회 참가 현황

응시부문	중학생	고등학생
풍경	98	81
정물	93	79
조소	69	47
발상과표현	61	58

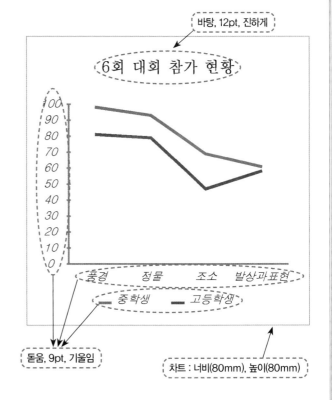

☑ 시험과목 : 워드프로세서(한글)

☑ 시험일자 : 20XX. XX. XX. (X)

☑ 응시자 기재사항 및 감독위원 확인

한컴오피스 한글NEO 버전용

수 검 번 호	DIW – XXXX –	감독위원 확인
성 명		

응시자 유의사항

1. 응시자는 신분증을 지참하여야 시험에 응시할 수 있으며, 시험이 종료될 때까지 신분증을 제시하지 못 할 경우 해당 시험은 0점 처리됩니다.

2. 시스템(PC작동여부, 네트워크 상태 등)의 이상여부를 반드시 확인하여야 하며, 시스템 이상이 있을시 감독위원에게 조치를 받으셔야 합니다.

3. 시험 중 부주의 또는 고의로 시스템을 파손한 경우는 응시자 부담으로 합니다.

4. 답안 전송 프로그램을 통해 다운로드 받은 파일을 이용하여 답안 파일을 작성하시기 바랍니다.

5. 작성한 답안 파일은 답안 전송 프로그램을 통하여 전송됩니다. 감독위원의 지시에 따라 주시기 바랍니다.

6. 다음 사항의 경우 실격(0점) 혹은 부정행위 처리됩니다.

    1) 답안 파일을 저장하지 않았거나, 저장한 파일이 손상되었을 경우

    2) 답안 파일을 지정된 폴더(바탕화면 – "KAIT" 폴더)에 저장하지 않았을 경우

        ※ 답안 전송 프로그램 로그인 시 바탕화면에 자동 생성됨

    3) 답안 파일을 다른 보조 기억장치(USB) 혹은 네트워크(메신저, 게시판 등)로 전송할 경우

    4) 휴대용 전화기 등 통신기기를 사용할 경우

7. 시험지에 제시된 글꼴이 응시 프로그램에 없는 경우, 반드시 감독위원에게 해당 내용을 통보한 뒤 조치를 받아야 합니다.

8. 시험의 완료는 작성이 완료된 답안을 저장하고, 답안 전송이 완료된 상태를 확인한 것으로 합니다. 답안 전송 확인 후 문제지는 감독위원에게 제출한 후 퇴실하여야 합니다.

9. 답안 전송이 완료된 경우에는 수정 또는 정정이 불가능합니다.

10. 시험 시행 후 결과는 홈페이지(www.ihd.or.kr)에서 확인하시기 바랍니다.

    1) 문제 및 정답 공개 : 20XX. XX. XX.(X)

    2) 합격자 발표 : 20XX. XX. XX.(X)

≪문제≫ 첨부된 문제를 다음의 조건을 적용하여 문서를 작성하시오.

① 문서는 A4(210mm×297mm) 크기, 세로 용지 방향으로 작성한다.

② 페이지 여백은 아래와 같이 설정한다.

왼쪽	오른쪽	위쪽	아래쪽	머리말	꼬리말	제본
20mm	20mm	20mm	20mm	10mm	10mm	0mm

③ 글자는 별도의 지시사항이 없는 한 바탕, 10pt, 양쪽 정렬, 줄 간격 160%로 작성한다.

④ 영문, 숫자 등은 별도의 지시가 없는 한 반각(1byte) 문자를 사용한다.

⑤ 특수 문자는 문자표(전각 기호)를 이용하여 작성한다.

⑥ 교정 부호 및 화살표로 기재된 지시사항대로 처리하되, ⌐⁻⁻⁻⁻⁻⁻⌐→ 은 지시사항이므로 작성하지 않는다.

⑦ 1페이지에 [문제1]을 작성하고, 구역을 나누어 2페이지에 [문제2]를 작성한다.

　※ 해당 페이지에 작성하지 않거나 의도적으로 텍스트 작성을 하지 않은 경우 0점 처리

⑧ [문제2]는 문제지와 같이 2단으로 다단을 나누어 작성한다.

⑨ '그림 삽입' 시에는 반드시 "KAIT 수검 프로그램"을 통해 다운로드 한 그림 파일을 사용한다.

⑩ 차트의 범례는 기본 값으로 작성한다.

⑪ 총점 : 200점

　[공통 사항1(기본 설정, 용지 설정)] : 8점, [공통 사항2(오탈자)] : 40점

　[문제1] : 46점, [문제2] : 106점

⑫ 기타 특별히 지시되어 있지 않은 사항은 문제지에 준하여 작성한다.

2021통영한산대첩축제

일본이 조선을 침략한 전쟁인 *임진왜란 당시 조선의 운명을 바꿔놓은 많은 사건 중의 하나*가 바로 한산대첩입니다. 국가적 위기가 닥쳐왔을 때 좌절하지 않고 충무공 이순신 장군이 호국정신과 지략을 통해 당시의 상황을 극복한 과정을 현세의 우리가 다시금 돌아봐야 할 것입니다. 우리민족은 지리적, 정치적인 이유로 많은 침략을 받은 역사가 있습니다. 현재의 한국은 남북 분단의 상황뿐 아니라 주변 열강들이 자국의 이권을 추구하는 현실에 직면하고 있습니다. 이번 행사를 통해 우리의 정체성과 역경을 극복해온 역사를 돌아 볼 수 있는 소중한 시간이 되리라 사료됩니다. 여러분의 관심과 참여 부탁드립니다.

◑ 행사안내 ◑

1. 행사 주제 : 충무공 이순신 장군의 호국정신을 계승하고 한산대첩 승전을 기념하는 축제
2. 행사 기간 : 자세한 일정은 홈페이지(http://www.ihd.or.kr)에서 확인 바랍니다.
3. 행사 장소 : **문화마당 및 병선마당, 통제영, 이순신공원 등 통영시 일원**
4. 주최/주관 : 통영시 / (재)한산대첩기념사업회
5. 행사 후원 : 문화체육관광부, 경상남도, 한국관광공사, 해군사령부, 해병대사령부

※ 기타사항

- 자원봉사 모집 : 축제의 의미와 값진 추억을 함께할 청소년, 대학생, 일반인 모집 중
- 주요행사 안내 : 전통무예시연, 전국 남녀궁도대회, 이순신 영화제, 조형물 제막식, 공중한산해전, 해상 활쏘기, 수군체험 노젓기대회
- 체험행사 지원 : 해군사령부 및 해병대사령부의 함정 공개

2021. 10. 28.

한국관광공사

문제 2

DIAT

임진왜란과 이순신

1. 임진왜란의 배경

임진왜란(壬辰倭亂)은 일본국내 120여 년간 계속하던 일본의 전국시대를 마감하고 일본을 통일한 도요토미 히데요시가 조선과 명나라를 정벌하기 위해 1592년 15만 8,700명의 군사를 부산에 상륙시킨 7년간의 조선과 일본의 전쟁이다. 도요토미 히데요시가 이 전쟁을 할 수 밖에 없었던 이유는 개인적인 야망(野望)Ⓐ과 내전에 공을 세운 다이묘들에게 줄 땅이 일본 내에서는 한정되었고, 또한 내전이 끝난 평화 시대에서 무사(武士, 사무라이)들은 걸림돌이 되었기 때문이다. 이 전쟁에 일본은 무려 28만 6,000명의 병력을 편성했었는데 당시 조선의 군사는 전국을 통틀어 관군 17만 2,400명으로 알려져 있다.

각주

2. 학익진의 한산대첩

한산대첩은 진주성대첩, 행주대첩과 더불어 임진왜란 3대첩의 하나로 불리며 세계 4대 해전(海戰) 중 하나로 알려져 있다. 당시 일본 수군은 우위를 잡고자 수군을 총집결하여 견내량에 포진하고 있었다. 이순신은 견내량의 해역(海域, shore region)이 좁고 암초가 많아 조선 수군이 자유롭지 못하다고 판단하고 이들을 유인하여 전투를 하기로 했다. 한산섬으로 유인하여 일본 수군(水軍)이 한산섬에 들어올 때 유인한 배와 미리 준비되었던 배가 학의 양쪽으로 날개처럼 적을 둘러싸서 공격하는 학익진법을 사용하였다. 현재 통영에 있는 한산섬 근처에서 1592년 치러진 전투가 한산대첩이며, 임진왜란 당시 제 3차 출동에서 치른 2번의 한산해전과 안골포해전을 총칭해 한산대첩이라 칭한다. 한산해전에서 적선 73척 중 살아남은 배는 14척에 불과했고, 안골포해전과 합쳐 총 79척의 적 함선을 침몰시켰다. 이 때 조선 수군의 피해는 전사 19명, 부상 114명이었으며 단 한척의 함선도 침몰되지 않았다.

Ⓐ 크게 무엇을 이루어 보겠다는 희망

동원 병력 및 사상자(단위: 천 명)

셀의 너비 조절

나라	동원 병력	사상자
조선	188	70
명나라	220	84
일본	470	140

동원 병력 및 사상자(단위 : 천 명)

3차원 설정 묶은 가로 막대형

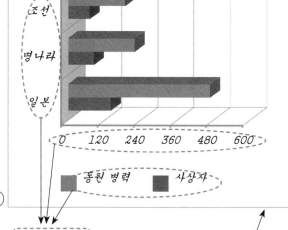

- 나 -

☑ 시험과목 : 워드프로세서(한글)
☑ 시험일자 : 20XX. XX. XX. (X)
☑ 응시자 기재사항 및 감독위원 확인

한컴오피스 한글NEO 버전용

수 검 번 호	DIW - XXXX -	감독위원 확인
성 명		

응시자 유의사항

1. 응시자는 신분증을 지참하여야 시험에 응시할 수 있으며, 시험이 종료될 때까지 신분증을 제시하지 못 할 경우 해당 시험은 0점 처리됩니다.

2. 시스템(PC작동여부, 네트워크 상태 등)의 이상여부를 반드시 확인하여야 하며, 시스템 이상이 있을시 감독위원에게 조치를 받으셔야 합니다.

3. 시험 중 부주의 또는 고의로 시스템을 파손한 경우는 응시자 부담으로 합니다.

4. 답안 전송 프로그램을 통해 다운로드 받은 파일을 이용하여 답안 파일을 작성하시기 바랍니다.

5. 작성한 답안 파일은 답안 전송 프로그램을 통하여 전송됩니다. 감독위원의 지시에 따라 주시기 바랍니다.

6. 다음 사항의 경우 실격(0점) 혹은 부정행위 처리됩니다.
   1) 답안 파일을 저장하지 않았거나, 저장한 파일이 손상되었을 경우
   2) 답안 파일을 지정된 폴더(바탕화면 – "KAIT" 폴더)에 저장하지 않았을 경우
      ※ 답안 전송 프로그램 로그인 시 바탕화면에 자동 생성됨
   3) 답안 파일을 다른 보조 기억장치(USB) 혹은 네트워크(메신저, 게시판 등)로 전송할 경우
   4) 휴대용 전화기 등 통신기기를 사용할 경우

7. 시험지에 제시된 글꼴이 응시 프로그램에 없는 경우, 반드시 감독위원에게 해당 내용을 통보한 뒤 조치를 받아야 합니다.

8. 시험의 완료는 작성이 완료된 답안을 저장하고, 답안 전송이 완료된 상태를 확인한 것으로 합니다. 답안 전송 확인 후 문제지는 감독위원에게 제출한 후 퇴실하여야 합니다.

9. 답안 전송이 완료된 경우에는 수정 또는 정정이 불가능합니다.

10. 시험 시행 후 결과는 홈페이지(www.ihd.or.kr)에서 확인하시기 바랍니다.

   1) 문제 및 정답 공개 : 20XX. XX. XX.(X)
   2) 합격자 발표 : 20XX. XX. XX.(X)

Korea Association for ICT promotion
한국정보통신진흥협회 KAIT

≪문제≫ 첨부된 문제를 다음의 조건을 적용하여 문서를 작성하시오.

① 문서는 A4(210mm × 297mm) 크기, 세로 용지 방향으로 작성한다.

② 페이지 여백은 아래와 같이 설정한다.

왼쪽	오른쪽	위쪽	아래쪽	머리말	꼬리말	제본
20mm	20mm	20mm	20mm	10mm	10mm	0mm

③ 글자는 별도의 지시사항이 없는 한 바탕, 10pt, 양쪽 정렬, 줄 간격 160%로 작성한다.

④ 영문, 숫자 등은 별도의 지시가 없는 한 반각(1byte) 문자를 사용한다.

⑤ 특수 문자는 문자표(전각 기호)를 이용하여 작성한다.

⑥ 교정 부호 및 화살표로 기재된 지시사항대로 처리하되, ⌈⋯⋯⋯⌉→ 은 지시사항이므로 작성하지 않는다.

⑦ 1페이지에 [문제1]을 작성하고, 구역을 나누어 2페이지에 [문제2]를 작성한다.

   ※ 해당 페이지에 작성하지 않거나 의도적으로 텍스트 작성을 하지 않은 경우 0점 처리

⑧ [문제2]는 문제지와 같이 2단으로 다단을 나누어 작성한다.

⑨ '그림 삽입' 시에는 반드시 "KAIT 수검 프로그램"을 통해 다운로드 한 그림 파일을 사용한다.

⑩ 차트의 범례는 기본 값으로 작성한다.

⑪ 총점 : 200점

   [공통 사항1(기본 설정, 용지 설정)] : 8점, [공통 사항2(오탈자)] : 40점

   [문제1] : 46점, [문제2] : 106점

⑫ 기타 특별히 지시되어 있지 않은 사항은 문제지에 준하여 작성한다.

2021컴퓨텍스(COMPUTEX)

국제 컴퓨터 박람회(COMPUTEX 2021)가 _2021년 4월 26일에서 4월 28일까지 서울 삼성동 코엑스_에서 개최됩니다. 글로벌 과학기술 생태계 구축이라는 지향점을 바탕으로 본 박람회에는 세계 각국의 컴퓨터 제조업체는 물론 보안장비와 저장장치 등 관련 부품과 액세서리 업체들이 대거 참가합니다. 본 박람회를 통하여 최근 IT 산업동향을 분석하고 획기적인 아이템의 창출, 바이어 개척, 제품 프로모션 등 고부가가치 사업 창출의 기회로 활용하실 수 있을 것입니다. 이번 국제 컴퓨터 박람회는 개최기간 동안 비즈니스 솔루션 발표회와 시연행사가 같이 열리오니 관련 업체 여러분의 많은 참관을 부탁드립니다.

■ 행사안내 ■

1. 행 사 명 : 국제 컴퓨터 박람회
2. 행사일시 : 2021. 04. 26.(월) ~ 2021. 04. 28.(수), 09:00 ~ 18:00
3. 행사장소 : 서울 삼성동 코엑스 전시장 1층
4. 사전등록 : __2021. 04. 21.(수), 18:00까지 온라인으로 등록__
5. 행사주관 : 과학기술정보통신부, 중소기업진흥공단, 중소벤처경영학회

※ 기타사항
   - 현장 등록비 : 대학(원)생 15,000원, 성인 30,000원
   - 주요 프로그램 : 최신 CPU 및 마더보드 소개, 커스텀 컴퓨터 대회, 컴퓨터 주변부품 전시회, 가상화폐 채굴시연, 클라우드 서버 호스팅 설명회 등
   - 홈페이지(http://www.ihd.or.kr)에서 사전등록 시스템을 운영

2021. 03. 22.

중소기업진흥공단

쪽 테두리 : 이중 실선, 머리말 포함

글상자 - 크기 : 너비(70mm), 높이(12mm), 테두리 : 이중 실선(1.00mm), 반원
채우기 : 색상(RGB:199,82,82), 위치 : 글자처럼 취급, 가운데 정렬
글자 모양 : 휴먼옛체, 20pt, 가운데 정렬

DIAT

머리말(돋움, 9pt, 오른쪽 정렬)

그림A 삽입(바탕화면-KAIT-제출파일폴더)
너비(30mm), 높이(30mm)
위치 : 어울림(가로-쪽의 왼쪽:0.0mm,
세로-쪽의 위:24mm)

컴퓨터의 두뇌

중고딕, 12pt, 진하게, 가운데 정렬

1. CPU ← 바탕, 12pt, 진하게

컴퓨터의 두뇌에 해당하는 것으로서 사용자로부터 입력받은 명령어를 해석, 연산한 후 그 결과를 출력하는 역할을 한다. 그리고 이렇게 하나의 부품에 연산장치, 해독(解讀)장치, 제어장치 등이 집적(集積)되어 있는 형태를 일컬어 마이크로프로세서(micro-processor)라고 한다. 한편 속도를 나타내는 대표적인 단위는 클럭(clock)인데, 이는 1초당 내부에서 몇 단계의 작업이 처리되는지를 측정해 이를 주파수 단위로 나타낸 것이다. 따라서 이 클럭 수치가 높을수록 빠른 성능이라고 할 수 있다. 다만, 과거에는 이러한 클럭 속도가 성능을 나타내는 절대적인 기준이었지만, 최근에는 멀티코어①가 등장하여 코어의 수가 성능을 나타내는 또 하나의 기준이 되고 있다.

각주

2. Cache Memory ← 바탕, 12pt, 진하게

클럭 속도와 코어의 수 외에도 CPU의 성능을 가늠할 수 있는 또 하나의 기준은 캐시 메모리(cache memory)의 용량이다. CPU 내부의 임시 저장 공간으로 CPU가 데이터를 처리할 때 자주 사용하는 데이터를 임시(temporary) 보관하는 곳이다. 이 캐시 메모리의 용량(容量)이 적으면 CPU에 비해 동작속도가 훨씬 느린 주기억장치(램, 롬)나 보조기억장치(하드디스크, CD)로부터 직접 불러들이는 데이터를 빈도(頻度)가 높아지는데, 이런 경우 컴퓨터의 전반적인 처리속도가 크게 저하된다. 결론적으로 CPU의 캐시 메모리는 크면 클수록 성능향상에 유리하고 캐시 메모리의 구성과 용량은 CPU의 등급과 가격을 결정하는 중요한 잣대가 되기도 한다. CPU와 가까운 곳에 위치한 캐시 메모리 일수록 성능 향상의 폭이 크지만, 그만큼 제조(manufacture)가 어렵고 생산단가(生産單價)도 높아진다.

---

① 동일한 성능으로 작동하는 중앙처리장치 여러 개를 ← 중고딕, 9pt
한 개의 칩 속에 집적해 놓은 것

CPU 시장 점유율(%)

중고딕, 12pt, 진하게, 가운데 정렬

연도	Intel	AMD
2017	84	16
2018	80	20
2019	68	32
2020	62	38

위쪽 제목 셀 : 색상(RGB:227,220,193), 진하게
제목 셀 아래선 : 이중 실선(0.5mm)
글자 모양 : 돋움, 10pt, 가운데 정렬

궁서체, 13pt, 진하게

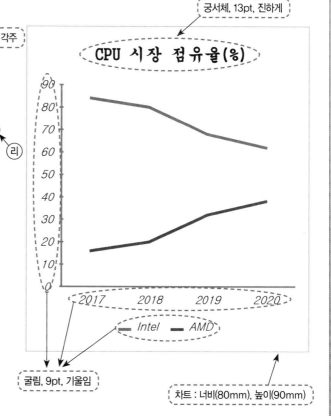

CPU 시장 점유율(%)

굴림, 9pt, 기울임

차트 : 너비(80mm), 높이(90mm)

제18회 ▶ 디지털정보활용능력 출제예상 모의고사

☑ 시험과목 : 워드프로세서(한글)

☑ 시험일자 : 20XX. XX. XX. (X)

☑ 응시자 기재사항 및 감독위원 확인

한컴오피스 한글NEO 버전용

수 검 번 호	DIW - XXXX -	감독위원 확인
성 명		

응시자 유의사항

1. 응시자는 신분증을 지참하여야 시험에 응시할 수 있으며, 시험이 종료될 때까지 신분증을 제시하지 못 할 경우 해당 시험은 0점 처리됩니다.

2. 시스템(PC작동여부, 네트워크 상태 등)의 이상여부를 반드시 확인하여야 하며, 시스템 이상이 있을시 감독위원에게 조치를 받으셔야 합니다.

3. 시험 중 부주의 또는 고의로 시스템을 파손한 경우는 응시자 부담으로 합니다.

4. 답안 전송 프로그램을 통해 다운로드 받은 파일을 이용하여 답안 파일을 작성하시기 바랍니다.

5. 작성한 답안 파일은 답안 전송 프로그램을 통하여 전송됩니다. 감독위원의 지시에 따라 주시기 바랍니다.

6. 다음 사항의 경우 실격(0점) 혹은 부정행위 처리됩니다.

   1) 답안 파일을 저장하지 않았거나, 저장한 파일이 손상되었을 경우

   2) 답안 파일을 지정된 폴더(바탕화면 – "KAIT" 폴더)에 저장하지 않았을 경우

      ※ 답안 전송 프로그램 로그인 시 바탕화면에 자동 생성됨

   3) 답안 파일을 다른 보조 기억장치(USB) 혹은 네트워크(메신저, 게시판 등)로 전송할 경우

   4) 휴대용 전화기 등 통신기기를 사용할 경우

7. 시험지에 제시된 글꼴이 응시 프로그램에 없는 경우, 반드시 감독위원에게 해당 내용을 통보한 뒤 조치를 받아야 합니다.

8. 시험의 완료는 작성이 완료된 답안을 저장하고, 답안 전송이 완료된 상태를 확인한 것으로 합니다. 답안 전송 확인 후 문제지는 감독위원에게 제출한 후 퇴실하여야 합니다.

9. 답안 전송이 완료된 경우에는 수정 또는 정정이 불가능합니다.

10. 시험 시행 후 결과는 홈페이지(www.ihd.or.kr)에서 확인하시기 바랍니다.

    1) 문제 및 정답 공개 : 20XX. XX. XX.(X)

    2) 합격자 발표 : 20XX. XX. XX.(X)

Korea Association for ICT promotion
한국정보통신진흥협회 **KAIT**

≪문제≫ 첨부된 문제를 다음의 조건을 적용하여 문서를 작성하시오.

① 문서는 A4(210mm×297mm) 크기, 세로 용지 방향으로 작성한다.

② 페이지 여백은 아래와 같이 설정한다.

왼쪽	오른쪽	위쪽	아래쪽	머리말	꼬리말	제본
20mm	20mm	20mm	20mm	10mm	10mm	0mm

③ 글자는 별도의 지시사항이 없는 한 바탕, 10pt, 양쪽 정렬, 줄 간격 160%로 작성한다.

④ 영문, 숫자 등은 별도의 지시가 없는 한 반각(1byte) 문자를 사용한다.

⑤ 특수 문자는 문자표(전각 기호)를 이용하여 작성한다.

⑥ 교정 부호 및 화살표로 기재된 지시사항대로 처리하되, ⸨⸨⸨⸨⸨⸩→ 은 지시사항이므로 작성하지 않는다.

⑦ 1페이지에 [문제1]을 작성하고, 구역을 나누어 2페이지에 [문제2]를 작성한다.
   ※ 해당 페이지에 작성하지 않거나 의도적으로 텍스트 작성을 하지 않은 경우 0점 처리

⑧ [문제2]는 문제지와 같이 2단으로 다단을 나누어 작성한다.

⑨ '그림 삽입' 시에는 반드시 "KAIT 수검 프로그램"을 통해 다운로드 한 그림 파일을 사용한다.

⑩ 차트의 범례는 기본 값으로 작성한다.

⑪ 총점 : 200점
   [공통 사항1(기본 설정, 용지 설정)] : 8점, [공통 사항2(오탈자)] : 40점
   [문제1] : 46점, [문제2] : 106점

⑫ 기타 특별히 지시되어 있지 않은 사항은 문제지에 준하여 작성한다.

글맵시 – 휴먼옛체, 채우기 : 색상(RGB:53,135,145)
크기 : 너비(130mm), 높이(20mm), 위치 : 글자처럼 취급, 가운데 정렬

기울임, 밑줄

눈이 아름다운 그 곳, 일본의 최북단에 위치한 북해도 패키지여행을 소개해드립니다. 이번 '2021 북해도 여행 패키지' 프로그램은 _소중한 가족들, 친구들과 함께하는 최고의 여행_ 이 될 수 있도록 다채롭게 구성되었습니다. 매년 3,000리터의 온천수가 나오는 노보리베츠의 지옥계곡에서 밤도깨비 축제를 관람하고, 아름다운 설경 속의 고급 온천욕을 즐길 수도 있습니다. 또한 삿포로의 맥주 박물관과 다양한 먹거리로 풍부한 여행이 될 것이며, 오타루의 운하 및 오르골전당을 비롯하여 오오도리 공원을 중심으로 진행되는 화이트 일루미네이션 축제 등을 통해 여러분의 단조로운 일상 속에 큰 힐링이 될 것입니다.

문자표 ➔ ▶ 여행안내 ◀

굴림, 가운데 정렬

1. 대　　상 : 20세 이상의 여행을 좋아하는 성인
2. 기　　간 : 2021. 03. 12.(금) ~ 03. 15.(월), 3박 4일
3. 장　　소 : 북해도 삿포로, 오타루, 노보리베츠 등
4. 예약방법 : **_여행사 홈페이지 및 전화 예약 (10인 이상 단체는 전화 예약만 가능)_** ◀ 진하게, 기울임
5. 주　　관 : 북해도사랑 여행사, 북해도관광청사

문자표

※ 기타사항
― - 여행 일정 7일 전에는 항공권 구입 관계로 취소가 불가능합니다.
― - 주요 관광지 : 홋카이도 구청사, 삿포로 시계탑, 홋카이도 대학교, 오타루 운하, 오르골당 외
― - 이 상품은 특가로 진행되기 때문에 숙박 시설 및 기타 옵션의 선택이 불가능합니다. 자세한 여행 일정은 북해도사랑 여행사 홈페이지(http://www.ihd.or.kr)를 참고하시기 바랍니다.

왼쪽여백 : 10pt
내어쓰기 : 13pt

2021. 02. 22. ◀ 12pt, 가운데 정렬

북 해 도 관 광 청 사 ◀ 굴림체, 22pt, 가운데 정렬

쪽 번호 매기기, 一,二,三 순으로,
오른쪽 아래

- 二 -

문제1은 1구역, 문제2는 2구역으로 나누어 답안 작성

홋카이도 힐링여행

일본 북해도 자유여행 관광정보

1. 일본의 대표 관광명소

최근 가족여행지로 각광받고 있는 식도락의 천국인 일본은 다양한 관광지와 먹거리, 즐길 거리가 가득한 곳이다. 특히 겨울 관광지로 유명한 홋카이도 본섬은 일본 열도에서 혼슈㉮ 다음으로 두 번째로 큰 섬이다. 북위 41도~50도 사이에 위치하여 냉대 습윤 기후와 같이 한랭한 기후(氣候)가 나타난다. 계절별 아름다움이 두드러지는 홋카이도는 깨끗한 공기와 푸른 하늘, 계절마다 형형색색의 꽃들과 나무들이 만발한다. 또한 삿포로시에 위치한 중요 문화재(Cultural properties) 중 하나인 홋카이도 구청사는 붉은 벽돌(아카렌가)로 불리며 메이지 시대(時代)를 대표하는 건물로 이른바 홋카이도의 상징(象徵)이 되었다. 이처럼 자연과 하나가 되어 관광객들의 오감(五感)을 만족시키는 일본의 대표 관광명소로 대두되고 있다.

2. 힐링 관광지

삿포로는 홋카이도에서 가장 큰 도시이자 중심지이기도 한 대표적인 관광지이다. 겨울과 맥주로 유명한 이곳은 매년 세계 3대 축제(Festival) 중 하나인 눈꽃축제가 열려 대자연을 만끽할 수 있다. 오타루(Otaru)는 대표적인 항구도시로 영화 촬영지로 유명하다. 오타루 운하는 일본 관광객들의 명소(名所)로 자리매김하였다. 또한 메르헨 교차지점에 있는 일본 최대의 오르골 전문점인 오르골당에서는 고풍스러운 분위기에서 가지각색의 오르골을 보고 체험(Experience)할 수 있다. 일본 3대 온천(hot spring) 지역으로 꼽히는 노보리베츠는 설경에서 즐기는 온천욕과 신선한 해산물 등이 유명하다. 이 외에도 여름에 즐기는 후라노의 라벤더 축제, 멋진 야경을 볼 수 있는 하코다테산 전망대는 빼놓을 수 없는 관광지이다.

도시	관광정보(건)
노보리베츠	247
삿포로	391
후라노	102
오타루	277
하코다테	116

북해도 자유여행 관광정보

㉮ 일본을 구성하는 4개의 섬 중 크기가 가장 큰 섬

제19회 디지털정보활용능력 출제예상 모의고사

☑ 시험과목 : 워드프로세서(한글)
☑ 시험일자 : 20XX. XX. XX. (X)
☑ 응시자 기재사항 및 감독위원 확인

한컴오피스 한글NEO 버전용

수 검 번 호	DIW – XXXX –	감독위원 확인
성 명		

응시자 유의사항

1. 응시자는 신분증을 지참하여야 시험에 응시할 수 있으며, 시험이 종료될 때까지 신분증을 제시하지 못 할 경우 해당 시험은 0점 처리됩니다.

2. 시스템(PC작동여부, 네트워크 상태 등)의 이상여부를 반드시 확인하여야 하며, 시스템 이상이 있을시 감독위원에게 조치를 받으셔야 합니다.

3. 시험 중 부주의 또는 고의로 시스템을 파손한 경우는 응시자 부담으로 합니다.

4. 답안 전송 프로그램을 통해 다운로드 받은 파일을 이용하여 답안 파일을 작성하시기 바랍니다.

5. 작성한 답안 파일은 답안 전송 프로그램을 통하여 전송됩니다. 감독위원의 지시에 따라 주시기 바랍니다.

6. 다음 사항의 경우 실격(0점) 혹은 부정행위 처리됩니다.
   1) 답안 파일을 저장하지 않았거나, 저장한 파일이 손상되었을 경우
   2) 답안 파일을 지정된 폴더(바탕화면 – "KAIT" 폴더)에 저장하지 않았을 경우
      ※ 답안 전송 프로그램 로그인 시 바탕화면에 자동 생성됨
   3) 답안 파일을 다른 보조 기억장치(USB) 혹은 네트워크(메신저, 게시판 등)로 전송할 경우
   4) 휴대용 전화기 등 통신기기를 사용할 경우

7. 시험지에 제시된 글꼴이 응시 프로그램에 없는 경우, 반드시 감독위원에게 해당 내용을 통보한 뒤 조치를 받아야 합니다.

8. 시험의 완료는 작성이 완료된 답안을 저장하고, 답안 전송이 완료된 상태를 확인한 것으로 합니다. 답안 전송 확인 후 문제지는 감독위원에게 제출한 후 퇴실하여야 합니다.

9. 답안 전송이 완료된 경우에는 수정 또는 정정이 불가능합니다.

10. 시험 시행 후 결과는 홈페이지(www.ihd.or.kr)에서 확인하시기 바랍니다.
    1) 문제 및 정답 공개 : 20XX. XX. XX.(X)
    2) 합격자 발표 : 20XX. XX. XX.(X)

≪문제≫ 첨부된 문제를 다음의 조건을 적용하여 문서를 작성하시오.

① 문서는 A4(210mm×297mm) 크기, 세로 용지 방향으로 작성한다.

② 페이지 여백은 아래와 같이 설정한다.

왼쪽	오른쪽	위쪽	아래쪽	머리말	꼬리말	제본
20mm	20mm	20mm	20mm	10mm	10mm	0mm

③ 글자는 별도의 지시사항이 없는 한 바탕, 10pt, 양쪽 정렬, 줄 간격 160%로 작성한다.

④ 영문, 숫자 등은 별도의 지시가 없는 한 반각(1byte) 문자를 사용한다.

⑤ 특수 문자는 문자표(전각 기호)를 이용하여 작성한다.

⑥ 교정 부호 및 화살표로 기재된 지시사항대로 처리하되, ⌐⋯⋯⋯⌐→ 은 지시사항이므로 작성하지 않는다.

⑦ 1페이지에 [문제1]을 작성하고, 구역을 나누어 2페이지에 [문제2]를 작성한다.
   ※ 해당 페이지에 작성하지 않거나 의도적으로 텍스트 작성을 하지 않은 경우 0점 처리

⑧ [문제2]는 문제지와 같이 2단으로 다단을 나누어 작성한다.

⑨ '그림 삽입' 시에는 반드시 "KAIT 수검 프로그램"을 통해 다운로드 한 그림 파일을 사용한다.

⑩ 차트의 범례는 기본 값으로 작성한다.

⑪ 총점 : 200점
   [공통 사항1(기본 설정, 용지 설정)] : 8점, [공통 사항2(오탈자)] : 40점
   [문제1] : 46점, [문제2] : 106점

⑫ 기타 특별히 지시되어 있지 않은 사항은 문제지에 준하여 작성한다.

글맵시 - 휴먼옛체, 채우기 : 색상(RGB:202,86,167)
크기 : 너비(120mm), 높이(20mm), 위치 : 글자처럼 취급, 가운데 정렬

국제하이엔드오디오페스티벌

기울임, 밑줄

국제 하이엔드 오디오 페스티벌은 *국내 최대의 하이파이 오디오, 홈시어터, 모바일 오디오 기기 전시회* 로 하이엔드 오디오 시장에 활력소가 될 수 있도록 매년 노력해 왔습니다. 올해는 전통의 하이엔드 오디오는 물론 스마트 오디오, 초대형 UHD TV 11.2채널 홈시어터, 하이엔드 모바일 기기 및 헤드폰 등 새로운 볼거리가 가득 차게 준비하였습니다. 또한 전용 세미나실과 청음관 운영, 고품격 공연 등이 계획 되어 있습니다. 하이엔드 오디오와 음악을 사랑하는 수많은 업체 관계자와 관람객 여러분이 함께 어울 려 우리 문화의 한 부분인 음악과 영상을 즐겁고 유익하게 즐길 수 있는 자리가 되기를 기원합니다.

문자표 → ☆ **행사안내** ☆

궁서, 가운데 정렬

1. 행 사 명 : 국제 하이엔드 오디오 페스티벌
2. 행사일시 : 2021. 07. 06.(화) ~ 2021. 07. 08.(목), 09:00 ~ 18:00
3. 행사장소 : 코엑스 컨퍼런스센터 3층
4. 사전등록 : <u>**2021. 07. 01.(목) 18:00까지**</u> ← 진하게, 밑줄
5. 행사주관 : 한국방송통신전파진흥원, 하이파이클럽, 월간팝송미디어

문자표

※ 기타사항
—— 온라인 사전등록(http://www.ihd.or.kr)
—— 입장료 : 10,000원(사전등록 입장료 10% 할인)
—— 사전등록하신 관람객 중에서 선착순으로 고급 블루투스 이어폰을 증정하며, 입장번호를 추첨하여 다양한 상품을 증정합니다.

왼쪽여백 : 10pt
내어쓰기 : 12pt

2021. 05. 26. ← 13pt, 가운데 정렬

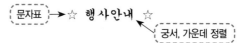

한국방송통신전파진흥원 ← 휴먼옛체, 25pt, 가운데 정렬

홈시어터의 세계

1. 홈시어터 앰프

돋움, 12pt, 진하게

극장에서 느끼는 감동을 집에서 구현하기 위하여 구성하는 홈시어터 시스템에서는 AV 리시버(receiver)가 매우 중요한데 크게 세 가지 역할을 수행한다. 첫 번째 역할은 음향신호의 디코딩 및 DSP[ⓐ] 처리를 하는 프로세싱 기능(機能)이다. 두 번째 역할은 기기에서 받은 영상신호를 업 스케일링하거나 원본 그대로 TV로 보내주는 바이패스(bypass) 기능을 하는 영상프로세싱 기능이다. 마지막 세 번째 역할은 아날로그(analogue)로 변환된 신호를 증폭(增幅)하여 각 채널의 스피커로 보내는 파워앰프 역할을 한다. 이 파워앰프의 기능은 프로세싱 기능과 합쳐져 있는 경우가 일반적이지만, 별도의 기기로 분리될 수도 있다. 이러한 기능이 합쳐져 있는 기기는 보통 AV 리시버 또는 AV 앰프라고 하며, 기능이 분리된 경우 프로세싱만 담당하는 기기를 AV 프로세서, 파워앰프 기능만 담당하는 기기를 멀티채널 앰프라고 한다.

각주

폭

2. 미니 홈시어터, 사운드바

돋움, 12pt, 진하게

기술(技術)의 발전(發展)으로 TV는 점점 더 얇아지며 가벼워지고 있지만 원하는 음향으로 채우기 위한 스피커를 TV 내부에 삽입하는 것은 어려워졌다. 이로 인하여 원하는 사운드를 위한 새로운 장치(裝置)가 필요했는데 이것이 바로 사운드바(soundbar)이다. 사운드바는 1개 또는 2개의 부속으로 구성되는 스피커 시스템이며, 주 용도는 TV에 고품질 사운드를 추가하는 것이다. 따라서 사운드바는 출시되는 최근에 TV에 달린 기본 스피커보다 오디오 성능이 우수하고 공간을 거의 차지하지 않으며 전원코드와 몇 개의 케이블만 연결하면 된다. 그리고 음향의 반사각을 이용해 입체음향(stereophonic sound)을 구현한다.

홈시어터 브랜드별 시장 점유율(%)

브랜드명	2019년	2020년
삼성	18.9	19.9
LG	17.3	18.3
온쿄	15.4	16.0
소니	15.3	15.6

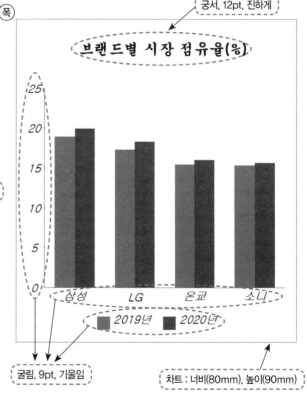

브랜드별 시장 점유율(%)

ⓐ 디지털 신호를 기계장치가 빠르게 처리할 수 있도록
하는 집적회로

돋움, 9pt

제20회 ▶ 디지털정보활용능력 출제예상 모의고사

☑ 시험과목 : 워드프로세서(한글)

☑ 시험일자 : 20XX. XX. XX. (X)

☑ 응시자 기재사항 및 감독위원 확인

한컴오피스 한글NEO 버전용

수 검 번 호	DIW - XXXX -	감독위원 확인
성 명		

응시자 유의사항

1. 응시자는 신분증을 지참하여야 시험에 응시할 수 있으며, 시험이 종료될 때까지 신분증을 제시하지 못 할 경우 해당 시험은 0점 처리됩니다.

2. 시스템(PC작동여부, 네트워크 상태 등)의 이상여부를 반드시 확인하여야 하며, 시스템 이상이 있을시 감독위원에게 조치를 받으셔야 합니다.

3. 시험 중 부주의 또는 고의로 시스템을 파손한 경우는 응시자 부담으로 합니다.

4. 답안 전송 프로그램을 통해 다운로드 받은 파일을 이용하여 답안 파일을 작성하시기 바랍니다.

5. 작성한 답안 파일은 답안 전송 프로그램을 통하여 전송됩니다. 감독위원의 지시에 따라 주시기 바랍니다.

6. 다음 사항의 경우 실격(0점) 혹은 부정행위 처리됩니다.

   1) 답안 파일을 저장하지 않았거나, 저장한 파일이 손상되었을 경우

   2) 답안 파일을 지정된 폴더(바탕화면 – "KAIT" 폴더)에 저장하지 않았을 경우

      ※ 답안 전송 프로그램 로그인 시 바탕화면에 자동 생성됨

   3) 답안 파일을 다른 보조 기억장치(USB) 혹은 네트워크(메신저, 게시판 등)로 전송할 경우

   4) 휴대용 전화기 등 통신기기를 사용할 경우

7. 시험지에 제시된 글꼴이 응시 프로그램에 없는 경우, 반드시 감독위원에게 해당 내용을 통보한 뒤 조치를 받아야 합니다.

8. 시험의 완료는 작성이 완료된 답안을 저장하고, 답안 전송이 완료된 상태를 확인한 것으로 합니다. 답안 전송 확인 후 문제지는 감독위원에게 제출한 후 퇴실하여야 합니다.

9. 답안 전송이 완료된 경우에는 수정 또는 정정이 불가능합니다.

10. 시험 시행 후 결과는 홈페이지(www.ihd.or.kr)에서 확인하시기 바랍니다.

    1) 문제 및 정답 공개 : 20XX. XX. XX.(X)

    2) 합격자 발표 : 20XX. XX. XX.(X)

≪문제≫ 첨부된 문제를 다음의 조건을 적용하여 문서를 작성하시오.

① 문서는 A4(210mm × 297mm) 크기, 세로 용지 방향으로 작성한다.

② 페이지 여백은 아래와 같이 설정한다.

왼쪽	오른쪽	위쪽	아래쪽	머리말	꼬리말	제본
20mm	20mm	20mm	20mm	10mm	10mm	0mm

③ 글자는 별도의 지시사항이 없는 한 바탕, 10pt, 양쪽 정렬, 줄 간격 160%로 작성한다.

④ 영문, 숫자 등은 별도의 지시가 없는 한 반각(1byte) 문자를 사용한다.

⑤ 특수 문자는 문자표(전각 기호)를 이용하여 작성한다.

⑥ 교정 부호 및 화살표로 기재된 지시사항대로 처리하되, ⌐⁃⁃⁃⁃⁃⁃⁃⌐→ 은 지시사항이므로 작성하지 않는다.

⑦ 1페이지에 [문제1]을 작성하고, 구역을 나누어 2페이지에 [문제2]를 작성한다.

   ※ 해당 페이지에 작성하지 않거나 의도적으로 텍스트 작성을 하지 않은 경우 0점 처리

⑧ [문제2]는 문제지와 같이 2단으로 다단을 나누어 작성한다.

⑨ '그림 삽입' 시에는 반드시 "KAIT 수검 프로그램"을 통해 다운로드 한 그림 파일을 사용한다.

⑩ 차트의 범례는 기본 값으로 작성한다.

⑪ 총점 : 200점

   [공통 사항1(기본 설정, 용지 설정)] : 8점, [공통 사항2(오탈자)] : 40점

   [문제1] : 46점, [문제2] : 106점

⑫ 기타 특별히 지시되어 있지 않은 사항은 문제지에 준하여 작성한다.

글맵시 - 휴먼옛체, 채우기 : 색상(RGB:233,174,43)
크기 : 너비(130mm), 높이(20mm), 위치 : 글자처럼 취급, 가운데 정렬

머리말(궁서, 9pt, 오른쪽 정렬) → DIAT

선비문화중심청소년인성교육안내

기울임, 밑줄

박재상은 "선비란 모름지기 *자신을 희생하여 백성을 살리며 이로서 민심을 수습하고 국가를 안정시키는* 일에 앞장서는 마음가짐과 지혜와 용기를 갖춘 사람"이라고 말했습니다. 즉, 선비는 단군의 이념인 홍익인간과 실사구시를 실천하던 학자들로서 문무를 겸했던 사람들을 말합니다. 한국선비문화수련원에서는 현대사회에서 사라진 우리민족 고유의 선비정신을 되살리고 청소년들에게 올바른 가치관 수립과 인성교육에 초점을 맞추어 수요자 중심의 맞춤형 프로그램을 운영하고 있습니다. 학생과 학부모가 한국선비문화수련원을 통하여 선비문화를 체험하고 선비정신을 배울 수 있도록 널리 홍보하여 주시기 바랍니다.

문자표 → ◀ 이용안내 ▶
돋움, 가운데 정렬

1. 프로그램 : 선비란 누구인가?, 알기 쉬운 사자소학(효행편) 등
2. 운영시기 : 2021년 7월 ~ 12월(단, 일요일 및 국경일 제외)
3. 교육대상 : 전국의 초, 중, 고등학교 학생 및 학부모
4. 접수방법 : **홈페이지(http://www.ihd.or.kr)에서 [예약안내] 클릭 후 신청** ← 진하게, 밑줄
5. 문의전화 : 한국선비문화수련원(02-1234-4567)

문자표

※ 기타사항
- 교육비는 유료이며, 홈페이지에서 선착순으로 신청을 받습니다.
- 본 수련원은 국가 정신문화 거점 기관으로 인정받아 학생 인성교육을 위한 국비 예산지원을 받아 교육을 진행하고 있습니다.
- 신청 시 프로그램명, 날짜, 시간, 대상, 참석인원을 반드시 확인해 주시기 바랍니다. 일부 교육 과정은 기한 내 교육비 미결제 시 교육신청이 취소 될 수 있으니 납부기일을 준수해 주시기 바랍니다.

왼쪽여백 : 10pt
내어쓰기 : 12pt

2021. 05. 26. ← 11pt, 가운데 정렬

한국선비문화수련원 ← 휴먼고딕, 20pt, 가운데 정렬

쪽 번호 매기기, 一,二,三 순으로, 왼쪽 아래

문제1은 1구역, 문제2는 2구역으로 나누어 답안 작성

쪽 테두리 : 이중 실선, 머리말 포함

글상자 – 크기 : 너비(70mm), 높이(12mm), 테두리 : 이중 실선(1.00mm), 둥근 모양
채우기 : 색상(RGB:227,220,193), 위치 : 글자처럼 취급, 가운데 정렬
글자 모양 : 휴먼옛체, 17pt, 가운데 정렬

DIAT

머리말(궁서, 9pt, 오른쪽 정렬)

그림D 삽입(바탕화면–KAIT–제출파일폴더)
너비(30mm), 높이(30mm)
위치 : 어울림(가로–쪽의 왼쪽:0.0mm,
　　　 세로–쪽의 위:24mm)

선비의 마음가짐

1. 선비의 중요한 가치관 ← 궁서, 12pt, 진하게

선비들이 가장 가치 있게 여겼던 것은 일이관지(一以貫之)의 이념이었다. 이 일관성은 세력에 따라 변화하는 기회주의를 용납하지 않았다. 선비의 지조와 절개는 선비로서의 징표와 같은 것이었다. 또 하나의 가치관은 학행일치(學行一致)로 선비들은 배운 것을 실천에 옮길 때 비로소 그 배움이 의미를 갖게 된다고 생각하였었다. 그리고 그 실천(implement) 단계에서 가장 중요시 되던 것이 의리와 명분이다. 그래서 의리를 지키되 인정(人情)과 조화시키려 애를 썼다. 의리만을 따지면 삭막하기 세상살이가 쉽고 인정만을 베풀면 기준이 없이 혼란스러워지므로 의리와 인정을 적절히 조화(harmony)시켜야 한다는 균형감을 중시했다. 그러므로 선비는 지식과 교양을 갖추고, 실천을 통해 국가에 중추적인 역할을 담당한 사람들로 깨끗함에 큰 가치를 두었다.

2. 도덕, 인성 교과서 ← 궁서, 12pt, 진하게

각주

사자소학은 주희㉮의 소학과 기타 여러 경전의 내용을 알기 쉽게 생활한자로 편집한 한자학습의 입문서(入門書)로써, 옛날에 서당에서 공부하는 아이들이 천자문을 배우고 나서 가장 먼저 배우는 한자의 기초(basics) 교과서이다. 사자소학에는 부모님에 대한 효도, 형제간의 우애, 친구간에 우정(friendship), 스승(teacher) 섬기기, 바람직한 대인관계 등 올바른 마음가짐을 갖기 위한 기본적인 행동철학이 담겨져 있어, 종합적인 도덕교육과 인성교육의 보물창고이다. 사자소학은 비록 옛날에 만들어진 것이지만, 그 정신은 오늘날에 더욱 빛나고 있으며, 앞으로도 우리가 진정으로 배워야 할 모든 것은 바로 이 사자소학에서 출발한다고 할 수 있다. 그러므로 사자소학은 현대인들에게 한자공부뿐만 아니라 도덕성(道德性) 회복과 인간성 복원에 크게 도움이 되는 책이다.

의

굴림체, 12pt, 진하게, 가운데 정렬

참가 학생 수(단위: 명)

구분	20년 7월	20년 11월
초등학교	546	482
중학교	517	397
고등학교	364	285

위쪽 제목 셀 : 색상(RGB:233,174,43), 진하게
제목 셀 아래선 : 이중 실선(0.5mm)
글자 모양 : 중고딕, 10pt, 가운데 정렬

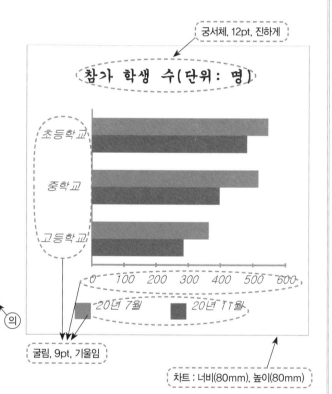

궁서체, 12pt, 진하게

참가 학생 수(단위: 명)

굴림, 9pt, 기울임

차트 : 너비(80mm), 높이(80mm)

㉮ 중국 남송의 유학자로 성리학을 완성시킴 ← 굴림, 9pt

PART 04

최신유형
기출문제

디지털정보활용능력 최신유형 기출문제

☑ 시험과목 : 워드프로세서(한글)

☑ 시험일자 : 20XX. XX. XX. (X)

☑ 응시자 기재사항 및 감독위원 확인

한컴오피스 한글NEO 버전용

수 검 번 호	DIW - XXXX -	감독위원 확인
성 명		

응시자 유의사항

1. 응시자는 신분증을 지참하여야 시험에 응시할 수 있으며, 시험이 종료될 때까지 신분증을 제시하지 못 할 경우 해당 시험은 0점 처리됩니다.

2. 시스템(PC작동여부, 네트워크 상태 등)의 이상여부를 반드시 확인하여야 하며, 시스템 이상이 있을시 감독위원에게 조치를 받으셔야 합니다.

3. 시험 중 부주의 또는 고의로 시스템을 파손한 경우는 응시자 부담으로 합니다.

4. 답안 전송 프로그램을 통해 다운로드 받은 파일을 이용하여 답안 파일을 작성하시기 바랍니다.

5. 작성한 답안 파일은 답안 전송 프로그램을 통하여 전송됩니다. 감독위원의 지시에 따라 주시기 바랍니다.

6. 다음 사항의 경우 실격(0점) 혹은 부정행위 처리됩니다.

   1) 답안 파일을 저장하지 않았거나, 저장한 파일이 손상되었을 경우

   2) 답안 파일을 지정된 폴더(바탕화면 - "KAIT" 폴더)에 저장하지 않았을 경우

      ※ 답안 전송 프로그램 로그인 시 바탕화면에 자동 생성됨

   3) 답안 파일을 다른 보조 기억장치(USB) 혹은 네트워크(메신저, 게시판 등)로 전송할 경우

   4) 휴대용 전화기 등 통신기기를 사용할 경우

7. 시험지에 제시된 글꼴이 응시 프로그램에 없는 경우, 반드시 감독위원에게 해당 내용을 통보한 뒤 조치를 받아야 합니다.

8. 시험의 완료는 작성이 완료된 답안을 저장하고, 답안 전송이 완료된 상태를 확인한 것으로 합니다. 답안 전송 확인 후 문제지는 감독위원에게 제출한 후 퇴실하여야 합니다.

9. 답안 전송이 완료된 경우에는 수정 또는 정정이 불가능합니다.

10. 시험 시행 후 결과는 홈페이지(www.ihd.or.kr)에서 확인하시기 바랍니다.

    1) 문제 및 정답 공개 : 20XX. XX. XX.(X)

    2) 합격자 발표 : 20XX. XX. XX.(X)

Korea Association for ICT promotion
한국정보통신진흥협회 KAIT

≪문제≫ 첨부된 문제를 다음의 조건을 적용하여 문서를 작성하시오.

① 문서는 A4(210mm×297mm) 크기, 세로 용지 방향으로 작성한다.

② 페이지 여백은 아래와 같이 설정한다.

왼쪽	오른쪽	위쪽	아래쪽	머리말	꼬리말	제본
20mm	20mm	20mm	20mm	10mm	10mm	0mm

③ 글자는 별도의 지시사항이 없는 한 바탕, 10pt, 양쪽 정렬, 줄 간격 160%로 작성한다.

④ 영문, 숫자 등은 별도의 지시가 없는 한 반각(1byte) 문자를 사용한다.

⑤ 특수 문자는 문자표(전각 기호)를 이용하여 작성한다.

⑥ 교정 부호 및 화살표로 기재된 지시사항대로 처리하되, ┌┈┈┈┈┈┐→ 은 지시사항이므로 작성하지 않는다.

⑦ 1페이지에 [문제1]을 작성하고, 구역을 나누어 2페이지에 [문제2]를 작성한다.
　※ 해당 페이지에 작성하지 않거나 의도적으로 텍스트 작성을 하지 않은 경우 0점 처리

⑧ [문제2]는 문제지와 같이 2단으로 다단을 나누어 작성한다.

⑨ '그림 삽입' 시에는 반드시 "KAIT 수검 프로그램"을 통해 다운로드 한 그림 파일을 사용한다.

⑩ 차트의 범례는 기본 값으로 작성한다.

⑪ 총점 : 200점
　[공통 사항1(기본 설정, 용지 설정)] : 8점, [공통 사항2(오탈자)] : 40점
　[문제1] : 46점, [문제2] : 106점

⑫ 기타 특별히 지시되어 있지 않은 사항은 문제지에 준하여 작성한다.

글맵시 – 휴먼옛체, 채우기 : 색상(RGB:28,61,98)
크기 : 너비(110mm), 높이(20mm), 위치 : 글자처럼 취급, 가운데 정렬

머리말(궁서, 9pt, 오른쪽 정렬) → DIAT

횡성한우축제

진하게, 밑줄

<u>횡성군의 축산업</u>은 수많은 미식가들과 소비자들의 사랑을 기반으로 횡성을 대표하는 기간산업이자 수도권과 횡성을 연결하는 건강한 식품산업의 허브로 성장해 왔습니다. 깨끗한 자연과 사람이 어우러진 횡성군에서 최고의 맛과 영양, 재미와 감동으로 아름다운 가을, 가족 단위의 행복한 휴식을 선물하는 한우축제가 개최됩니다. 전통과 문화, 삶의 향기로 섬강의 가을을 수놓는 횡성한우축제에서는 명품 먹거리가 선사하는 즐거움은 물론 다양한 지역 농/특산물도 만날 수 있습니다. 다채로운 향토문화, 고향의 내음이 물씬 나는 전원 속에서 사랑하는 가족에게 맛있는 휴식을 선물해 보세요.

문자표 → ● 행사안내 ●
궁서, 가운데 정렬

1. 행 사 명 : 횡성한우축제
2. 행사일시 : 2022. 03. 04.(금) ~ 2022. 03. 18.(금), 09:00 ~ 18:00
3. 행사장소 : 강원도 횡성군 횡성읍 문예로 75 횡성문화예술회관
4. 사전등록 : *<u>2022. 02. 28.(월) 09:00부터 온라인으로 등록</u>* ← 기울임, 밑줄
5. 행사주관 : 횡성군, 문화체육관광부, 한우연구회, 우라차차 횡성한우 유튜브

문자표

※ 기타사항

— – 주요 프로그램 : 발골 퍼포먼스, 먹방 토크쇼, 횡성 ON AIR 보이는 라디오, 횡성 유튜브 버스킹, 오감만족 횡성 99초 UCC 공모전, 횡성군민 요리경연대회, 우아한 식탁대첩 등
— – 입장료 : 모든 행사는 무료이며, 판매되는 제품 외에는 기타 참가비가 없습니다.
— – 홈페이지(https://www.ihd.or.kr)에서 사전등록 시스템을 운영합니다.

왼쪽여백 : 15pt
내어쓰기 : 12pt

2022. 02. 26. ← 14pt, 가운데 정렬

재단법인 횡성문화재단 ← 궁서체, 26pt, 가운데 정렬

쪽 번호 매기기, A,B,C 순으로,
오른쪽 아래

– A –

문제1은 1구역, 문제2는 2구역으로 나누어 답안 작성

글상자 - 크기 : 너비(70mm), 높이(12mm), 테두리 : 이중 실선(1.00mm), 반원
채우기 : 색상(RGB:202,86,167), 위치 : 글자처럼 취급, 가운데 정렬
글자 모양 : 견고딕, 20pt, 가운데 정렬

→DIAT

머리말(궁서, 9pt, 오른쪽 정렬)

그림A 삽입(바탕화면-KAIT-제출파일폴더)
너비(30mm), 높이(30mm)
위치 : 어울림(가로-쪽의 왼쪽:0.0mm,
세로-쪽의 위:24mm)

쇠고기 이력제

1. 쇠고기 이력제의 개념 ← 굴림, 12pt, 진하게

현재 시행 중인 쇠고기 이력제 (beef traceability)는 국내에서 사육(飼育), 유통되는 소와 쇠고기의 위생(sanitation) 및 안전 체계의 구축과 유통의 투명성을 확보하고, 국내 소 산업의 경쟁력을 강화하기 위한 목적으로 도입되었다. 쇠고기 이력제는 소의 출생에서부터 도축(屠畜), 가공, 판매에 이르기까지의 정보를 기록/관리하고 있다. 이를 통해 소와 쇠고기의 위생 혹은 안전에 문제가 발생할 경우 그 이력을 추적하여 신속하게 대처할 수 있게 되었다. 쇠고기 이력제의 도입으로 쇠고기 유통의 투명성(透明性)을 확보할 수 있게 되었고, 원산지가 허위로 표시되거나 둔갑하여 판매되는 경우를 방지할 수 있게 되었다. 또한 판매되는 쇠고기의 정보를 미리 알 수 있어 소비자가 안심하고 쇠고기를 구입할 수 있게 되었다.

2. 쇠고기 이력제의 효과 ← 굴림, 12pt, 진하게

각주 →

쇠고기 이력제㉠를 도입하면 다음과 같은 효과들을 기대할 수 있다. 첫째, 소의 질병(疾病) 및 쇠고기의 위생 및 안전에 발생하면 그 이력을 추적하여 회수 및 폐기(廢棄) 등 신속하게 조치할 수 있다. 둘째, 원산지, 사육자, 등급 등의 여러 가지 정보를 제공하여 수입육과 차별화하고 유통의 투명성을 제고할 수 있다. 셋째, 소의 혈통(descent)과 정보 등을 이력추적제와 통합하여 관리하면 가축개량과 농가 경영개선 등에 기여(contribution)할 수 있다. 결론적으로 쇠고기 이력제는 유통경로의 투명성, 거래의 공정성, 원산지 허위표시와 둔갑판매 방지 등에 도움을 준다. 또한 위생상 문제가 발생하면 신속한 원인규명 및 문제 식육의 회수로 소비자 피해 및 경제적 손실을 최소화(minimization)할 수 있고, 소비자의 알 권리를 충족하고 신뢰도를 제고할 수 있다.

돋움, 12pt, 진하게, 가운데 정렬

이력제에 등록된 사육 농가 수

연도	사육 농과 수(가구)
2017	164,094
2018	138,319
2019	119,273
2020	110,267
2021	107,159

위쪽 제목 셀 : 색상(RGB:233,174,43), 진하게
제목 셀 아래선 : 이중 실선(0.5mm)
글자 모양 : 중고딕, 10pt, 가운데 정렬

굴림, 13pt, 진하게

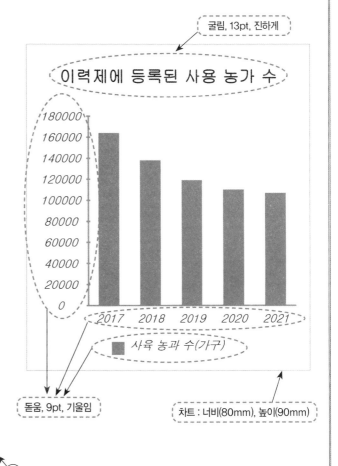

이력제에 등록된 사용 농가 수

사육 농과 수(가구)

돋움, 9pt, 기울임

차트 : 너비(80mm), 높이(90mm)

㉠ 2008년 부터 사육 단계에 시행된 데 이어 2009년 6월 ← 중고딕, 9pt
22일 부터 유통 단계까지 확대하여 전면 시행 되었음

쪽 번호 매기기, A,B,C 순으로,
오른쪽 아래

- B -

☑ 시험과목 : 워드프로세서(한글)
☑ 시험일자 : 20XX. XX. XX. (X)
☑ 응시자 기재사항 및 감독위원 확인

한컴오피스 한글NEO 버전용

수검번호	DIW – XXXX –	감독위원 확인
성 명		

응시자 유의사항

1. 응시자는 신분증을 지참하여야 시험에 응시할 수 있으며, 시험이 종료될 때까지 신분증을 제시하지 못 할 경우 해당 시험은 0점 처리됩니다.

2. 시스템(PC작동여부, 네트워크 상태 등)의 이상여부를 반드시 확인하여야 하며, 시스템 이상이 있을시 감독위원에게 조치를 받으셔야 합니다.

3. 시험 중 부주의 또는 고의로 시스템을 파손한 경우는 응시자 부담으로 합니다.

4. 답안 전송 프로그램을 통해 다운로드 받은 파일을 이용하여 답안 파일을 작성하시기 바랍니다.

5. 작성한 답안 파일은 답안 전송 프로그램을 통하여 전송됩니다. 감독위원의 지시에 따라 주시기 바랍니다.

6. 다음 사항의 경우 실격(0점) 혹은 부정행위 처리됩니다.

   1) 답안 파일을 저장하지 않았거나, 저장한 파일이 손상되었을 경우

   2) 답안 파일을 지정된 폴더(바탕화면 – "KAIT" 폴더)에 저장하지 않았을 경우

      ※ 답안 전송 프로그램 로그인 시 바탕화면에 자동 생성됨

   3) 답안 파일을 다른 보조 기억장치(USB) 혹은 네트워크(메신저, 게시판 등)로 전송할 경우

   4) 휴대용 전화기 등 통신기기를 사용할 경우

7. 시험지에 제시된 글꼴이 응시 프로그램에 없는 경우, 반드시 감독위원에게 해당 내용을 통보한 뒤 조치를 받아야 합니다.

8. 시험의 완료는 작성이 완료된 답안을 저장하고, 답안 전송이 완료된 상태를 확인한 것으로 합니다. 답안 전송 확인 후 문제지는 감독위원에게 제출한 후 퇴실하여야 합니다.

9. 답안 전송이 완료된 경우에는 수정 또는 정정이 불가능합니다.

10. 시험 시행 후 결과는 홈페이지(www.ihd.or.kr)에서 확인하시기 바랍니다.

    1) 문제 및 정답 공개 : 20XX. XX. XX.(X)

    2) 합격자 발표 : 20XX. XX. XX.(X)

≪문제≫ 첨부된 문제를 다음의 조건을 적용하여 문서를 작성하시오.

① 문서는 A4(210mm×297mm) 크기, 세로 용지 방향으로 작성한다.

② 페이지 여백은 아래와 같이 설정한다.

왼쪽	오른쪽	위쪽	아래쪽	머리말	꼬리말	제본
20mm	20mm	20mm	20mm	10mm	10mm	0mm

③ 글자는 별도의 지시사항이 없는 한 바탕, 10pt, 양쪽 정렬, 줄 간격 160%로 작성한다.

④ 영문, 숫자 등은 별도의 지시가 없는 한 반각(1byte) 문자를 사용한다.

⑤ 특수 문자는 문자표(전각 기호)를 이용하여 작성한다.

⑥ 교정 부호 및 화살표로 기재된 지시사항대로 처리하되, ⸤⸥→ 은 지시사항이므로 작성하지 않는다.

⑦ 1페이지에 [문제1]을 작성하고, 구역을 나누어 2페이지에 [문제2]를 작성한다.

　※ 해당 페이지에 작성하지 않거나 의도적으로 텍스트 작성을 하지 않은 경우 0점 처리

⑧ [문제2]는 문제지와 같이 2단으로 다단을 나누어 작성한다.

⑨ '그림 삽입' 시에는 반드시 "KAIT 수검 프로그램"을 통해 다운로드 한 그림 파일을 사용한다.

⑩ 차트의 범례는 기본 값으로 작성한다.

⑪ 총점 : 200점

　[공통 사항1(기본 설정, 용지 설정)] : 8점, [공통 사항2(오탈자)] : 40점

　[문제1] : 46점, [문제2] : 106점

⑫ 기타 특별히 지시되어 있지 않은 사항은 문제지에 준하여 작성한다.

글맵시 – 휴먼옛체, 채우기 : 색상(RGB:199,82,82)
크기 : 너비(100mm), 높이(20mm), 위치 : 글자처럼 취급, 가운데 정렬

제15차세계산림총회

진하게, 밑줄

산림청과 유엔식량농업기구가 공동으로 주관하는 제15차 세계산림총회가 2022년 4월 6일부터 7일까지 서울 코엑스에서 개최됩니다. 본 행사는 1926년 제1차 총회가 시작된 이후 산림의 현재와 미래를 논의하는 가장 영향력 있는 국제산림행사가 되었습니다. 이번 총회에서는 코로나19 사태를 극복하고 지속가능개발목표(SDGs)를 달성하기 위한 방안을 논의할 것입니다. 나아가 공공 및 민간 부문, 시민단체, 산림 분야 전문 기구 및 학회 등 전 세계의 산림 분야 관계자뿐만 아니라, 산림과 환경에 관심이 있는 일반 시민들 모두 참석할 수 있는 산림축제가 될 것입니다. 여러분들의 많은 관심과 참여를 바랍니다.

문자표 → ★ 행사안내 ★

중고딕, 가운데 정렬

1. 행 사 명 : 제15차 세계산림총회
2. 행사일시 : 2022. 04. 06.(수) ~ 2022. 04. 07.(목), 11:00 ~ 21:00
3. 행사장소 : 서울시 강남구 영동대로 513 코엑스 제2컨퍼런스홀
4. 등록기간 : *2022. 03. 08.(화)부터 03. 28.(월) 18:00까지 온라인으로 등록* ← 진하게, 기울임
5. 등록신청 : 세계산림총회 홈페이지(https://www.ihd.or.kr)

문자표

※ 기타사항

- 사전등록을 하시면 별도의 등록 절차 없이 바로 입장이 가능하며 현장의 혼잡함을 피할 수 있습니다. 단 초정장을 소지하신 분께서는 현장 등록 부스에서 간단한 등록 후 무료입장 가능합니다.
- 입장료 : 5,000원(온라인 사전 등록자 및 초청장 소지자 무료)
- 기념품 : 온라인으로 사전 등록한 분들에 한해 선착순으로 묘목 씨앗을 증정합니다.

왼쪽여백 : 10pt
내어쓰기 : 12pt

2022. 02. 26. ← 13pt, 가운데 정렬

세계산림총회사무국 ← 휴먼옛체, 27pt, 가운데 정렬

문제1은 1구역, 문제2는 2구역으로 나누어 답안 작성

산림기본법

1. 산림기본법의 개념

산림정책의 기본이 되는 사항을 정하여 산림(forest)의 다양한 기능을 증진하고 임업의 발전을 도모함으로써 국민의 삶의 질 향상과 국민경제의 건전한 발전(development)에 이바지함을 목적으로 한다. 산림은 국토환경을 보전하고 임산물(林産物)을 생산하는 기반으로서 국가발전(國家發展)과 생명체의 생존을 위하여 없어서는 안 될 중요한 자산이므로 산림의 보전과 이용을 조화롭게 함으로써 지속가능⊙한 산림경영이 이루어지도록 함을 기본이념으로 한다. 국가 및 지방자치단체는 산림의 보전, 산림의 공익기능 증진, 임업의 발전 및 산촌의 진흥 등 산림의 보전 및 이용에 관한 종합적인 시책을 수립하고 이를 시행할 책무를 진다. 국민은 산림이 합리적으로 보전 및 이용될 수 있도록 국가 및 지방자치단체의 산림시책에 적극 협력(cooperation)해야 한다.

2. 산림기본계획의 개념

산림법에 의거(依據)하여 산림자원의 조성을 도모하고 산림 사업의 합리화(rationalization)를 기하기 위해 매 10년마다 수립하는 산림 부문 최상위 행정계획이다. 산림기본계획은 산림의 상황이나 정책의 방향, 경제적 사회적 여건의 장기적인 전망, 지속가능한 산림경영(山林經營) 및 산지이용의 기본도를 감안하여 시행령 5조에 명기되어 있는 사항들이 제시되어야 한다. 이에 따라 국가 및 지방자치단체는 산림시책을 추진하여 산림의 보전과 조화를 이용이 이루도록 노력해야 하며, 산림을 이용 목적에 따라 구분하고 관리해야 한다. 이에 따라 산림청장은 산림자원 및 임산물의 수요와 공급에 관한 장기적인 전망을 공표(公表)하고 그에 따라 정기적인 산림기본계획을 수립하고 시행(enforcement)해야 한다.

⊙ 장기적으로 자연을 손상시키거나 천연자원을 고갈시키지 않고 지속될 수 있는 것을 의미함

임산물 수급 장기 전망

연 도	목재 소비량	목재 공급량
2010년	27.7	14.9
2015년	29.7	15.4
2020년	34.7	16.4
2025년	38.6	17.1
2030년	39.8	22.9

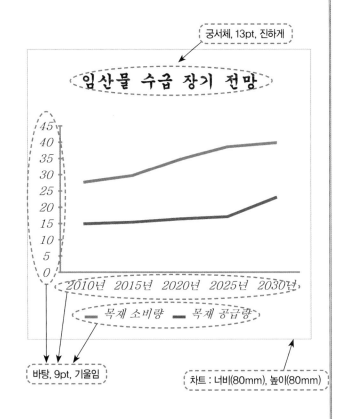

제03회 디지털정보활용능력 최신유형 기출문제

☑ 시험과목 : 워드프로세서(한글)

☑ 시험일자 : 20XX. XX. XX. (X)

☑ 응시자 기재사항 및 감독위원 확인

한컴오피스 한글NEO 버전용

수검번호	DIW - XXXX -	감독위원 확인
성 명		

응시자 유의사항

1. 응시자는 신분증을 지참하여야 시험에 응시할 수 있으며, 시험이 종료될 때까지 신분증을 제시하지 못 할 경우 해당 시험은 0점 처리됩니다.

2. 시스템(PC작동여부, 네트워크 상태 등)의 이상여부를 반드시 확인하여야 하며, 시스템 이상이 있을시 감독위원에게 조치를 받으셔야 합니다.

3. 시험 중 부주의 또는 고의로 시스템을 파손한 경우는 응시자 부담으로 합니다.

4. 답안 전송 프로그램을 통해 다운로드 받은 파일을 이용하여 답안 파일을 작성하시기 바랍니다.

5. 작성한 답안 파일은 답안 전송 프로그램을 통하여 전송됩니다. 감독위원의 지시에 따라 주시기 바랍니다.

6. 다음 사항의 경우 실격(0점) 혹은 부정행위 처리됩니다.

   1) 답안 파일을 저장하지 않았거나, 저장한 파일이 손상되었을 경우

   2) 답안 파일을 지정된 폴더(바탕화면 – "KAIT" 폴더)에 저장하지 않았을 경우

      ※ 답안 전송 프로그램 로그인 시 바탕화면에 자동 생성됨

   3) 답안 파일을 다른 보조 기억장치(USB) 혹은 네트워크(메신저, 게시판 등)로 전송할 경우

   4) 휴대용 전화기 등 통신기기를 사용할 경우

7. 시험지에 제시된 글꼴이 응시 프로그램에 없는 경우, 반드시 감독위원에게 해당 내용을 통보한 뒤 조치를 받아야 합니다.

8. 시험의 완료는 작성이 완료된 답안을 저장하고, 답안 전송이 완료된 상태를 확인한 것으로 합니다. 답안 전송 확인 후 문제지는 감독위원에게 제출한 후 퇴실하여야 합니다.

9. 답안 전송이 완료된 경우에는 수정 또는 정정이 불가능합니다.

10. 시험 시행 후 결과는 홈페이지(www.ihd.or.kr)에서 확인하시기 바랍니다.

    1) 문제 및 정답 공개 : 20XX. XX. XX.(X)

    2) 합격자 발표 : 20XX. XX. XX.(X)

Korea Association for ICT promotion

한국정보통신진흥협회 KAIT

≪문제≫ 첨부된 문제를 다음의 조건을 적용하여 문서를 작성하시오.

① 문서는 A4(210mm×297mm) 크기, 세로 용지 방향으로 작성한다.

② 페이지 여백은 아래와 같이 설정한다.

왼쪽	오른쪽	위쪽	아래쪽	머리말	꼬리말	제본
20mm	20mm	20mm	20mm	10mm	10mm	0mm

③ 글자는 별도의 지시사항이 없는 한 바탕, 10pt, 양쪽 정렬, 줄 간격 160%로 작성한다.

④ 영문, 숫자 등은 별도의 지시가 없는 한 반각(1byte) 문자를 사용한다.

⑤ 특수 문자는 문자표(전각 기호)를 이용하여 작성한다.

⑥ 교정 부호 및 화살표로 기재된 지시사항대로 처리하되, ⌐‥‥‥‥⌐→ 은 지시사항이므로 작성하지 않는다.

⑦ 1페이지에 [문제1]을 작성하고, 구역을 나누어 2페이지에 [문제2]를 작성한다.

　※ 해당 페이지에 작성하지 않거나 의도적으로 텍스트 작성을 하지 않은 경우 0점 처리

⑧ [문제2]는 문제지와 같이 2단으로 다단을 나누어 작성한다.

⑨ '그림 삽입' 시에는 반드시 "KAIT 수검 프로그램"을 통해 다운로드 한 그림 파일을 사용한다.

⑩ 차트의 범례는 기본 값으로 작성한다.

⑪ 총점 : 200점

　[공통 사항1(기본 설정, 용지 설정)] : 8점, [공통 사항2(오탈자)] : 40점

　[문제1] : 46점, [문제2] : 106점

⑫ 기타 특별히 지시되어 있지 않은 사항은 문제지에 준하여 작성한다.

대한민국맥주산업박람회

국내 유일 맥주산업 전문 진시회인 대한민국 맥주산업 박람회는 맥주 재료부터 양조, 설비, 유통, 교육 및 서비스에 이르기까지 맥주 산업 밸류체인의 모든 것을 한자리에서 만나볼 수 있는 맥주산업 전문 전시회입니다. 수백 종류의 수입 맥주와 국내 10여 개 수제 맥주 브루어리가 경쟁하고 있는 가운데 생산자, 유통업자, 소비자 등의 교류를 통해 국내 맥주 시장의 미래를 내다보는 기회가 될 것입니다. 특히 앞으로 맥주에 대한 과세 체계가 종량세로 전환되면서 <u>*촉발될 시장 변화도 예측*</u>해볼 수 있을 것으로 기대됩니다. 여러분들의 많은 관심과 성원을 진심으로 부탁드립니다.

◎ **행사안내** ◎

1. 행사일시 : 2022. 03. 12.(토), 09:00 ~ 18:00
2. 행사장소 : 서울 코엑스 3층 C홀
3. 부대행사 : ***신제품/브랜드 발표회, 1:1 비즈니스 매칭 프로그램*** 등
4. 동시개최 : 대한민국 수제 맥주대회, 대한민국 국제맥주 컨퍼런스, 비어포스트 아프리카 TV
5. 행사주관 : 한국수제맥주협회, 글로벌마이스전문가그룹, 비어포스트

※ 기타사항
  - 참가신청 : 2022. 03. 04.(금) 18:00까지 온라인(https://www.ihd.or.kr) 신청
  - 신분증 미지참 시 입장이 제한될 수 있으니 방문 전 꼭 확인하여 주시기 바랍니다.
  - 과도한 시음, 시식으로 타인에게 불쾌감을 주거나 전시회 운영에 피해를 주는 행위, 관람 동선 및 전시품에 피해를 가할 수 있는 손수레, 핸드 카트는 엄격히 금지합니다.

2022. 02. 26.

한국수제맥주협회

문제1은 1구역, 문제2는 2구역으로 나누어 답안 작성

쪽 테두리 : 이중 실선, 머리말 포함

글상자 – 크기 : 너비(70mm), 높이(12mm), 테두리 : 이중 실선(1.00mm), 둥근 모양
채우기 : 색상(RGB:227,220,193), 위치 : 글자처럼 취급, 가운데 정렬
글자 모양 : 견고딕, 20pt, 가운데 정렬

DIAT

머리말(중고딕, 9pt, 오른쪽 정렬)

그림C 삽입(바탕화면–KAIT–제출파일폴더)
너비(30mm), 높이(30mm)
위치 : 어울림(가로–쪽의 왼쪽:0.0mm,
세로–쪽의 위:24mm)

맥주의 개요

궁서, 12pt, 진하게, 가운데 정렬

1. 맥주의 역사 ← 돋움, 12pt, 진하게

BC 6000년경부터 수메르와 바빌로니아(Babylonia)에서는 보리를 이용해 맥주(麥酒)를 만들었고, BC 2400년경의 이집트 무덤에도 제조법이 기록되어 있다. 로마의 역사가 플리니우스(BC 1세기)와 타키투스(AD 1세기)는 색슨족, 켈트족, 게르만족(Germanic race), 북유럽인들이 에일①을 마셨다고 기록했는데, 실제 양조공정에 사용되는 단어들은 앵글로 색슨어에서 기원한다. 20세기에는 양조(釀造)가 대규모 산업이 되어 스테인리스 스틸 장비와 컴퓨터에 의한 자동조절 설비로 생산된 맥주가 여러 형태로 포장되어 전 세계에 판매되고 있다. 한국의 경우 광복(光復) 이후 품질향상과 원료 자급화에 힘써 현재 여러 제품을 생산하기에 이르렀으며 근래에는 수입품들도 가세해 다양한 맛을 제공하고 있다.

각주

2. 맥주의 원료 ← 돋움, 12pt, 진하게

보리는 대체로 두줄보리가 쓰이나 여섯줄보리로 양조한다. 두줄보리는 알맹이가 크고 고르며 곡피(穀皮)가 얇아 맥주 양조에 적당하다. 맥주용 보리의 품질은 낟알(grain)의 크기와 녹말 함량에 의해 결정된다. 낟알은 대립일수록 좋으며, 1번맥(크기 2.5mm 이상)이 90% 이상 들어 있는 것이 맥주용 보리로 적합하다. 맥주를 만드는 보리의 녹말(綠末) 함량은 높을수록 좋고 단백질은 낮아야 하는데, 그 한도는 10% 정도이며 단백질 함량이 높으면 맥주의 품질이 떨어진다. 홉은 맥주의 중요한 첨가물로 맥주 특유의 향기와 쌉쌀한 맛을 낸다. 또한 청징(fining), 방부(prevention) 등의 효능이 있어 혼탁을 단백질 방지하고 맥주의 저장성을 높여주는 작용도 한다. 홉은 암그루와 숫그루가 다른 식물로 맥주를 만들기 위해서와 열매가 달리는 암그루를 주로 재배하여야 한다.

국내 수제 맥주 면허 수

연도	수제 맥주 면허 수
2016년	54
2017년	72
2018년	81
2019년	95
2020년	120

위쪽 제목 셀 : 색상(RGB:105,155,55), 진하게
제목 셀 아래선 : 이중 실선(0.5mm)
글자 모양 : 굴림, 10pt, 가운데 정렬

바탕, 12pt, 진하게

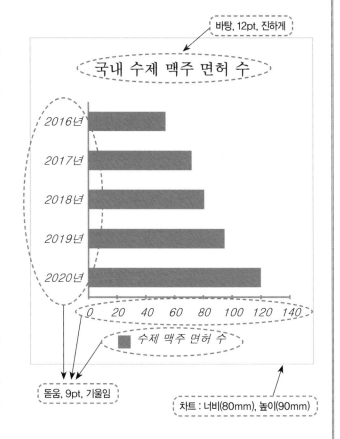

국내 수제 맥주 면허 수

수제 맥주 면허 수

돋움, 9pt, 기울임

차트 : 너비(80mm), 높이(90mm)

---
① 상면 발효 방식으로 생산되는 영국식 맥주의 한 종 ← 중고딕, 9pt
류로 보통 라거 비어보다 더 쓴 맥주를 말함

디지털정보활용능력 최신유형 기출문제

- ☑ 시험과목 : 워드프로세서(한글)
- ☑ 시험일자 : 20XX. XX. XX. (X)
- ☑ 응시자 기재사항 및 감독위원 확인

한컴오피스 한글NEO 버전용

수검번호	DIW – XXXX –	감독위원 확인
성 명		

응시자 유의사항

1. 응시자는 신분증을 지참하여야 시험에 응시할 수 있으며, 시험이 종료될 때까지 신분증을 제시하지 못 할 경우 해당 시험은 0점 처리됩니다.

2. 시스템(PC작동여부, 네트워크 상태 등)의 이상여부를 반드시 확인하여야 하며, 시스템 이상이 있을시 감독위원에게 조치를 받으셔야 합니다.

3. 시험 중 부주의 또는 고의로 시스템을 파손한 경우는 응시자 부담으로 합니다.

4. 답안 전송 프로그램을 통해 다운로드 받은 파일을 이용하여 답안 파일을 작성하시기 바랍니다.

5. 작성한 답안 파일은 답안 전송 프로그램을 통하여 전송됩니다. 감독위원의 지시에 따라 주시기 바랍니다.

6. 다음 사항의 경우 실격(0점) 혹은 부정행위 처리됩니다.

   1) 답안 파일을 저장하지 않았거나, 저장한 파일이 손상되었을 경우

   2) 답안 파일을 지정된 폴더(바탕화면 – "KAIT" 폴더)에 저장하지 않았을 경우

      ※ 답안 전송 프로그램 로그인 시 바탕화면에 자동 생성됨

   3) 답안 파일을 다른 보조 기억장치(USB) 혹은 네트워크(메신저, 게시판 등)로 전송할 경우

   4) 휴대용 전화기 등 통신기기를 사용할 경우

7. 시험지에 제시된 글꼴이 응시 프로그램에 없는 경우, 반드시 감독위원에게 해당 내용을 통보한 뒤 조치를 받아야 합니다.

8. 시험의 완료는 작성이 완료된 답안을 저장하고, 답안 전송이 완료된 상태를 확인한 것으로 합니다. 답안 전송 확인 후 문제지는 감독위원에게 제출한 후 퇴실하여야 합니다.

9. 답안 전송이 완료된 경우에는 수정 또는 정정이 불가능합니다.

10. 시험 시행 후 결과는 홈페이지(www.ihd.or.kr)에서 확인하시기 바랍니다.

    1) 문제 및 정답 공개 : 20XX. XX. XX.(X)

    2) 합격자 발표 : 20XX. XX. XX.(X)

≪문제≫ 첨부된 문제를 다음의 조건을 적용하여 문서를 작성하시오.

① 문서는 A4(210mm×297mm) 크기, 세로 용지 방향으로 작성한다.

② 페이지 여백은 아래와 같이 설정한다.

왼쪽	오른쪽	위쪽	아래쪽	머리말	꼬리말	제본
20mm	20mm	20mm	20mm	10mm	10mm	0mm

③ 글자는 별도의 지시사항이 없는 한 바탕, 10pt, 양쪽 정렬, 줄 간격 160%로 작성한다.

④ 영문, 숫자 등은 별도의 지시가 없는 한 반각(1byte) 문자를 사용한다.

⑤ 특수 문자는 문자표(전각 기호)를 이용하여 작성한다.

⑥ 교정 부호 및 화살표로 기재된 지시사항대로 처리하되, ⸇⸊⸉⸈⸇→ 은 지시사항이므로 작성하지 않는다.

⑦ 1페이지에 [문제1]을 작성하고, 구역을 나누어 2페이지에 [문제2]를 작성한다.

　※ 해당 페이지에 작성하지 않거나 의도적으로 텍스트 작성을 하지 않은 경우 0점 처리

⑧ [문제2]는 문제지와 같이 2단으로 다단을 나누어 작성한다.

⑨ '그림 삽입' 시에는 반드시 "KAIT 수검 프로그램"을 통해 다운로드 한 그림 파일을 사용한다.

⑩ 차트의 범례는 기본 값으로 작성한다.

⑪ 총점 : 200점

　[공통 사항1(기본 설정, 용지 설정)] : 8점, [공통 사항2(오탈자)] : 40점

　[문제1] : 46점, [문제2] : 106점

⑫ 기타 특별히 지시되어 있지 않은 사항은 문제지에 준하여 작성한다.

한국국제낚시박람회

한국국제낚시박람회가 1989년 제1회 행사를 시작한 이래, 2022년 임인년에 제26회 행사를 경기도 킨텍스에서 개최하게 되었습니다. 본 박람회는 지난 30여 년 동안 협회의 가장 중요한 행사의 하나로서 회원사는 물론 850만 낚시 동호인, 3,000여 개 낚시산업 관계자들로부터 많은 사랑을 받아왔습니다. 국제낚시박람회는 아시아 최대 종합 해양레저 산업전으로 도약하고자 합니다. **변화와 도약의 중요한 길목**에서 사단법인 한국낚시협회는 모든 역량을 결집하여 행사의 성공적 개최와 더불어 대한민국 낚시산업 발전을 선도해 나가겠습니다. 여러분의 많은 격려와 관심 부탁드립니다.

■ 행사안내 ■

1. 행 사 명 : 한국국제낚시박람회
2. 행사일시 : 2022. 03. 11.(금) ~ 2022. 03. 13.(일), 09:00 ~ 18:00
3. 행사장소 : 경기도 킨텍스 제2컨퍼런스홀
4. 사전등록 : *2022. 03. 06.(일) 18:00까지 온라인으로 등록(https://www.ihd.or.kr)*
5. 행사주관 : 한국낚시협회, 해양수산부, 한국낚시방송, 월간낚시, 피싱로드

※ 기타사항
 - 출품분야 : 낚시용품, 캠핑/레저/아웃도어/안전용품, 캠핑차량/수상레저 스포츠용품 등
 - 참관비용 : 7,000원(사전등록 시 10% 할인)
 - 1회 등록으로 관람 시간 내 재입장 가능합니다. 코로나19로 단체참관 등록이 불가하므로 개인참관 신청을 부탁드립니다. 사전예약 참관객을 대상으로 낚싯바늘, 찌, 봉돌 등을 추첨하여 제공합니다.

2022. 02. 26.

사단법인 한국낚시협회

쪽 테두리 : 이중 실선, 머리말 포함

글상자 – 크기 : 너비(70mm), 높이(12mm), 테두리 : 이중 실선(1.00mm), 반원
채우기 : 색상(RGB:227,220,193), 위치 : 글자처럼 취급, 가운데 정렬
글자 모양 : 휴먼옛체, 20pt, 가운데 정렬

DIAT

머리말(궁서, 9pt, 오른쪽 정렬)

그림D 삽입(바탕화면-KAIT-제출파일폴더)
너비(30mm), 높이(30mm)
위치 : 어울림(가로-쪽의 왼쪽:0.0mm,
세로-쪽의 위:24mm)

바다낚시 종류

궁서, 12pt, 진하게, 가운데 정렬

1. 방파제 낚시

중고딕, 12pt, 진하게

가장 보편적이고 쉬운 낚시로 초보자가 익히기 쉽다. 물고기에게는 몸을 숨기려는 방어 본능이 있다. 따라서 (숨길 몸을) 수 있는 암초(暗礁)와 구조물 주변에는 녹조류(green algae), 패류, 갑각류(甲殼類) 등 먹이가 풍부해서 물고기가 몰려들므로 방파제(breakwater)는 가장 좋은 낚시터가 된다. 방파제에는 육지에서 돌출한 돌출 방파제와 바다에 섬처럼 만들어진 섬 방파제 그리고 양자의 혼합형 방파제가 있다. 소규모의 돌출 방파제에서는 동갈양태, 문절망둑, 망상어, 정어리, 고등어, 쥐노래미①, 가자미, 전갱이 등 작은 것이 낚이고 채비(preparation)도 간단해 처음 시작하는 사람도 익히기 쉽다.

각주

2. 루어 낚시

중고딕, 12pt, 진하게

루어(lure)라는 말은 유혹하다, 가짜미끼 등의 뜻을 지니고 있다. 즉 작은 물고기를 잡아먹는 고기를 대상으로 작은 물고기처럼 생긴 인조 미끼를 이용한 낚시 방법이다. 루어는 작은 물고기나 곤충 등의 모양을 하고 있으며, 금속, 플라스틱, 고무, 비닐 등으로 만들어져 있다. 루어에 달려드는 물고기의 대부분은 시각, 청각 등 여러 가지 감각기관(感覺器官)이 다른 초식성(草食性) 물고기보다 발달되어 있다. 대상어로는 민물낚시의 경우 무지개송어, 산천어, 곤들매기, 쏘가리, 끄리 등을, 바다낚시의 경우 농어, 마래미, 넙치(halibut), 물치, 다랑어, 만새기, 전갱이, 고등어 등을 루어로 낚을 수 있다. 루어 낚시는 루어를 던졌다가 감아들이는 동작을 반복하여 물고기의 취이욕을 자극하여 물고기를 낚는 낚시이다. 포인트의 선정, 루어의 선택, 릴을 감는 조작(操作) 등이 성적을 (최) 우한다. 민물에서의 루어낚시는 역시 봄부터 가을 (좌) 까지가 제일 좋은 시기이다.

연령별 낚시 인구

구분	비율
20대 이하	14.5
30대	21.6
40대	27.3
50대	22.3
60대 이상	14.3

위쪽 제목 셀 : 색상(RGB:233,174,43), 진하게
제목 셀 아래선 : 이중 실선(0.5mm)
글자 모양 : 굴림, 10pt, 가운데 정렬

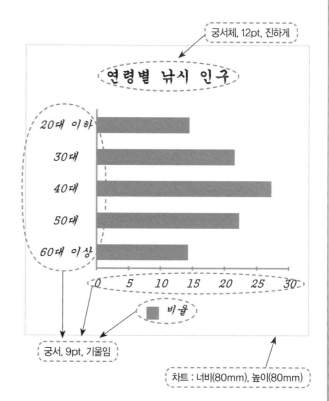

궁서체, 12pt, 진하게

궁서, 9pt, 기울임

차트 : 너비(80mm), 높이(80mm)

---

① 바다낚시에 자주 올라오는 쥐노래미는 주로 회로 먹는 생선으로 무기질과 아미노산이 풍부하다.

돋움, 9pt

- 二 -

쪽 번호 매기기, 一,二,三 순으로, 가운데 아래

제05회 디지털정보활용능력 최신유형 기출문제

☑ 시험과목 : 워드프로세서(한글)
☑ 시험일자 : 20XX. XX. XX. (X)
☑ 응시자 기재사항 및 감독위원 확인

한컴오피스 한글NEO 버전용

수 검 번 호	DIW - XXXX -	감독위원 확인
성 명		

응시자 유의사항

1. 응시자는 신분증을 지참하여야 시험에 응시할 수 있으며, 시험이 종료될 때까지 신분증을 제시하지 못 할 경우 해당 시험은 0점 처리됩니다.

2. 시스템(PC작동여부, 네트워크 상태 등)의 이상여부를 반드시 확인하여야 하며, 시스템 이상이 있을시 감독위원에게 조치를 받으셔야 합니다.

3. 시험 중 부주의 또는 고의로 시스템을 파손한 경우는 응시자 부담으로 합니다.

4. 답안 전송 프로그램을 통해 다운로드 받은 파일을 이용하여 답안 파일을 작성하시기 바랍니다.

5. 작성한 답안 파일은 답안 전송 프로그램을 통하여 전송됩니다. 감독위원의 지시에 따라 주시기 바랍니다.

6. 다음 사항의 경우 실격(0점) 혹은 부정행위 처리됩니다.
   1) 답안 파일을 저장하지 않았거나, 저장한 파일이 손상되었을 경우
   2) 답안 파일을 지정된 폴더(바탕화면 – "KAIT" 폴더)에 저장하지 않았을 경우
      ※ 답안 전송 프로그램 로그인 시 바탕화면에 자동 생성됨
   3) 답안 파일을 다른 보조 기억장치(USB) 혹은 네트워크(메신저, 게시판 등)로 전송할 경우
   4) 휴대용 전화기 등 통신기기를 사용할 경우

7. 시험지에 제시된 글꼴이 응시 프로그램에 없는 경우, 반드시 감독위원에게 해당 내용을 통보한 뒤 조치를 받아야 합니다.

8. 시험의 완료는 작성이 완료된 답안을 저장하고, 답안 전송이 완료된 상태를 확인한 것으로 합니다. 답안 전송 확인 후 문제지는 감독위원에게 제출한 후 퇴실하여야 합니다.

9. 답안 전송이 완료된 경우에는 수정 또는 정정이 불가능합니다.

10. 시험 시행 후 결과는 홈페이지(www.ihd.or.kr)에서 확인하시기 바랍니다.
    1) 문제 및 정답 공개 : 20XX. XX. XX.(X)
    2) 합격자 발표 : 20XX. XX. XX.(X)

Korea Association for ICT promotion
한국정보통신진흥협회 KAIT

≪문제≫ 첨부된 문제를 다음의 조건을 적용하여 문서를 작성하시오.

① 문서는 A4(210mm×297mm) 크기, 세로 용지 방향으로 작성한다.

② 페이지 여백은 아래와 같이 설정한다.

왼쪽	오른쪽	위쪽	아래쪽	머리말	꼬리말	제본
20mm	20mm	20mm	20mm	10mm	10mm	0mm

③ 글자는 별도의 지시사항이 없는 한 바탕, 10pt, 양쪽 정렬, 줄 간격 160%로 작성한다.

④ 영문, 숫자 등은 별도의 지시가 없는 한 반각(1byte) 문자를 사용한다.

⑤ 특수 문자는 문자표(전각 기호)를 이용하여 작성한다.

⑥ 교정 부호 및 화살표로 기재된 지시사항대로 처리하되, ⌐ ⌐→ 은 지시사항이므로 작성하지 않는다.

⑦ 1페이지에 [문제1]을 작성하고, 구역을 나누어 2페이지에 [문제2]를 작성한다.

　※ 해당 페이지에 작성하지 않거나 의도적으로 텍스트 작성을 하지 않은 경우 0점 처리

⑧ [문제2]는 문제지와 같이 2단으로 다단을 나누어 작성한다.

⑨ '그림 삽입' 시에는 반드시 "KAIT 수검 프로그램"을 통해 다운로드 한 그림 파일을 사용한다.

⑩ 차트의 범례는 기본 값으로 작성한다.

⑪ 총점 : 200점

　[공통 사항1(기본 설정, 용지 설정)] : 8점, [공통 사항2(오탈자)] : 40점

　[문제1] : 46점, [문제2] : 106점

⑫ 기타 특별히 지시되어 있지 않은 사항은 문제지에 준하여 작성한다.

글맵시 – 휴먼옛체, 채우기 : 색상(RGB:28,61,98)
크기 : 너비(100mm), 높이(20mm), 위치 : 글자처럼 취급, 가운데 정렬

머리말(중고딕, 9pt, 오른쪽 정렬) ➞ DIAT

서울국제간편식전시회

1인 가구의 증가, 여성의 사회진출 증가 등으로 가정에서 요리하는 횟수가 줄어들면서 간편식의 수요가 늘고 있습니다. 소비자의 니즈에 맞는 간편식 제품이 잇따라 출시되고 있으며 IT 기술과 연계해 간편식 서비스는 점점 진화하고 있습니다. 이러한 분위기 속에서 국내 유일 간편식 전문 전시회인 서울국제간편식전시회가 개최됩니다. 행사장은 가정식 간편식 제품을 살펴볼 수 있는 전시 공간과 비즈니스 미팅룸, 간편식 세미나가 진행되는 오픈 스튜디오, 이벤트 공간으로 구성되었습니다. *변화하는 시장의 동향*을 엿볼 수 있는 이번 전시회에 업계 관계자와 소비자들의 많은 관심과 참여를 부탁드립니다.

진하게, 기울임

문자표 ➞ ◆ 행사안내 ◆

궁서, 가운데 정렬

1. 행 사 명 : 2022 서울 국제 간편식 전시회
2. 행사일시 : 2022. 03. 18.(금), 10:00 ~ 12:00
3. 행사장소 : 서울 코엑스 A홀
4. 사전등록 : *2022. 03. 17.(목) 18:00까지 온라인으로 등록(https://www.ihd.or.kr)* ◀ 기울임, 밑줄
5. 행사주관 : 사단법인 한국체인스토어협회, 서울 국제 간편식 전시회 사무국

문자표

※ 기타사항

─ – 부대행사 : HMR 식품 정보 세미나(국내외 유통, 생산, 법률안), 신제품 품평회, HMR 제품시식 및 체험, 간편식 조리 경연회/시연회, 바이오 초청 상담회(국내/국외) 등
─ – 참여하신 모든 분께 가이드북, 소정의 기념품, 간식 등을 제공해 드립니다.
─ – 기타 자세한 사항은 담당자(031-123-4567)에게 문의하여 주시기 바랍니다.

왼쪽여백 : 15pt
내어쓰기 : 12pt

2022. 02. 26. ◀ 13pt, 가운데 정렬

서울 국제 간편식 전시회 사무국

견고딕, 25pt, 가운데 정렬

쪽 번호 매기기, i,ii,iii 순으로,
오른쪽 아래

- i -

문제1은 1구역, 문제2는 2구역으로 나누어 답안 작성

쪽 테두리 : 이중 실선, 머리말 포함

글상자 - 크기 : 너비(70mm), 높이(12mm), 테두리 : 이중 실선(1.00mm), 둥근 모양
채우기 : 색상(RGB:199,82,82), 위치 : 글자처럼 취급, 가운데 정렬
글자 모양 : 휴먼옛체, 20pt, 가운데 정렬

머리말(중고딕, 9pt, 오른쪽 정렬)

그림E 삽입(바탕화면-KAIT-제출파일폴더)
너비(30mm), 높이(30mm)
위치 : 어울림(가로-쪽의 왼쪽:0.0mm,
세로-쪽의 위:24mm)

돋움, 12pt, 진하게, 가운데 정렬

가정 간편식

1. 가정 간편식
굴림, 12pt, 진하게

가정 간편식은 간단한 조리(調理) 과정만 거치면 간편하게 먹을 수 있도록 식재료를 가공(加工), 조리, 포장해 놓은 식품을 의미한다. 최근 코로나19의 여파로 가정 간편식(home meal replacement) 시장의 고도화(高度化)가 지속되고 있으며, 제품군의 다양화 및 차별화도 지속되고 있다. 1인 가구의 증가와 여성 경제활동의 참여가 활발해지면서 식사를 개인당 준비하는 시간과 비용이 증가되고 있으며, 가정 간편식에 대한 관심이 증가하고 있다. 정부가 식품산업 활력 제고 대책을 발표함에 따라 간편식품의 간편식 고품질화 원천기술(original technology) 확보 지원, 밀키트 식품유형 신설, 계약재배 활성화 및 지역 농산물 반가공, 소재화 지원 등 농업과 동반성장(shared growth) 산업생태계가 조성될 예정이다.

2. 가정 간편식 시장
굴림, 12pt, 진하게

식품소재 및 반가공 원재료 수급 체계구축을 위해 식품소재에 대한 협력형 지원체계가 구축되어 지역 특화자원을 활용한 고부가가치 신기술 및 식품소재 개발이 필요하다. 혁신 유통 플랫폼 구축을 위해 빅데이터를 기반한 향후 발생 가능한 식품안전사고를 예측(prediction)하고 예방할 수 있는 체계를 구축하여 식품기업들의 식품안전관리를 위한 스마트 식품안전체계의 도입(導入)이 필요하다. 소비 신뢰 구축을 위해 식품 가공품에 있어 지역 로컬푸드 인증ⓐ을 받은 원재료와 부재료의 비율이 50%를 넘고, 식품제조가공 영업허가 시설에서 생산된 먹거리에 지역 인증을 부여해야 한다. 가정 간편식의 주요 타겟(target)은 20~30 대지만, 향후 고령자들을 대상으로 온라인 배달 서비스 및 당뇨, 심혈관질환, 신장질환 등의 음식 처방(處方)이 필요한 맞춤 식단 제공이 필요하다.

각주

─────────────────

ⓐ 농식품의 안전성을 확보하여 생산자와 소비자 간 신 ← 궁서, 9pt
   뢰성을 바탕으로 지역농업 활성화를 추구하는 제도

가정 간편식 출하 규모(단위: %)

연도	즉석섭취식품	즉석조리식품
2016	59.4	40.6
2017	59.0	41.0
2018	58.4	41.6
2019	52.1	47.9
2020	50.6	49.4

위쪽 제목 셀 : 색상(RGB:233,174,43), 진하게
제목 셀 아래선 : 이중 실선(0.5mm)
글자 모양 : 중고딕, 10pt, 가운데 정렬

바탕, 12pt, 진하게

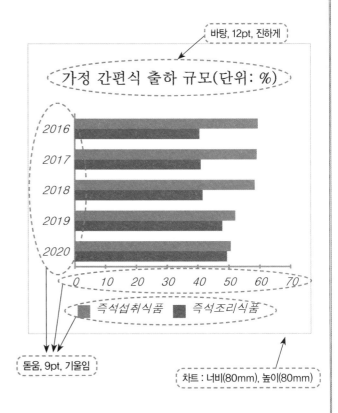

가정 간편식 출하 규모(단위: %)

돋움, 9pt, 기울임

차트 : 너비(80mm), 높이(80mm)

쪽 번호 매기기, i,ii,iii 순으로,
오른쪽 아래

- ii -

제06회 디지털정보활용능력 최신유형 기출문제

- ☑ 시험과목 : 워드프로세서(한글)
- ☑ 시험일자 : 20XX. XX. XX. (X)
- ☑ 응시자 기재사항 및 감독위원 확인

수검번호	DIW - XXXX -	감독위원 확인
성 명		

응시자 유의사항

1. 응시자는 신분증을 지참하여야 시험에 응시할 수 있으며, 시험이 종료될 때까지 신분증을 제시하지 못 할 경우 해당 시험은 0점 처리됩니다.

2. 시스템(PC작동여부, 네트워크 상태 등)의 이상여부를 반드시 확인하여야 하며, 시스템 이상이 있을시 감독위원에게 조치를 받으셔야 합니다.

3. 시험 중 부주의 또는 고의로 시스템을 파손한 경우는 응시자 부담으로 합니다.

4. 답안 전송 프로그램을 통해 다운로드 받은 파일을 이용하여 답안 파일을 작성하시기 바랍니다.

5. 작성한 답안 파일은 답안 전송 프로그램을 통하여 전송됩니다. 감독위원의 지시에 따라 주시기 바랍니다.

6. 다음 사항의 경우 실격(0점) 혹은 부정행위 처리됩니다.

   1) 답안 파일을 저장하지 않았거나, 저장한 파일이 손상되었을 경우

   2) 답안 파일을 지정된 폴더(바탕화면 – "KAIT" 폴더)에 저장하지 않았을 경우

      ※ 답안 전송 프로그램 로그인 시 바탕화면에 자동 생성됨

   3) 답안 파일을 다른 보조 기억장치(USB) 혹은 네트워크(메신저, 게시판 등)로 전송할 경우

   4) 휴대용 전화기 등 통신기기를 사용할 경우

7. 시험지에 제시된 글꼴이 응시 프로그램에 없는 경우, 반드시 감독위원에게 해당 내용을 통보한 뒤 조치를 받아야 합니다.

8. 시험의 완료는 작성이 완료된 답안을 저장하고, 답안 전송이 완료된 상태를 확인한 것으로 합니다. 답안 전송 확인 후 문제지는 감독위원에게 제출한 후 퇴실하여야 합니다.

9. 답안 전송이 완료된 경우에는 수정 또는 정정이 불가능합니다.

10. 시험 시행 후 결과는 홈페이지(www.ihd.or.kr)에서 확인하시기 바랍니다.

   1) 문제 및 정답 공개 : 20XX. XX. XX.(X)

   2) 합격자 발표 : 20XX. XX. XX.(X)

≪문제≫ 첨부된 문제를 다음의 조건을 적용하여 문서를 작성하시오.

① 문서는 A4(210mm×297mm) 크기, 세로 용지 방향으로 작성한다.

② 페이지 여백은 아래와 같이 설정한다.

왼쪽	오른쪽	위쪽	아래쪽	머리말	꼬리말	제본
20mm	20mm	20mm	20mm	10mm	10mm	0mm

③ 글자는 별도의 지시사항이 없는 한 바탕, 10pt, 양쪽 정렬, 줄 간격 160%로 작성한다.

④ 영문, 숫자 등은 별도의 지시가 없는 한 반각(1byte) 문자를 사용한다.

⑤ 특수 문자는 문자표(전각 기호)를 이용하여 작성한다.

⑥ 교정 부호 및 화살표로 기재된 지시사항대로 처리하되, ⸤⸺⸺⸺⸥→ 은 지시사항이므로 작성하지 않는다.

⑦ 1페이지에 [문제1]을 작성하고, 구역을 나누어 2페이지에 [문제2]를 작성한다.

　※ 해당 페이지에 작성하지 않거나 의도적으로 텍스트 작성을 하지 않은 경우 0점 처리

⑧ [문제2]는 문제지와 같이 2단으로 다단을 나누어 작성한다.

⑨ '그림 삽입' 시에는 반드시 "KAIT 수검 프로그램"을 통해 다운로드 한 그림 파일을 사용한다.

⑩ 차트의 범례는 기본 값으로 작성한다.

⑪ 총점 : 200점

　[공통 사항1(기본 설정, 용지 설정)] : 8점, [공통 사항2(오탈자)] : 40점

　[문제1] : 46점, [문제2] : 106점

⑫ 기타 특별히 지시되어 있지 않은 사항은 문제지에 준하여 작성한다.

글맵시 – 견고딕, 채우기 : 색상(RGB:53,135,145)
크기 : 너비(120mm), 높이(20mm), 위치 : 글자처럼 취급, 가운데 정렬

머리말(굴림, 9pt, 오른쪽 정렬) ──→ DIAT

미세먼지및공기산업박람회

진하게, 밑줄

<u>미세먼지 저감 대책</u>은 중앙정보, 각 지자체, 관련 산업 종사자, 일반 대중들까지 모두 고민하고 있습니다. 대기환경 개선, 실내 공기질 개선, 산업환경 개선, 미세먼지 저감, 방지 생활화는 선택이 아닌 필수입니다. 국내 공기산업 발전을 대표하는 한국공기청정협회가 주최하고, 환경부가 공식으로 후원하는 이번 행사는 전문성과 공신력을 가지고 있는 국내 최고의 미세먼지 박람회입니다. 미세먼지 체험관, 공기청정기 기능 및 성능 테스트, 현미경을 통해 알아보는 미세먼지 등과 같은 다양한 체험관, 신기술 발표회 등 다양한 경험을 제공합니다. 이번 박람회에서 미세먼지 및 공기산업의 생생한 현장을 느껴보세요.

문자표 ──→ ★ 행사안내 ★

궁서, 가운데 정렬

1. 행 사 명 : 미세먼지 및 공기산업 박람회
2. 행사일시 : 2022. 05. 04.(목) ~ 2022. 05. 08.(일), 4일간
3. 행사장소 : 코엑스 컨퍼런스센터 3층
4. 사전등록 : *2022. 04. 25.(화) 18:00까지* ←─ 진하게, 기울임
5. 행사후원 : 환경부, 국립환경과학원, 한국설비기술협회, 소비자권리찾기시민연대, 환경일보

문자표

※ 기타사항
- 온라인 사전 등록(https://www.ihd.or.kr)
- 입장료 : 10,000원(사전등록 입장료 10% 할인)
- 사전 등록하신 관람객 중에서 선착순으로 친환경 손소독제를 증정하며, 입장번호를 추첨하여 다양한 상품(유기농 마스크, 사무용 가습기 등)을 증정합니다.

왼쪽여백 : 10pt
내어쓰기 : 12pt

2022. 04. 23. ←─ 13pt, 가운데 정렬

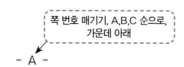

한국공기청정협회 사무국 ←─ 휴먼옛체, 25pt, 가운데 정렬

쪽 번호 매기기, A,B,C 순으로,
가운데 아래

문제1은 1구역, 문제2는 2구역으로 나누어 답안 작성

- A -

쪽 테두리 : 이중 실선, 머리말 포함

글상자 – 크기 : 너비(70mm), 높이(12mm), 테두리 : 이중 실선(1.00mm), 둥근 모양
채우기 : 색상(RGB:227,220,193), 위치 : 글자처럼 취급, 가운데 정렬
글자 모양 : 휴먼옛체, 20pt, 가운데 정렬

DIAT

머리말(굴림, 9pt, 오른쪽 정렬)

그림A 삽입(바탕화면–KAIT–제출파일폴더)
너비(30mm), 높이(30mm)
위치 : 어울림(가로–쪽의 왼쪽:0.0mm,
          세로–쪽의 위:24mm)

대기오염물질

중고딕, 12pt, 진하게, 가운데 정렬

1. 대기오염물질의 정의
중고딕, 12pt, 진하게

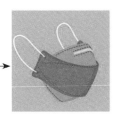

환경정책기본법에서는 환경오염을 사업활동 및 그 밖의 사람의 활동에 의하여 발생하는 대기오염(air pollution), 수질오염, 토양오염, 해양오염(海洋汚染), 방사능오염, 소음/진동, 악취, 일조 방해 등으로서 사람의 건강이나 환경에 피해를 주는 상태로 정의(definition)하고 있다. 세계보건기구에서는 대기오염을 대기 중에 인위적으로 배출된 오염물질이 한 가지 또는 그 이상 존재하여 오염물질의 양, 농도(concentration) 및 지속시간이 어떤 지역의 불특정 다수인에게 불쾌감을 일으키거나 해당 지역에 공중보건상 위해를 끼치고, 인간이나 동식물의 활동에 해를 주어 생활과 재산을 향유(享有)할 권리를 정당한 방해(disturbance)받는 상태로 정의하고 있다.

2. 미세먼지의 개요
중고딕, 12pt, 진하게

각주

미세(微細)먼지⊙는 직경에 따라 미세먼지와 초미세먼지 등으로 구분한다. 미세먼지는 1,000분의 10mm보다 작은 먼지이며, 초미세먼지는 1,000분의 2.5mm보다 작은 먼지로 머리카락 직경의 1/20~1/30 크기보다 작은 입자이다. 미세먼지는 공기 중 고체(固體)와 액체 상태의 입자의 혼합물로 배출되며 화학반응 또는 자연적으로 생성된다. 사업장 연소, 자동차 연료 연소, 생물성 연소 과정 등 특정 배출원으로부터 직접 발생한다. 초미세먼지의 경우 상당량이 황산화물, 질소산화물, 암모니아, 휘발성 유기(有機) 화학물 등의 물질이 대기 중의 특정 조건에서 반응하여 2차 생성된다. 미세먼지는 천식과 같은 호흡기계 질병을 악화시키고, 폐 기능 저하를 초래한다. PM2.5는 입자가 미세하여 코점막을 통해 걸러지지 않고 흡입ⓩ 폐까지 직접 침투하여 천식(asthma)이나 폐 질환ⓢ의 유병률과 조기 사망률을 증가시킨다.

⊙ 주로 탄소 성분(유기탄소, 원소탄소), 이온 성분(황산염, 질산염, 암모늄), 광물 성분 등으로 구성됨

돋움, 9pt

국외 대기 오염 현황

국가	2019	2020
한국	42	35
미국	29	29
프랑스	20	19
영국	18	16
중국	63	56

위쪽 제목 셀 : 색상(RGB:105,155,55), 진하게
제목 셀 아래선 : 이중 실선(0.5mm)
글자 모양 : 굴림, 10pt, 가운데 정렬

궁서체, 13pt, 진하게

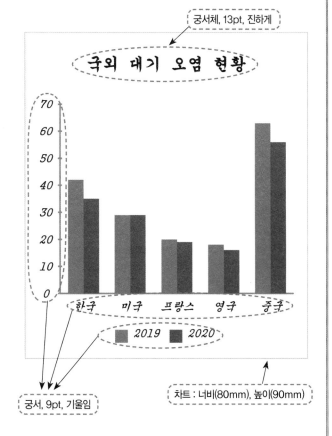

국외 대기 오염 현황

궁서, 9pt, 기울임

차트 : 너비(80mm), 높이(90mm)

쪽 번호 매기기, A,B,C 순으로, 가운데 아래

제07회 디지털정보활용능력 최신유형 기출문제

☑ 시험과목 : 워드프로세서(한글)
☑ 시험일자 : 20XX. XX. XX. (X)
☑ 응시자 기재사항 및 감독위원 확인

한컴오피스 한글NEO 버전용

수 검 번 호	DIW － XXXX －	감독위원 확인
성 명		

응시자 유의사항

1. 응시자는 신분증을 지참하여야 시험에 응시할 수 있으며, 시험이 종료될 때까지 신분증을 제시하지 못 할 경우 해당 시험은 0점 처리됩니다.

2. 시스템(PC작동여부, 네트워크 상태 등)의 이상여부를 반드시 확인하여야 하며, 시스템 이상이 있을시 감독위원에게 조치를 받으셔야 합니다.

3. 시험 중 부주의 또는 고의로 시스템을 파손한 경우는 응시자 부담으로 합니다.

4. 답안 전송 프로그램을 통해 다운로드 받은 파일을 이용하여 답안 파일을 작성하시기 바랍니다.

5. 작성한 답안 파일은 답안 전송 프로그램을 통하여 전송됩니다. 감독위원의 지시에 따라 주시기 바랍니다.

6. 다음 사항의 경우 실격(0점) 혹은 부정행위 처리됩니다.
   1) 답안 파일을 저장하지 않았거나, 저장한 파일이 손상되었을 경우
   2) 답안 파일을 지정된 폴더(바탕화면 – "KAIT" 폴더)에 저장하지 않았을 경우
      ※ 답안 전송 프로그램 로그인 시 바탕화면에 자동 생성됨
   3) 답안 파일을 다른 보조 기억장치(USB) 혹은 네트워크(메신저, 게시판 등)로 전송할 경우
   4) 휴대용 전화기 등 통신기기를 사용할 경우

7. 시험지에 제시된 글꼴이 응시 프로그램에 없는 경우, 반드시 감독위원에게 해당 내용을 통보한 뒤 조치를 받아야 합니다.

8. 시험의 완료는 작성이 완료된 답안을 저장하고, 답안 전송이 완료된 상태를 확인한 것으로 합니다. 답안 전송 확인 후 문제지는 감독위원에게 제출한 후 퇴실하여야 합니다.

9. 답안 전송이 완료된 경우에는 수정 또는 정정이 불가능합니다.

10. 시험 시행 후 결과는 홈페이지(www.ihd.or.kr)에서 확인하시기 바랍니다.
    1) 문제 및 정답 공개 : 20XX. XX. XX.(X)
    2) 합격자 발표 : 20XX. XX. XX.(X)

Korea Association for ICT promotion
한국정보통신진흥협회 **KAIT**

≪문제≫ 첨부된 문제를 다음의 조건을 적용하여 문서를 작성하시오.

① 문서는 A4(210mm×297mm) 크기, 세로 용지 방향으로 작성한다.

② 페이지 여백은 아래와 같이 설정한다.

왼쪽	오른쪽	위쪽	아래쪽	머리말	꼬리말	제본
20mm	20mm	20mm	20mm	10mm	10mm	0mm

③ 글자는 별도의 지시사항이 없는 한 바탕, 10pt, 양쪽 정렬, 줄 간격 160%로 작성한다.

④ 영문, 숫자 등은 별도의 지시가 없는 한 반각(1byte) 문자를 사용한다.

⑤ 특수 문자는 문자표(전각 기호)를 이용하여 작성한다.

⑥ 교정 부호 및 화살표로 기재된 지시사항대로 처리하되, (⸱⸱⸱⸱⸱⸱⸱⸱)→ 은 지시사항이므로 작성하지 않는다.

⑦ 1페이지에 [문제1]을 작성하고, 구역을 나누어 2페이지에 [문제2]를 작성한다.

　※ 해당 페이지에 작성하지 않거나 의도적으로 텍스트 작성을 하지 않은 경우 0점 처리

⑧ [문제2]는 문제지와 같이 2단으로 다단을 나누어 작성한다.

⑨ '그림 삽입' 시에는 반드시 "KAIT 수검 프로그램"을 통해 다운로드 한 그림 파일을 사용한다.

⑩ 차트의 범례는 기본 값으로 작성한다.

⑪ 총점 : 200점

　[공통 사항1(기본 설정, 용지 설정)] : 8점, [공통 사항2(오탈자)] : 40점

　[문제1] : 46점, [문제2] : 106점

⑫ 기타 특별히 지시되어 있지 않은 사항은 문제지에 준하여 작성한다.

글맵시 – 견고딕, 채우기 : 색상(RGB:199,82,82)
크기 : 너비(110mm), 높이(20mm), 위치 : 글자처럼 취급, 가운데 정렬

머리말(궁서, 9pt, 오른쪽 정렬) → DIAT

자원재생순환축제

진하게, 기울임

환경부는 지속 가능한 *자원순환사회의 기반을 구축하기 위해 제정된* '자원순환기본법'을 2018년 1월 1일부터 시행하였습니다. '자원순환기본법'은 제품의 생산부터 유통, 소비, 폐기에 이르는 전 과정에서 폐기물의 발생을 줄이고, 재활용을 촉진하기 위한 다양한 신규 제도를 담고 있는 법입니다. 저희 한국자원재생순환협회에서는 매년 9월 6일을 자원순환의 날로 지정해 시민 참여형 친환경 행사를 진행해오고 있습니다. 시민 참여형 축제의 장이 되고자 각종 대회, 전시회, 체험행사, 벼룩시장 등 다양한 이벤트와 부대 행사를 마련하였습니다. 환경과 자원재생에 관심이 있는 시민 여러분들의 많은 참여를 바랍니다.

문자표 → ◎ 행사 개요 ◎

굴림, 가운데 정렬

1. 행 사 명 : 2022 자원재생 순환 축제 '세상에 이로운 자원순환 실천'
2. 일   시 : 2022. 05. 09.(월), 10:30 ~ 15:00
3. 장   소 : *KAIT 공원 일원* ← 기울임, 밑줄
4. 주   최 : 자원순환 재생 축제 추진 위원회(https://www.ihd.or.kr/)
5. 후   원 : 환경부, 환경운동연합

문자표
※ 기타사항
— - 주요내용 : 초/중/고 업사이클링 대회, 청소년 자원재생 순환 토론대회, 업사이클링 작품 전시전
— - 부대행사 : 자원재생 순환 골든벨, 자원재생 순환 분리배출 체험, 자원재생 순환 벼룩시장
— - 시상내용 : 업사이클링 제작 대회 부분(대상, 우수상, 장려상 각 1명), 청소년 자원재생 순환 토론대회(대상, 우수상, 장려상 각 1명)

왼쪽여백 : 10pt
내어쓰기 : 13pt

2022. 04. 23. ← 12pt, 가운데 정렬

한국자원재생순환협회 ← 궁서체, 22pt, 가운데 정렬

문제1은 1구역, 문제2는 2구역으로 나누어 답안 작성

쪽 번호 매기기, 가,나,다 순으로,
오른쪽 아래 → - 가 -

쪽 테두리 : 이중 실선, 머리말 포함

글상자 - 크기 : 너비(50mm), 높이(12mm), 테두리 : 이중 실선(1.00mm), 둥근 모양
채우기 : 색상(RGB:202,86,167), 위치 : 글자처럼 취급, 가운데 정렬
글자 모양 : 궁서체, 20pt, 가운데 정렬

자원순환

그림B 삽입(바탕화면-KAIT-제출파일폴더)
너비(30mm), 높이(30mm)
위치 : 어울림(가로-쪽의 왼쪽:0mm,
세로-쪽의 위:24mm)

1. 자원순환이란?
돋움체, 12pt, 진하게

지구환경을 보호하고 자원 낭비로 인해 발생하는 여러 문제점들을 해결하기 위해서 폐기물 발생을 최대한 줄이고 사용한 폐기물에 대해서는 재사용 또는 재생이용하며, 불가피하게 남은 폐기물은 환경에 미치는 영향을 최소화(最小化) 하여 처리하는 것이 자원순환이다. 지구에(도)(서) 얻을 수 있는 자원은 한정적이고, 인간에게 필요한 제품을 만들기 위해서는 많은 에너지가 필요하다. 자원으로 에너지를 만드는 과정에서 지구온난화①는 가속화되고 있으며 몇 번 사용하고 버려지는 플라스틱, 스티로폼, 비닐은 토지와 지하수를 오염시킨다. 생산(生産)과 소비 활동에서 발생하는 폐기물을 그대로 버리는 대신, 새롭게 활용(活用) 하여 자원 절약과 재활용, 폐자원의 에너지화 등을 통해 자원순환을 한다면 다음 세대에게 깨끗한 자연과 지속 가능한 지구를 물려줄 수 있을 것이다.

각주

2. 자원순환 실천하기
돋움체, 12pt, 진하게

2021년 통계처에서 조사된 수치 중 1인당 1년간 사용하는 일회용 컵의 수가 평균 512잔이라고 한다. 그중 플라스틱 컵 한 개가 분해되는 데 500년 이상이 걸린다고 하니 일회용품 사용을 줄이는 가장 좋은 대안은 텀블러와 머그컵 사용일 것이다. 또한, 자원순환을 (가장)(실천하는)기본(基本)이 되는 것이 바로 생활 쓰레기의 올바른 분리배출이다. 재활용 제품은 내용물을 비워서 배출하여야 하며, 이물질이 있을 경우 깨끗이 씻은 후 배출하고 상표와 라벨이 부착되어 있을 경우 제거 후 재질 별로 분리(分離)하여 배출해야 한다. 거울, 도자기류, 유리로 된 식기류는 재활용이 되지 않는 쓰레기이므로 반드시 일반 쓰레기로 분리하여 배출해야 한다.

굴림체, 12pt, 진하게, 가운데 정렬

일회용 컵 사용량(%)

년도별	1인당 사용량
2014	68.1
2016	69.4
2018	71.5
2020	82.6
2021	91.8

위쪽 제목 셀 : 색상(RGB:233,174,43), 진하게
제목 셀 아래선 : 이중 실선(0.5mm)
글자 모양 : 돋움, 10pt, 가운데 정렬

바탕체, 12pt, 진하게

일회용 컵 사용량

1인당 사용량

바탕, 9pt, 기울임

차트 : 너비(80mm), 높이(90mm)

---

① 온실효과로 인하여 바다와 지표 부근 공기의 기온이 상승되는 것을 의미한다.
굴림체, 9pt

쪽 번호 매기기, 가,나,다 순으로, 오른쪽 아래

제08회 디지털정보활용능력 최신유형 기출문제

- ☑ 시험과목 : 워드프로세서(한글)
- ☑ 시험일자 : 20XX. XX. XX. (X)
- ☑ 응시자 기지시항 및 감독위원 확인

한컴오피스 한글NEO 버전용

수검번호	DIW - XXXX -	감독위원 확인
성 명		

응시자 유의사항

1. 응시자는 신분증을 지참하여야 시험에 응시할 수 있으며, 시험이 종료될 때까지 신분증을 제시하지 못 할 경우 해당 시험은 0점 처리됩니다.

2. 시스템(PC작동여부, 네트워크 상태 등)의 이상여부를 반드시 확인하여야 하며, 시스템 이상이 있을시 감독위원에게 조치를 받으셔야 합니다.

3. 시험 중 부주의 또는 고의로 시스템을 파손한 경우는 응시자 부담으로 합니다.

4. 답안 전송 프로그램을 통해 다운로드 받은 파일을 이용하여 답안 파일을 작성하시기 바랍니다.

5. 작성한 답안 파일은 답안 전송 프로그램을 통하여 전송됩니다. 감독위원의 지시에 따라 주시기 바랍니다.

6. 다음 사항의 경우 실격(0점) 혹은 부정행위 처리됩니다.

   1) 답안 파일을 저장하지 않았거나, 저장한 파일이 손상되었을 경우
   2) 답안 파일을 지정된 폴더(바탕화면 – "KAIT" 폴더)에 저장하지 않았을 경우
      ※ 답안 전송 프로그램 로그인 시 바탕화면에 자동 생성됨
   3) 답안 파일을 다른 보조 기억장치(USB) 혹은 네트워크(메신저, 게시판 등)로 전송할 경우
   4) 휴대용 전화기 등 통신기기를 사용할 경우

7. 시험지에 제시된 글꼴이 응시 프로그램에 없는 경우, 반드시 감독위원에게 해당 내용을 통보한 뒤 조치를 받아야 합니다.

8. 시험의 완료는 작성이 완료된 답안을 저장하고, 답안 전송이 완료된 상태를 확인한 것으로 합니다. 답안 전송 확인 후 문제지는 감독위원에게 제출한 후 퇴실하여야 합니다.

9. 답안 전송이 완료된 경우에는 수정 또는 정정이 불가능합니다.

10. 시험 시행 후 결과는 홈페이지(www.ihd.or.kr)에서 확인하시기 바랍니다.

    1) 문제 및 정답 공개 : 20XX. XX. XX.(X)
    2) 합격자 발표 : 20XX. XX. XX.(X)

Korea Association for ICT promotion
한국정보통신진흥협회 KAIT

≪문제≫ 첨부된 문제를 다음의 조건을 적용하여 문서를 작성하시오.

① 문서는 A4(210mm×297mm) 크기, 세로 용지 방향으로 작성한다.

② 페이지 여백은 아래와 같이 설정한다.

왼쪽	오른쪽	위쪽	아래쪽	머리말	꼬리말	제본
20mm	20mm	20mm	20mm	10mm	10mm	0mm

③ 글자는 별도의 지시사항이 없는 한 바탕, 10pt, 양쪽 정렬, 줄 간격 160%로 작성한다.

④ 영문, 숫자 등은 별도의 지시가 없는 한 반각(1byte) 문자를 사용한다.

⑤ 특수 문자는 문자표(전각 기호)를 이용하여 작성한다.

⑥ 교정 부호 및 화살표로 기재된 지시사항대로 처리하되, ⌐‥‥‥⌐→ 은 지시사항이므로 작성하지 않는다.

⑦ 1페이지에 [문제1]을 작성하고, 구역을 나누어 2페이지에 [문제2]를 작성한다.

　※ 해당 페이지에 작성하지 않거나 의도적으로 텍스트 작성을 하지 않은 경우 0점 처리

⑧ [문제2]는 문제지와 같이 2단으로 다단을 나누어 작성한다.

⑨ '그림 삽입' 시에는 반드시 "KAIT 수검 프로그램"을 통해 다운로드 한 그림 파일을 사용한다.

⑩ 차트의 범례는 기본 값으로 작성한다.

⑪ 총점 : 200점

　[공통 사항1(기본 설정, 용지 설정)] : 8점, [공통 사항2(오탈자)] : 40점

　[문제1] : 46점, [문제2] : 106점

⑫ 기타 특별히 지시되어 있지 않은 사항은 문제지에 준하여 작성한다.

청소년참여위원회위원모집

한국 청소년 참여위원회는 청소년 참여기구로서 **청소년들이 청소년 정책에 직접 참여함**으로 청소년 정책의 실효성을 확보하고, 청소년의 권익증진을 목적으로 운영되고 있습니다. 청소년 참여위원은 다양한 계층의 청소년으로 선발, 구성하여 대표성을 확보하였습니다. 청소년 참여위원들은 청소년 정책 전반에 관한 의견을 제시하고, 지역 사회 내의 현안 문제에 대한 정책을 제안하며 청소년 참여 예산제 공모 사업에 참여하기도 합니다. 본인의 잠재 역량을 개발하고 사회성을 향상시킬 수 있으며 건전한 민주 시민으로 자랄 수 있는 청소년 참여위원회에 관심 있는 여러분들의 적극적인 지원을 바랍니다.

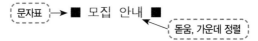

■ 모집 안내 ■

1. 신청기간 : 2022. 05. 09.(월) ~ 05. 27.(금) 18:00까지
2. 선발인원 : 100명
3. 위원임기 : 2022. 06. 02. ~ 2022. 12. 31.
4. 지원자격 : *만 13세 이상 ~ 만 24세 미만 청소년으로 청소년 정책에 관심 있는 청소년*
5. 신청방법 : 홈페이지 접수(https://www.ihd.or.kr) 공지사항 참조

※ 기타사항

　- 공개모집을 원칙으로 하며 청소년 관련 기관추천도 병행합니다. 단, 기관추천은 해당 기관에서 일괄 접수하여 신청 바랍니다.
　- 지원 신청서에 허위의 사실을 기재하거나 기타 부정한 방법 등으로 신청한 경우에는 선발을 취소할 수 있으며, 제출된 서류는 일체 반환하지 않습니다.
　- 기타 궁금하신 사항은 한국 청소년 참여위원회 국장(02-123-4567)에게 문의하시기 바랍니다.

2022. 04. 23.

한국 청소년 참여위원회

- 가 -

쪽 테두리 : 이중 실선, 머리말 포함

글상자 - 크기 : 너비(70mm), 높이(12mm), 테두리 : 이중 실선(1.00mm), 반원
채우기 : 색상(RGB:199,82,82), 위치 : 글자처럼 취급, 가운데 정렬
글자 모양 : 견고딕, 20pt, 가운데 정렬

DIAT

머리말(굴림, 9pt, 오른쪽 정렬)

그림C 삽입(바탕화면-KAIT-제출파일폴더)
너비(35mm), 높이(35mm)
위치 : 어울림(가로-쪽의 왼쪽:0mm,
세로-쪽의 위:24mm)

돋움체, 12pt, 진하게, 가운데 정렬

청소년 참여위원회

1. 청소년 참여위원회란?

돋움, 12pt, 진하게

청소년 참여위원회는 1998년 '제2차 청소년육성 5개년 계획'에 '청소년의 정책 참여 기회 확대' 분야의 세부 사업으로 제시되면서 시작되었다. 1998년 11월 문화관광부 내에 청소년위원회가 설치된 이후 전국으로 확산되었으며 현재는 여성가족부 및 지방자치단체에 설치(設置), 운영(運營) 중인 청소년 참여기구이다. 정부는 청소년 참여위원회를 통해 청소년 정책의 집행/형성, 평가 과정에 청소년이 주체적으로 참여(參與)할 수 있도록 제도화함으로써 청소년의 권익증진을 도모하고 있다. 전국에 총 233개(2021년 현재)가 설치되어 운영 중에 있으며 운영 규모(規模)는 지역 여건에 맞게 10~30명이고, 공개모집과 추천을 병행하여 기회 균등하게 선발된 9,790명의 청소년이 2021년 현재 활동 중에 있다.

2. 청소년 참여위원회 활동

돋움, 12pt, 진하게

각주

청소년 참여위원회ⓐ는 운영 주체별로 다소 차이가 있으나 정기 회의와 임시 회의를 통한 청소년 관련 정책의 모니터링, 청소년 의견 제안과 정책 자문, 각종 토론회, 워크숍 개최 및 리더십 훈련 프로그램 참여 등 다양한 활동을 진행하고 있다. 이러한 청소년 참여기구 활동은 개인적으로 청소년 자신의 잠재 역량을 개발하고 사회성(社會性)을 향상시키는 한편, 사회적으로 청소년의 권리 신장과 건전한 민주시민으로의 육성에 기여하고 있다고 할 수 있다. 2013년부터는 적극적인 활동을 진행한 우수위원회를 선발하여 활동 사례집을 발간하고 있으며 2014년부터는 우수위원회를 발굴하여 시상함으로써 지역 간 정보 공유와 우수 사례 보급을 통해서 참여 활동을 활성화하고자 도모하고 있다.

ⓐ 정부 및 지방자치단체의 청소년정책을 만들고 추진해가는 과정에 주체적으로 참여할 수 있도록 마련된 제도적 기구

굴림체, 9pt

돋움체, 12pt, 진하게, 가운데 정렬

청소년 참여위원회 운영 현황

년도	개소수(개)
2012	175
2014	189
2016	201
2018	216
2021	233

위쪽 제목 셀 : 색상(RGB:233,174,43), 진하게
제목 셀 아래선 : 이중 실선(0.5mm)
글자 모양 : 돋움, 10pt, 가운데 정렬

굴림, 12pt, 진하게

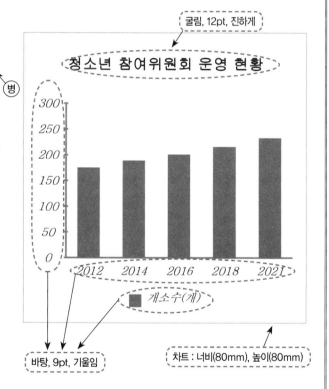

청소년 참여위원회 운영 현황

바탕, 9pt, 기울임

차트 : 너비(80mm), 높이(80mm)

☑ 시험과목 : 워드프로세서(한글)

☑ 시험일자 : 20XX. XX. XX. (X)

☑ 응시자 기재사항 및 감독위원 확인

한컴오피스 한글NEO 버전용

수 검 번 호	DIW - XXXX -	감독위원 확인
성 명		

응시자 유의사항

1. 응시자는 신분증을 지참하여야 시험에 응시할 수 있으며, 시험이 종료될 때까지 신분증을 제시하지 못 할 경우 해당 시험은 0점 처리됩니다.

2. 시스템(PC작동여부, 네트워크 상태 등)의 이상여부를 반드시 확인하여야 하며, 시스템 이상이 있을시 감독위원에게 조치를 받으셔야 합니다.

3. 시험 중 부주의 또는 고의로 시스템을 파손한 경우는 응시자 부담으로 합니다.

4. 답안 전송 프로그램을 통해 다운로드 받은 파일을 이용하여 답안 파일을 작성하시기 바랍니다.

5. 작성한 답안 파일은 답안 전송 프로그램을 통하여 전송됩니다. 감독위원의 지시에 따라 주시기 바랍니다.

6. 다음 사항의 경우 실격(0점) 혹은 부정행위 처리됩니다.

   1) 답안 파일을 저장하지 않았거나, 저장한 파일이 손상되었을 경우

   2) 답안 파일을 지정된 폴더(바탕화면 – "KAIT" 폴더)에 저장하지 않았을 경우

      ※ 답안 전송 프로그램 로그인 시 바탕화면에 자동 생성됨

   3) 답안 파일을 다른 보조 기억장치(USB) 혹은 네트워크(메신저, 게시판 등)로 전송할 경우

   4) 휴대용 전화기 등 통신기기를 사용할 경우

7. 시험지에 제시된 글꼴이 응시 프로그램에 없는 경우, 반드시 감독위원에게 해당 내용을 통보한 뒤 조치를 받아야 합니다.

8. 시험의 완료는 작성이 완료된 답안을 저장하고, 답안 전송이 완료된 상태를 확인한 것으로 합니다. 답안 전송 확인 후 문제지는 감독위원에게 제출한 후 퇴실하여야 합니다.

9. 답안 전송이 완료된 경우에는 수정 또는 정정이 불가능합니다.

10. 시험 시행 후 결과는 홈페이지(www.ihd.or.kr)에서 확인하시기 바랍니다.

    1) 문제 및 정답 공개 : 20XX. XX. XX.(X)

    2) 합격자 발표 : 20XX. XX. XX.(X)

≪문제≫ 첨부된 문제를 다음의 조건을 적용하여 문서를 작성하시오.

① 문서는 A4(210mm×297mm) 크기, 세로 용지 방향으로 작성한다.

② 페이지 여백은 아래와 같이 설정한다.

왼쪽	오른쪽	위쪽	아래쪽	머리말	꼬리말	제본
20mm	20mm	20mm	20mm	10mm	10mm	0mm

③ 글자는 별도의 지시사항이 없는 한 바탕, 10pt, 양쪽 정렬, 줄 간격 160%로 작성한다.

④ 영문, 숫자 등은 별도의 지시가 없는 한 반각(1byte) 문자를 사용한다.

⑤ 특수 문자는 문자표(전각 기호)를 이용하여 작성한다.

⑥ 교정 부호 및 화살표로 기재된 지시사항대로 처리하되, ┌┈┈┈┈┈┐→ 은 지시사항이므로 작성하지 않는다.

⑦ 1페이지에 [문제1]을 작성하고, 구역을 나누어 2페이지에 [문제2]를 작성한다.
   ※ 해당 페이지에 작성하지 않거나 의도적으로 텍스트 작성을 하지 않은 경우 0점 처리

⑧ [문제2]는 문제지와 같이 2단으로 다단을 나누어 작성한다.

⑨ '그림 삽입' 시에는 반드시 "KAIT 수검 프로그램"을 통해 다운로드 한 그림 파일을 사용한다.

⑩ 차트의 범례는 기본 값으로 작성한다.

⑪ 총점 : 200점
   [공통 사항1(기본 설정, 용지 설정)] : 8점, [공통 사항2(오탈자)] : 40점
   [문제1] : 46점, [문제2] : 106점

⑫ 기타 특별히 지시되어 있지 않은 사항은 문제지에 준하여 작성한다.

글맵시 – 견고딕, 채우기 : 색상(RGB:53,135,145)
크기 : 너비(110mm), 높이(20mm), 위치 : 글자처럼 취급, 가운데 정렬

머리말(궁서, 9pt, 오른쪽 정렬) → DIAT

청년근로장려금모집공고

진하게, 기울임

산업구조와 노동시장 양극화 등으로 일은 하지만 소득이 적어서 생활이 어렵거나 가난에서 벗어나지 못하는 저소득층을 위해서 *2008년 근로장려금 제도를 처음 시행하여 2009년부터 지급*하였습니다. 올해부터는 저소득 가구의 실질소득 지원을 통해서 저소득 가구에게 희망을 주던 근로장려금 제도를 더욱 확대하여, 관내 중소기업에 취업한 청년들의 장기근속을 확장하고 정규직 일자리에 취업할 수 있도록 촉진하기 위하여 2022 청년 근로장려금 지원사업의 5차 참여기업 및 청년 근로자를 다음과 같이 모집 공고합니다. 근로장려금에 관심 있는 기업이나 청년 근로자들의 많은 참여를 바랍니다.

문자표 → ◎ 모집 안내 ◎

궁서, 가운데 정렬

1. 모집기간 : 2022. 05. 02.(월) ~ 05. 13.(금)
2. 참여자격 : 관내 소재 고용보험 피보험자 수 5인 이상 300인 미만 기업
3. 지원내용 : 4년간 1인당 최대 2,000만원 지원(청년 1,500, 기업 500)
4. 지원방법 : **분기별 지급(1~4분기 소급 지급)** ← 진하게, 밑줄
5. 신청방법 : 직접 방문 접수 및 홈페이지(https://www.ihd.or.kr)

문자표

※ 기타사항

  - 사업체 평가 배점 기준에 따라 기업 선정 후 연차별 근로자를 선정할 예정입니다.
  - 참여 기업 중 허위 또는 부정한 방법으로 선정되었거나 허위 근로계약을 체결한 경우에는 지원금을 지급받을 수 없습니다.
  - 기타 자세한 사항은 일자리사업팀 담당자(044-123-4567)에게 문의하시기 바랍니다.

왼쪽여백 : 10pt
내어쓰기 : 13pt

2022. 04. 23. ← 12pt, 가운데 정렬

세종특별자치시장 ← 궁서체, 22pt, 가운데 정렬

쪽 번호 매기기, A, B, C 순으로,
가운데 아래

- A -

문제1은 1구역, 문제2는 2구역으로 나누어 답안 작성

쪽 테두리 : 이중 실선, 머리말 포함

글상자 - 크기 : 너비(65mm), 높이(12mm), 테두리 : 이중 실선(1.00mm), 둥근 모양
채우기 : 색상(RGB:199,82,82), 위치 : 글자처럼 취급, 가운데 정렬
글자 모양 : 궁서체, 20pt, 가운데 정렬

DIAT

머리말(궁서, 9pt, 오른쪽 정렬)

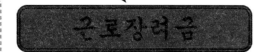

그림D 삽입(바탕화면-KAIT-제출파일폴더)
너비(35mm), 높이(35mm)
위치 : 어울림(가로-쪽의 왼쪽:0mm,
세로-쪽의 위:24mm)

1. 근로장려금이란?
돋움체, 12pt, 진하게

근로장려금 제도는 열심히 일은 하지만 소득(所得)이 적어 생활이 어려운 근로자들, 종교인, 사업자(전문직은 제외) 가구에 대하여 가구원 구성과 총 급여액 등에 따라 산정된 근로장려금을 지급함으로써 근로(勤勞)를 장려하고 실질소득을 지원하는 근로연계형 소득지원 제도이다. 우리나라도 2008년 근로장려금 제도를 아시아 최초(最初)로 시행했다. 근로장려금은 거주자를 포함한 1세대의 가구원 구성에 따라 정한 부부합산 총 급여액 등을 기준으로 지급되며, 연간 최대 지급액은 300만 원이다. 저소득 또는 자영업자 근로자 가구에 근로장려금을 지급하여 실질소득을 증가시킴으로써 조세제도를 통한 근로의욕을 높이고 소득재분배 효과(效果)를 기대할 수 있으며 사회적 비용을 절약할 수 있는 효과가 있다.

2. 근로장려금 개편 내용
돋움체, 12pt, 진하게

경제 양극화 등으로 저소득층 등의 일자리 및 소득여건이 악화되고, 제도 확대에도 불구하고 근로빈곤층 지원 제도로는 다소 미흡하여 근로장려금 개편 방안①을 발표했다. 단독(單獨) 가구에 대한 지원을 대폭 강화하고 홑벌이, 맞벌이 가구 중위소득 50%에서 65%까지 대상 확대하였으며 저소득 가구 지원을 위해 최대 지급액 대폭 인상 및 최대 지급구간 조정하였다. 소득증대 체감도 제고를 위해 당해 연도 지급 방식으로 전환하였다. 또한 연령 기준을 없애고, 소득과 재산 기준을 완화해 지원 대상이 166만 가구에서 334만 가구로 크게 늘었다. 정기 지급방식과 반기 지급방식 중 선택해서 신청 가능하지만 반기 지급방식 신청은 기한 경과 후 신청이 불가하며, 지급액은 연간 산정액의 35%씩 두 차례 나누어 지급되며 정산을 통해 나머지 금액을 지급한다.

각주

총소득기준금액 요건
궁서체, 12pt, 진하게, 가운데 정렬

가구원	기준금액(미만)	최대치(만원)
단독 가구	2,000	150
홑벌이 가구	3,000	260
맞벌이	3,600	399

위쪽 제목 셀 : 색상(RGB:233,174,43), 진하게
제목 셀 아래선 : 이중 실선(0.5mm)
글자 모양 : 돋움, 10pt, 가운데 정렬

바탕체, 12pt, 진하게

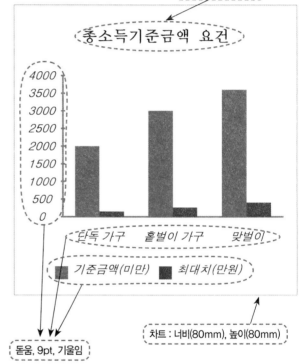

총소득기준금액 요건

차트 : 너비(80mm), 높이(80mm)

돋움, 9pt, 기울임

---

① 2018년 7월 18일 기획재정부 발표
굴림, 9pt

쪽 번호 매기기, A, B, C 순으로, 가운데 아래

제10회 디지털정보활용능력 최신유형 기출문제

☑ 시험과목 : 워드프로세서(한글)

☑ 시험일자 : 20XX. XX. XX. (X)

☑ 응시자 기재사항 및 감독위원 확인

한컴오피스 한글NEO 버전용

수 검 번 호	DIW - XXXX -	감독위원 확인
성　　　명		

응시자 유의사항

1. 응시자는 신분증을 지참하여야 시험에 응시할 수 있으며, 시험이 종료될 때까지 신분증을 제시하지 못 할 경우 해당 시험은 0점 처리됩니다.

2. 시스템(PC작동여부, 네트워크 상태 등)의 이상여부를 반드시 확인하여야 하며, 시스템 이상이 있을시 감독위원에게 조치를 받으셔야 합니다.

3. 시험 중 부주의 또는 고의로 시스템을 파손한 경우는 응시자 부담으로 합니다.

4. 답안 전송 프로그램을 통해 다운로드 받은 파일을 이용하여 답안 파일을 작성하시기 바랍니다.

5. 작성한 답안 파일은 답안 전송 프로그램을 통하여 전송됩니다. 감독위원의 지시에 따라 주시기 바랍니다.

6. 다음 사항의 경우 실격(0점) 혹은 부정행위 처리됩니다.

　1) 답안 파일을 저장하지 않았거나, 저장한 파일이 손상되었을 경우

　2) 답안 파일을 지정된 폴더(바탕화면 – "KAIT" 폴더)에 저장하지 않았을 경우

　　※ 답안 전송 프로그램 로그인 시 바탕화면에 자동 생성됨

　3) 답안 파일을 다른 보조 기억장치(USB) 혹은 네트워크(메신저, 게시판 등)로 전송할 경우

　4) 휴대용 전화기 등 통신기기를 사용할 경우

7. 시험지에 제시된 글꼴이 응시 프로그램에 없는 경우, 반드시 감독위원에게 해당 내용을 통보한 뒤 조치를 받아야 합니다.

8. 시험의 완료는 작성이 완료된 답안을 저장하고, 답안 전송이 완료된 상태를 확인한 것으로 합니다. 답안 전송 확인 후 문제지는 감독위원에게 제출한 후 퇴실하여야 합니다.

9. 답안 전송이 완료된 경우에는 수정 또는 정정이 불가능합니다.

10. 시험 시행 후 결과는 홈페이지(www.ihd.or.kr)에서 확인하시기 바랍니다.

　1) 문제 및 정답 공개 : 20XX. XX. XX.(X)

　2) 합격자 발표 : 20XX. XX. XX.(X)

≪문제≫ 첨부된 문제를 다음의 조건을 적용하여 문서를 작성하시오.

① 문서는 A4(210mm × 297mm) 크기, 세로 용지 방향으로 작성한다.

② 페이지 여백은 아래와 같이 설정한다.

왼쪽	오른쪽	위쪽	아래쪽	머리말	꼬리말	제본
20mm	20mm	20mm	20mm	10mm	10mm	0mm

③ 글자는 별도의 지시사항이 없는 한 바탕, 10pt, 양쪽 정렬, 줄 간격 160%로 작성한다.

④ 영문, 숫자 등은 별도의 지시가 없는 한 반각(1byte) 문자를 사용한다.

⑤ 특수 문자는 문자표(전각 기호)를 이용하여 작성한다.

⑥ 교정 부호 및 화살표로 기재된 지시사항대로 처리하되, ⟨⎯⎯⎯⟩→ 은 지시사항이므로 작성하지 않는다.

⑦ 1페이지에 [문제1]을 작성하고, 구역을 나누어 2페이지에 [문제2]를 작성한다.

  ※ 해당 페이지에 작성하지 않거나 의도적으로 텍스트 작성을 하지 않은 경우 0점 처리

⑧ [문제2]는 문제지와 같이 2단으로 다단을 나누어 작성한다.

⑨ '그림 삽입' 시에는 반드시 "KAIT 수검 프로그램"을 통해 다운로드 한 그림 파일을 사용한다.

⑩ 차트의 범례는 기본 값으로 작성한다.

⑪ 총점 : 200점

  [공통 사항1(기본 설정, 용지 설정)] : 8점, [공통 사항2(오탈자)] : 40점

  [문제1] : 46점, [문제2] : 106점

⑫ 기타 특별히 지시되어 있지 않은 사항은 문제지에 준하여 작성한다.

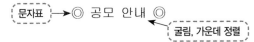

스마트공장논문경진대회

스마트공장 기술사업화 연구소는 <u>4차 산업혁명 시대를 맞이한 기업들의 스마트공장</u>에 대한 요구에 부응하고 제조혁신을 위한 연구개발을 진행하고 있습니다. 최근에는 수준 높은 연구를 통해 체계적인 스마트 제조 이론 기술을 주도해 나아가고 체계적인 성과관리를 통해 스마트 제조 이론이 융합된 현장 중심의 창의융합적 연구개발 기술을 제공하고 있습니다. 이에 본 연구소의 능력을 키울 수 있는 학문적 성과 증진을 위한 '스마트공장 논문 경진대회'를 공모하고자 합니다. 여러분들의 많은 관심과 적극적인 참여를 바랍니다.

◎ 공모 안내 ◎

1. 공모 일정 : 2022년 07월 04일(월) ~ 07월 08일(금) 18:00까지
2. 응모 자격 : 국내외 대학 및 대학원(석,박사 과정) 재학생 및 졸업예정자
3. 제출 형식 : 논문(A4, 30매 이내) 작성 방법은 연구소 홈페이지 참조(https://www.ihd.or.kr)
4. 수상 발표 : *2022년 07월 25일(월) 개별 통보*
5. 기타 문의 : 스마트공장 기술사업화연구소 박주희 차장(02-3333-5678)

※ 기타사항
- 응모 논문은 타 학술지, 논문집 등 간행물에 발표되지 않은 것이어야 합니다.
- 시상 기준에 맞는 응모 논문이 없을 경우 시상내역은 변경될 수 있습니다.
- 수상작에 대한 저작권은 응모자에게 있으나 논문집 발간과 홈페이지 게재 등 논문의 학술적 활용은 주관기관에 귀속됩니다.

2022. 06. 25.

스마트공장 기술사업화연구소

쪽 테두리 : 이중 실선, 머리말 포함

글상자 – 크기 : 너비(55mm), 높이(12mm), 테두리 : 이중 실선(1.00mm), 둥근 모양
채우기 : 색상(RGB: 233,174,43), 위치 : 글자처럼 취급, 가운데 정렬
글자 모양 : 궁서체, 20pt, 가운데 정렬

DIAT

머리말(궁서, 9pt, 오른쪽 정렬)

그림A 삽입(바탕화면–KAIT–제출파일폴더)
너비(38mm), 높이(38mm)
위치 : 어울림(가로–쪽의 왼쪽:0mm,
세로–쪽의 위:24mm)

스마트 공장

굴림체, 12pt, 진하게, 가운데 정렬

1. 스마트공장이란
돋움체, 12pt, 진하게

기획 및 설계, 생산, 유통, 판매에 이르는 제조과정의 전부나 일부 과정 속에 사물인터넷, 인공지능, 빅데이터와 같은 정보통신기술을 적용해 기업의 생산성과 제품의 품질 등을 높이는 지능형 공장을 의미한다. 정부는 중소기업이 4차 산업혁명의 기회요인을 적극 활용해 도약할 수 있도록 뒷받침하고 우리 경제의 혁신성장은 가속화하기 위해서 국가 차원의 비전을 담은 '중소기업 스마트 제조 혁신 전략'을 발표(發表) 해 추진하고 있다. 중소기업의 생산성 향상의 대안인 스마트 공장의 성과(成果)를 점검(點檢) 하고, 이를 제조업 전반의 혁신(革新)으로 확산 발전시킨다는 것이 목표이다. 또한 디지털 뉴딜①의 제조업 디지털화 핵심 후속 조치로서 인공지능, 데이터 기반 제조혁신 고도화 전략을 추진할 계획이다.

각주

2. 스마트공장 동향
돋움체, 12pt, 진하게

세계의 스마트공장 시장 규모는 2019년에 약 1,537억 달러를 기록하고, 2020~2027년의 예측 기간 중 9.76% 이상의 성장률로 성장할 것으로 예상하고 있다. 국내 스마트공장 관련 기술들의 경쟁력은 미국, 유럽, 일본에 이어 세계 4위를 차지하고 있으나, 3위인 일본과 기술 수준(水準)이 상당한 차이를 보이고 있어서 경쟁력 제고를 위한 노력이 상당히 필요해 보인다. 국내 제조업의 경쟁력 강화를 위해 중소기업과 중견기업을 대상으로 스마트팩토리 보급 및 확장 사업을 진행 중에 있으며 기업의 데이터 패턴 분석에 따른 생산 지능화, 사이버 자산 보안, 소재의 첨단화, 전문인력 양성을 계획하고 있으며 관련 법률 제정을 추진 중에 있다.

스마트공장 보급 수

년도	시장규모
2016	1,560
2017	2,203
2018	2,900
2019	4,757
2020	7,139

위쪽 제목 셀 : 색상(RGB:105,155,55), 진하게
제목 셀 아래선 : 이중 실선(0.5mm)
글자 모양 : 돋움, 10pt, 가운데 정렬

돋움체, 12pt, 진하게

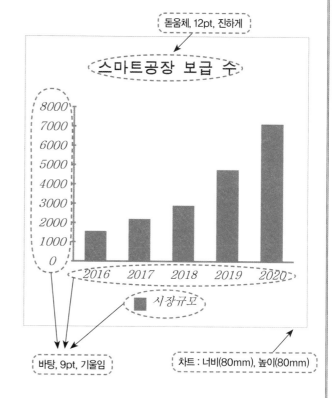

바탕, 9pt, 기울임

차트 : 너비(80mm), 높이(80mm)

---

① ICT를 전 산업분야에 융합함으로써 경제위기를 극복하고 새로운 일자리를 창출하는 국가 디지털 대전환 프로젝트

굴림, 9pt

쪽 번호 매기기, A,B,C 순으로, 가운데 아래

- B -

MEMO

【문제】 첨부된 문제를 다음의 조건을 적용하여 문서를 작성하시오.

① 문서는 A4(210mm×297mm) 크기, 세로 용지 방향으로 작성한다.

② 페이지 여백은 아래와 같이 설정한다.

왼쪽	오른쪽	위쪽	아래쪽	머리말	꼬리말	제본
20mm	20mm	20mm	20mm	10mm	10mm	0mm

③ 글자는 별도의 지시사항이 없는 한 바탕, 10pt, 양쪽 정렬, 줄 간격 160%로 작성한다.

④ 영문, 숫자 등은 별도의 지시가 없는 한 반각(1byte) 문자를 사용한다.

⑤ 특수 문자는 문자표(전각 기호)를 이용하여 작성한다.

⑥ 교정 부호 및 화살표로 기재된 지시사항대로 처리하되, ⌐ ̶ ̶ ̶ ̶ ̶ ⌐ → 은 지시사항이므로 작성하지 않는다.

⑦ 1페이지에 [문제1]을 작성하고, 구역을 나누어 2페이지에 [문제2]를 작성한다.

　※ 해당 페이지에 작성하지 않거나 의도적으로 텍스트 작성을 하지 않은 경우 0점 처리

⑧ [문제2]는 문제지와 같이 2단으로 다단을 나누어 작성한다.

⑨ '그림 삽입' 시에는 반드시 "KAIT 수검 프로그램"을 통해 다운로드 한 그림 파일을 사용한다.

⑩ 차트의 범례는 기본 값으로 작성한다.

⑪ 총점 : 200점

　[공통 사항1(기본 설정, 용지 설정)] : 8점, [공통 사항2(오탈자)] : 40점

　[문제1] : 46점, [문제2] : 106점

⑫ 기타 특별히 지시되어 있지 않은 사항은 문제지에 준하여 작성한다.

글맵시 - 휴먼옛체, 채우기 : 색상(RGB:199,82,82)
크기 : 너비(120mm), 높이(20mm), 위치 : 글자처럼 취급, 가운데 정렬

머리말(궁서, 9pt, 오른쪽 정렬) → DIAT

부모와 아이가 놀면서 배우는 교통안전교육

기울임, 밑줄

운전 경력이 적은 사람보다도, 실제로 운전 경력이 많은 사람들이 오히려 교통안전수칙에 둔감한 모습을 보이곤 합니다. 운전면허증을 취득하려는 사람이라면 누구나 의무적으로 교통안전교육을 받아야 함에도 말이지요. 안전하지 않은 운전 습관에 가장 취약한 대상은 다름 아닌 우리 아이들입니다. 저희 새소리 교통안전협회에서는 부모와 아이들이 함께 놀이를 하며 자연스럽게 교통안전을 배울 수 있는 프로그램을 마련했습니다. 성인인 부모님들에게도, 어린 아이들에게도 교통안전에 대해 더 잘 이해할 수 있는 좋은 기회가 될 것이라 생각하오니 많은 관심 바랍니다.

문자표 → ☆ 교육 안내 ☆

굴림, 가운데 정렬

1. 강 의 명 : 부모와 아이가 함께하는 교통안전교육
2. 교육시기 : 2022. 8. 7. (일) 09:00 ~ 12:00
3. 장　　소 : **서울특별시 성동구 교통안전협회 본관 대회의실** ← 진하게, 기울임
4. 주　　관 : 교통안전협회, 도로교통관리공단
5. 참여방법 : 전화 또는 온라인을 통해 접수받으며, 부모님과 아이가 반드시 함께 참여해야 합니다.

문자표

※ 기타사항

　▶ – 신체활동이 수반되는 프로그램이니 부모님과 아이 모두 활동하기 편한 복장을 입고 와 주세요.
　▶ – 아이는 13세 미만이어야 하며, 한 가구 당 두 명의 아이까지 참여할 수 있습니다.
　▶ – 교육에 대한 자세한 사항은 교통안전협회 홈페이지(http://www.ihd.or.kr) 또는 협회로 문의하시기 바랍니다.

왼쪽 여백 : 15pt
내어 쓰기 : 12pt

2022. 06. 25. ← 13pt, 가운데 정렬

새 소 리 교 통 안 전 협 회 ← 중고딕, 24pt, 가운데 정렬

쪽 번호 매기기, i,ii,iii 순으로, 왼쪽 아래

- i -

문제1은 1구역, 문제2는 2구역으로 나누어 답안 작성

쪽 테두리 : 이중 실선, 머리말 포함

글상자 - 크기 : 너비(75mm), 높이(12mm), 테두리 : 이중 실선(1.00mm), 둥근 모양
채우기 : 색상(RGB:49,95,151), 위치 : 글자처럼 취급, 가운데 정렬,
글자 모양 : 휴먼옛체, 18pt, 가운데 정렬

DIAT

그림C 삽입(바탕화면-KAIT-제출파일폴더)
너비(40mm), 높이(35mm)
위치 : 어울림(가로-쪽의 왼쪽:0mm,
세로-쪽의 위:24mm)

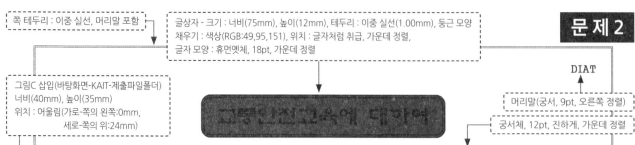

머리말(궁서, 9pt, 오른쪽 정렬)

궁서체, 12pt, 진하게, 가운데 정렬

1. 안전교육의 필요성 ◀ 중고딕, 12pt, 진하게

지난해 1월 경기도의 한 어린이집에서 집으로 가던 아이들과 교사 등 11명을 태운 통학버스가 화물차와 충돌(Collision)했다. 이 사고로 버스는 약 3m 높이의 다리 아래 농수로로 떨어졌다. 자칫 큰 사고로 번질 수 있었지만 다행히도 모두 안전(安全)띠를 매고 있어 큰 부상은 피할 수 있었다. 최근 5년간 우리나라의 교통사고 어린이 발생 건수는 해마다 1만 건 정도 된다. 전문가들은 어린이들의 교통안전교육을 지금보다 체계적으로 시스템화해야 한다고 조래 한다. 성장기 시절 교통 위험(危險)에 대해 알려주면 그 인식(認識)이 청년이 되어서도 유지되며 안전의식의 패러다임(Paradigm)이 바뀌게 되는 것이라고 입을 모아 강조한다.

언

2. 체험 위주의 안전교육 ◀ 중고딕, 12pt, 진하게

교과 지식 위주의 안전교육보다는 차량의 속도, 사각지대ⓐ 등 아이들이 이해하기 어려운 개념(Concept)들을 직접 체험하면서 안전의식을 일깨워야 한다는 주장이 커지고 있다. 정부 부처(部處) 관계자는 아이들은 달리는 차보다 자신이 더 빠르게 달릴 수 있다고 생각하거나 사각지대에 대한 개념이 없는 경우가 많다고 하였다. 즉, 위험을 인식하지 못하기 때문에 달리는 차의 속도(速度)를 느끼고, 차 안에서는 대상이 보이지 않을 수 있다는 것은 체험을 통해 비로소 경험할 수 있다고 말했다. 교통 선진국인 영국은 90% 이상의 초등학교가 정규 교육과정 안에서 어린이 교통안전교육을 하고 있다. 영국 사고방지협의회 산하 어린이 교통안전 교육단체에서는 만 3~7세 어린이와 부모를 대상으로 체험형 교육을 한다. 실제 도로에서 아이들이 부모와 함께 행동 패턴(Pattern)을 습관화하도록 지도하는 것이다.

각주

ⓐ 사물이 눈으로 보이지 아니하게 되는 각도 ◀ 돋움, 9pt

국내 어린이 교통사고 현황(%)

연도	5세 미만	5세 이상
1995년	10	22
2000년	11.4	19.5
2005년	20	25
2015년	18	30
2020년	11	33

위쪽 제목 셀 : 색상(RGB:233,174,43), 진하게
제목 셀 아래선 : 이중 실선(0.5mm)
글자 모양 : 돋움, 10pt, 가운데 정렬

바탕체, 12pt, 진하게

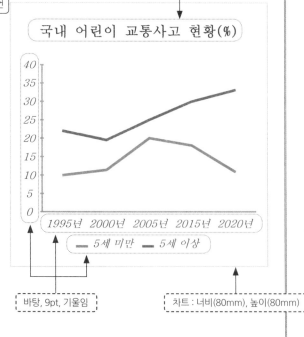

국내 어린이 교통사고 현황(%)

1995년 2000년 2005년 2015년 2020년
— 5세 미만 — 5세 이상

바탕, 9pt, 기울임

차트 : 너비(80mm), 높이(80mm)

디지털정보활용능력
(DIAT; Digital Information Ability Test)

C

■ **시험과목** : 워드프로세서(한글)

■ **시험일자** : 20XX. XX. XX.(X)

■ **응시자 기재사항 및 감독위원 확인**

수 검 번 호	DIW - XXXX -	감독위원 확인
성 명		

응시자 유의사항

1. 응시자는 신분증을 지참하여야 시험에 응시할 수 있으며, 시험이 종료될 때까지 신분증을 제시하지 못 할 경우 해당 시험은 0점 처리됩니다.

2. 시스템(PC작동여부, 네트워크 상태 등)의 이상여부를 반드시 확인하여야 하며, 시스템 이상이 있을시 감독위원에게 조치를 받으셔야 합니다.

3. 시험 중 부주의 또는 고의로 시스템을 파손한 경우는 응시자 부담으로 합니다.

4. 답안 전송 프로그램을 통해 다운로드 받은 파일을 이용하여 답안 파일을 작성하시기 바랍니다.

5. 작성한 답안 파일은 답안 전송 프로그램을 통하여 전송됩니다. 감독위원의 지시에 따라 주시기 바랍니다.

6. 다음 사항의 경우 실격(0점) 혹은 부정행위 처리됩니다.
   1) 답안 파일을 저장하지 않았거나, 저장한 파일이 손상되었을 경우
   2) 답안 파일을 지정된 폴더(바탕화면 – "KAIT" 폴더)에 저장하지 않았을 경우
      ※ 답안 전송 프로그램 로그인 시 바탕화면에 자동 생성됨
   3) 답안 파일을 다른 보조 기억장치(USB) 혹은 네트워크(메신저, 게시판 등)로 전송할 경우
   4) 휴대용 전화기 등 통신기기를 사용할 경우

7. 시험지에 제시된 글꼴이 응시 프로그램에 없는 경우, 반드시 감독위원에게 해당 내용을 통보한 뒤 조치를 받아야 합니다.

8. 시험의 완료는 작성이 완료된 답안을 저장하고, 답안 전송이 완료된 상태를 확인한 것으로 합니다. 답안 전송 확인 후 문제지는 감독위원에게 제출한 후 퇴실하여야 합니다.

9. 답안 전송이 완료된 경우에는 수정 또는 정정이 불가능합니다.

10. 시험 시행 후 결과는 홈페이지(www.ihd.or.kr)에서 확인하시기 바랍니다.
    1) 문제 및 정답 공개 : 20XX. XX. XX.(X)
    2) 합격자 발표 : 20XX. XX. XX.(X)

쪽 테두리 : 이중 실선, 머리말 포함

글상자 - 크기 : 너비(60mm), 높이(12mm), 테두리 : 이중 실선(1.00mm), 반원
채우기 : 색상(RGB:233,174,43)
위치 : 글자처럼 취급, 가운데 정렬, 글자 모양 : 중고딕, 18pt, 가운데 정렬

DIAT

그림B 삽입(바탕화면-KAIT-제출파일폴더)
너비(40mm), 높이(35mm)
위치 : 어울림(가로-쪽의 왼쪽:0mm, 세로-쪽의 위:24mm)

공공미술이란?

머리말(궁서, 9pt, 오른쪽 정렬)

돋움체, 12pt, 진하게, 가운데 정렬

1. 공공미술의 정의와 미래
중고딕, 11pt, 진하게

공공미술이란 지역사회를 위해 제작되고 지역사회가 소유하는 미술을 말한다. 그러나 구체적으로 공공미술이라는 개념은 1960년대 말 미국 정부에서 시작한 두 가지 제도인, '미술을 위한 일정 지분 투자 프로그램'과 '공공장소의 미술 프로그램'과 관련이 있다. 미술을 위한 일정 지분 투자(Investment) 프로그램이란 공공건물을 신축할 때 건설 예산의 일정 지력을 미술품(美術品)을 위해 사용하도록 하는 제도(System)이다. 공공장소의 미술 프로그램이란 지역사회(local community)에서 공공장소에 전시할 미술품을 제작(製作), 의뢰하고 구입(Purchase)하는 데 드는 자금을 지원해 주는 제도이다. 위 두 가지 제도는 결과적으로 지역사회와 예술인의 상생(相生)을 도모한다.

2. 국내의 공공미술
중고딕, 11pt, 진하게

우리나라도 최근 도심 곳곳에서 독특한 조형물과 설치 미술을 쉽게 볼 수 있다. 서울 청계천 광장 앞의 거대 소라 모양의 작품 '스프링ⓐ'과 서울 동대문 인근의 '이화벽화마을'의 벽화 등이 그것이다. 우리나라에서는 국가시설을 건설할 때 일정 비용 이상 설치하도록 규정(規定)하고, 국가시설이 아니더라도 일정 규모 이상의 건물을 건설할 때 의무적으로 미술작품을 설치하는 규정을 마련해, 누구나 쉽게 예술작품을 접할 수 있게 되었다. 이러한 공공미술은 단지 예술인의 생계(生計)를 보장하는 것에 그치지 않고, 사람들의 예술적 감수성을 높여주며 해소시켜 스트레스를 주기도 한다. 또한 관광자원으로도 활용할 수 있어 지역사회의 재원확보에도 역할을 톡톡히 한다. 이러한 긍정적 효과 때문에 각 지자체에서도 공공미술을 확대하려는 움직임을 보이고 있다.

각주

궁서, 9pt, 기울임

ⓐ 청계천 광장 초입에 설치된 거대한 조형물 ◄ 돋움체, 9pt

지역별 공공미술 설치현황

지역	2001년	2021년
서울시	256	513
경기도	190	351
강원도	34	50
전라남도	78	81
경상북도	50	89

위쪽 제목 셀 : 색상(RGB:199,82,82), 진하게
제목 셀 아래선 : 이중 실선(0.5mm)
글자 모양 : 굴림, 10pt, 가운데 정렬

궁서체, 12pt, 진하게

지역별 공공미술 설치현황

서울시
경기도
강원도
전라남도
경상북도

0 100 200 300 400 500 600

■ 2001년 ■ 2021년

차트 : 너비(80mm), 높이(90mm)

쪽 번호 매기기, A,B,C 순으로, 오른쪽 아래

- B -

디지털정보활용능력
(DIAT; Digital Information Ability Test)

■ 시험과목 : 워드프로세서(한글)

■ 시험일자 : 20XX. XX. XX.(X)

■ 응시자 기재사항 및 감독위원 확인

수 검 번 호	DIW - XXXX -	감독위원 확인
성 명		

응시자 유의사항

1. 응시자는 신분증을 지참하여야 시험에 응시할 수 있으며, 시험이 종료될 때까지 신분증을 제시하지 못 할 경우 해당 시험은 0점 처리됩니다.

2. 시스템(PC작동여부, 네트워크 상태 등)의 이상여부를 반드시 확인하여야 하며, 시스템 이상이 있을시 감독위원에게 조치를 받으셔야 합니다.

3. 시험 중 부주의 또는 고의로 시스템을 파손한 경우는 응시자 부담으로 합니다.

4. 답안 전송 프로그램을 통해 다운로드 받은 파일을 이용하여 답안 파일을 작성하시기 바랍니다.

5. 작성한 답안 파일은 답안 전송 프로그램을 통하여 전송됩니다. 감독위원의 지시에 따라 주시기 바랍니다.

6. 다음 사항의 경우 실격(0점) 혹은 부정행위 처리됩니다.
   1) 답안 파일을 저장하지 않았거나, 저장한 파일이 손상되었을 경우
   2) 답안 파일을 지정된 폴더(바탕화면 - "KAIT" 폴더)에 저장하지 않았을 경우
      ※ 답안 전송 프로그램 로그인 시 바탕화면에 자동 생성됨
   3) 답안 파일을 다른 보조 기억장치(USB) 혹은 네트워크(메신저, 게시판 등)로 전송할 경우
   4) 휴대용 전화기 등 통신기기를 사용할 경우

7. 시험지에 제시된 글꼴이 응시 프로그램에 없는 경우, 반드시 감독위원에게 해당 내용을 통보한 뒤 조치를 받아야 합니다.

8. 시험의 완료는 작성이 완료된 답안을 저장하고, 답안 전송이 완료된 상태를 확인한 것으로 합니다. 답안 전송 확인 후 문제지는 감독위원에게 제출한 후 퇴실하여야 합니다.

9. 답안 전송이 완료된 경우에는 수정 또는 정정이 불가능합니다.

10. 시험 시행 후 결과는 홈페이지(www.ihd.or.kr)에서 확인하시기 바랍니다.
    1) 문제 및 정답 공개 : 20XX. XX. XX.(X)
    2) 합격자 발표 : 20XX. XX. XX.(X)

【문제】 첨부된 문제를 다음의 조건을 적용하여 문서를 작성하시오.

① 문서는 A4(210mm×297mm) 크기, 세로 용지 방향으로 작성한다.

② 페이지 여백은 아래와 같이 설정한다.

왼쪽	오른쪽	위쪽	아래쪽	머리말	꼬리말	제본
20mm	20mm	20mm	20mm	10mm	10mm	0mm

③ 글자는 별도의 지시사항이 없는 한 바탕, 10pt, 양쪽 정렬, 줄 간격 160%로 작성한다.

④ 영문, 숫자 등은 별도의 지시가 없는 한 반각(1byte) 문자를 사용한다.

⑤ 특수 문자는 문자표(전각 기호)를 이용하여 작성한다.

⑥ 교정 부호 및 화살표로 기재된 지시사항대로 처리하되, [- - - - - -]━━➡ 은 지시사항이므로 작성하지 않는다.

⑦ 1페이지에 [문제1]을 작성하고, 구역을 나누어 2페이지에 [문제2]를 작성한다.

　　※ 해당 페이지에 작성하지 않거나 의도적으로 텍스트 작성을 하지 않은 경우 0점 처리

⑧ [문제2]는 문제지와 같이 2단으로 다단을 나누어 작성한다.

⑨ '그림 삽입' 시에는 반드시 "KAIT 수검 프로그램"을 통해 다운로드 한 그림 파일을 사용한다.

⑩ 차트의 범례는 기본 값으로 작성한다.

⑪ 총점 : 200점

　　[공통 사항1(기본 설정, 용지 설정)] : 8점, [공통 사항2(오탈자)] : 40점

　　[문제1] : 46점, [문제2] : 106점

⑫ 기타 특별히 지시되어 있지 않은 사항은 문제지에 준하여 작성한다.

글맵시 - 견고딕, 채우기 : 색상(RGB:49,95,151)
크기 : 너비(120mm), 높이(20mm), 위치 : 글자처럼 취급, 가운데 정렬

머리말(궁서, 9pt, 오른쪽 정렬) ━━➡ DIAT

골목 어귀마다 자리 잡고 있는 앙증맞은 예술작품들이 방문객을 반겨주기도 하고, 길 한가운데 자리한 현대작가들의 멋진 예술작품들이 여러분의 지친 걸음을 정화시켜주기도 합니다. 기호에 맞게 다양한 볼거리를 준비한 이 문화예술의 길을 걸어보고 싶지 않으십니까? 마을미술프로젝트의 문화예술의 길에서라면 가능합니다. '마을미술프로젝트는' 마을의 생활공간을 공공미술로 가꾸어 나가는 사업입니다. 전국 곳곳에서 공모를 통해 선정된 지방자치단체와 작가들이 프로젝트를 통해 지역 마을을 특별한 정체성이 느껴지는 문화예술 공간으로 재창조함으로써, *지역 활성화의 새로운 가능성을 도모합니다.*

　　　　　　진하게, 기울임

문자표 ━━➡ ◈ 체험 안내 ◈　　굴림, 가운데 정렬

1. 체 험 명 : 삼다도에 예술을 입히다 '예술 향기 품은 산책길'
2. 기　　간 : 2022. 08. 08.(월)부터 10. 02.(일)까지, 10:00 ~ 18:00
3. 장　　소 : 제주도 서귀포시 올레길 6코스
4. 등　　록 : 체험 당일 현장 등록 (*10인 이상 단체는 홈페이지를 통한 사전등록만 가능합니다.*)
5. 주　　관 : 문화체육관광부, 제주시

　　　　　　기울임, 밑줄

문자표

※ 기타사항

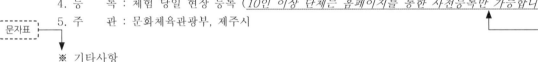

　➤ 미술작품 40점이 설치된 꿈같은 산책길을 체험하실 수 있습니다.
　➤ 야외 전시물은 매주 월요일과 우천 시에는 전시되지 않습니다.
　➤ 10인 이상의 단체로 체험을 원하시는 경우에는 체험일 기준으로 1일 전까지 문화체육관광부 홈페이지(http://www.ihd.or.kr)로 반드시 사전등록을 해주시기 바랍니다.

왼쪽 여백 : 10pt
내어 쓰기 : 13pt

　　　　　　2022. 06. 25.◀━━ 13pt, 가운데 정렬

마을미술프로젝트 추진협의회

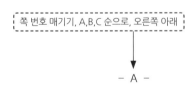

돋움체, 22pt, 가운데 정렬

쪽 번호 매기기, A,B,C 순으로, 오른쪽 아래

- A -

치매국가책임제

1. 치매국가책임제란

고령사회로 진입하면서 어르신과 그 가족이 전부 떠안아야 했던 치매(癡呆)로 인한 고통과 부담을 정부가 책임지는 복지정책이다. 고령사회에 대비하고 건강하고 품위(品位) 있는 노후 생활을 보장하겠다는 취지(趣旨)에서 2017년부터 전국 256개의 보건소에 치매안심센터와 치매안심병원을 확충(擴充)하고, 2018년부터 중증 치매 환자 본인 부담을 낮추고, 고비용 진단검사 급여화, 장기 요양 치매 수급자 본인 부담을 줄이는 데 중점을 두고 있다. 치매환자와 가족에게 치매 예방부터 검진, 상담, 등록관리, 서비스 연계 및 가족지원 등 1:1 맞춤형 원스톱 서비스①를 제공한다.

2. 치매국가책임제 추진배경

치매는 심장병, 암, 뇌졸중(腦卒中)과 더불어 4대 주요 사인이다. 2018년 65세 이상 노인 인구는 전체 인구의 14% 이상을 자지하고 있다. 2030년에는 24.5%, 2050년 38.1%로 높아질 것으로 예상된다. 가정에서 치매환자를 돌보는 것은 가족 갈등을 넘어 가족 해체까지 불러 오고 있다. 끝없는 치료와 간병으로 인해 가족들의 신체적, 심리적, 경제적 고통을 겪는다. 돌봄 부담에 따른 실직, 정서적 고립, 경제적 부담 등은 존속살해, 자살로 연결될 수 있어 막대한 사회적 비용을 초래한다. 2019년 9월 통계청의 사망원인통계에 따르면 일종의 치매의 알츠하이머병으로 사망한 사람이 인구 10만 명 당 12명으로 나타났다. 전체 사망원인 순위 9위로 나타났다. 치매는 더 이상 개인과 가족의 문제가 아니다. 국가와 사회의 전폭적인 지원과 도움 없이는 부담을 완화하기 힘든 과제이기에 제도를 마련하게 되었다.

① 보건복지부는 2017년 9월 '치매 국가책임제 대국민 보고 대회'를 갖고 치매국가책임제 추진계획을 발표했다.

치매인구 증가 추이 및 전망

년도	치매환자(천명)
2021	876
2025	1,084
2030	1,368
2040	2,177

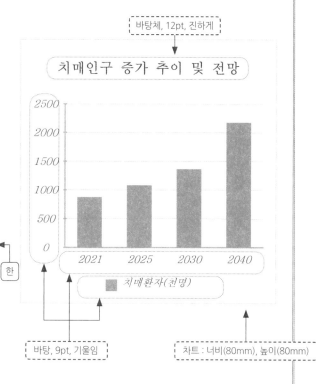

치매인구 증가 추이 및 전망

디지털정보활용능력
(DIAT; Digital Information Ability Test)

■ **시험과목** : 워드프로세서(한글)

■ **시험일자** : 20××. ××. ××.(×)

■ **응시자 기재사항 및 감독위원 확인**

수 검 번 호	DIW - ×××× -	감독위원 확인
성 명		

응시자 유의사항

1. 응시자는 신분증을 지참하여야 시험에 응시할 수 있으며, 시험이 종료될 때까지 신분증을 제시하지 못 할 경우 해당 시험은 0점 처리됩니다.

2. 시스템(PC작동여부, 네트워크 상태 등)의 이상여부를 반드시 확인하여야 하며, 시스템 이상이 있을시 감독위원에게 조치를 받으셔야 합니다.

3. 시험 중 부주의 또는 고의로 시스템을 파손한 경우는 응시자 부담으로 합니다.

4. 답안 전송 프로그램을 통해 다운로드 받은 파일을 이용하여 답안 파일을 작성하시기 바랍니다.

5. 작성한 답안 파일은 답안 전송 프로그램을 통하여 전송됩니다. 감독위원의 지시에 따라 주시기 바랍니다.

6. 다음 사항의 경우 실격(0점) 혹은 부정행위 처리됩니다.

   1) 답안 파일을 저장하지 않았거나, 저장한 파일이 손상되었을 경우

   2) 답안 파일을 지정된 폴더(바탕화면 – "KAIT" 폴더)에 저장하지 않았을 경우

      ※ 답안 전송 프로그램 로그인 시 바탕화면에 자동 생성됨

   3) 답안 파일을 다른 보조 기억장치(USB) 혹은 네트워크(메신저, 게시판 등)로 전송할 경우

   4) 휴대용 전화기 등 통신기기를 사용할 경우

7. 시험지에 제시된 글꼴이 응시 프로그램에 없는 경우, 반드시 감독위원에게 해당 내용을 통보한 뒤 조치를 받아야 합니다.

8. 시험의 완료는 작성이 완료된 답안을 저장하고, 답안 전송이 완료된 상태를 확인한 것으로 합니다. 답안 전송 확인 후 문제지는 감독위원에게 제출한 후 퇴실하여야 합니다.

9. 답안 전송이 완료된 경우에는 수정 또는 정정이 불가능합니다.

10. 시험 시행 후 결과는 홈페이지(www.ihd.or.kr)에서 확인하시기 바랍니다.

    1) 문제 및 정답 공개 : 20××. ××. ××.(×)

    2) 합격자 발표 : 20××. ××. ××.(×)